開拓社叢書 29

現代言語理論の最前線

西原哲雄・田中真一・早瀬尚子・小野隆啓【編】

開拓社

まえがき

　本書は，開拓社叢書シリーズ『現代の形態論と音声学・音韻論の視点と論点』（西原哲雄・田中真一編（2015））に続く第2弾として刊行された論文集である．前著は，おもに形態論，音声学・音韻論を対象とし，両分野の理論および変遷，インターフェイス等の紹介を目的に編纂された論文集であった．公刊から2年が経ち，一定の目的を果たすことができたように思われる．

　本書は，そのような背景を踏まえ，前著では扱うことができなかった分野，すなわち「統語論」と「意味論・語用論」を新たに含め，一般言語学における主要4分野すべてを網羅する研究・概説書として位置づけることを目的として企画・出版された．各章の執筆者として，若手，中堅，学会を代表する研究者を分野ごとにバランスよく配置し，計20名の研究者による20編（章）の論考が収録されている．

　本書の編集方針として，基本的に前著を踏襲した．各章の担当者が自らの研究分野の概観から，最新の研究成果にいたるまでの内容を紹介する形で，論考を執筆するよう依頼した．それにより，前書よりも広範囲な分野における言語研究の最新成果が得られ，言語学の分野全体を俯瞰することが可能になったと考えている．

　本書は，上記の通り4部（第I部 統語論，第II部 形態論，第III部 音声学・音韻論，第IV部 意味論・語用論）により構成され，各部にはそれぞれ4〜5編の論考が収められている．分析の対象言語は，英語や日本語が中心であるが，イタリア語やフランス語等の言語（また大阪方言）も含まれ，インターフェイスとともに，対照研究に興味を持つ読者にも貢献が期待される．読者は，必ずしも本書の冒頭から読み始める必要はなく，各自の興味（分野・テーマ・言語現象）に応じて自由に選択しながら読み始めることができるようになっている．

　本書を構成する各章は，研究の最新成果を提示しながらも，同時に，その分野・テーマに関する解説の役割を果たしている．各部を構成するいくつかの章を読むことによってその分野の理解が深まり（体系化され），また，異なる部の複数の章を読むことによってインターフェイス的な考え方が可能となる．さらには，4部を読むことにより，言語学という学問が何らかの形で俯瞰できるように工夫されている．このような目的・内容・形式によって編纂された書は

さほど多くなく，この点においてユニークな一冊が生まれたと，編者一同自負している．

　本書のこのような特徴から，対象読者として，言語学の各分野を専門とする研究者，大学院生，学部生，また分野間のインターフェイスに関心のある方々を想定しており，そのような読者の研究の一助となれば幸いである．さらには，各自の専門あるいは関心のある分野の論考をきっかけに，専門分野以外の論考，ひいては，それらの分野全体にも関心をつなげて頂ければと期待している．言語学概論，言語学（各分野）研究の授業や，言語学（各分野）演習等，幅広い使用方法を想定している．

　最後に，本書各章の寄稿者に感謝するとともに，企画段階から編集作業の細部にいたるまで，開拓社の川田　賢氏から多大なるご助力を頂いたことに，編者一同，心から感謝の意を表したい．

2017 年 10 月吉日
西原哲雄・田中真一・早瀬尚子・小野隆啓

目　次

まえがき　iii

第 I 部　統語論

第1章　英語の仮定法研究を見直す
　　　　──if 節内の直説法と will──
　　　　……………………………………………………八木　克正　2

第2章　標示付け不履行による文派生
　　　　……………………………………………………小野　隆啓　17

第3章　日本語関係節における主要部上昇移動
　　　　……………………………………………………北尾　泰幸　29

第4章　非連続依存関係の統語分析
　　　　──程度句の分布を中心に──
　　　　……………………………………………………菊地　朗　47

第 II 部　形態論

第5章　2種類の音韻語の存在について
　　　　──接頭辞における強勢移動の観点から──
　　　　……………………………………………………西原　哲雄　62

第 6 章　隣接性と文法化に基づく形態音韻論的構造の変化
　　　　　　　　　　　　　　　　　　………………………米倉　綽・西原哲雄　70

第 7 章　現代英語の派生接頭辞 en- は本当に RHR の反例か？
　　　　　　　　　　　　　　　　　　………………………………長野　明子　77

第 8 章　英語の段階的形容詞の非段階的解釈をめぐって
　　　　──語と句の境界についての一考察──
　　　　　　　　　　　　　　　　　　………………………………島村　礼子　94

第 9 章　接辞「的」が産出する形容詞と副詞について
　　　　　　　　　　　　　　　　　　………………………………島田　雅晴　109

第 III 部　音声学・音韻論

第 10 章　「ダイヤモンド」と「コンクリート」のアクセント
　　　　──大阪方言における外来語の音調変化と言語構造──
　　　　　　　　　　　　　　　　　　………………………………田中　真一　128

第 11 章　日本語話者の英語流音の認識
　　　　　　　　　　　　　　　　　　………………………………近藤　眞理子　147

第 12 章　r 音について
　　　　　　　　　　　　　　　　　　………………………………松沢　絵里　164

第 13 章　音声・音韻研究における音声コーパスの利用
　　　　　　　　　　　　　　　　　　………………………………北原　真冬　176

第 14 章　並列構造のコンビ名におけるメンバー名の並び順について
　　　　……………………………………………………… 小川　晋史　188

第 15 章　基本フットの解明と英語の音声変化に関する実証研究
　　　　……………………………………………………… 神谷　厚徳　201

第 IV 部　意味論・語用論

第 16 章　言語使用の観点から見た移動表現の類型論
　　　　――日本語・英語・イタリア語話者の主体／客体移動表現――
　　　　……………………………………………………… 吉成　祐子　216

第 17 章　従属節からの語用論的標識化
　　　　――発話動詞関連の懸垂分詞構文がたどる新たな構文への道――
　　　　……………………………………………………… 早瀬　尚子　231

第 18 章　時間の意味論
　　　　……………………………………………………… 谷口　一美　249

第 19 章　事象から属性へ
　　　　――日本語の動詞由来複合名詞の述語名詞用法について――
　　　　……………………………………………………… 由本　陽子　263

第 20 章　コ・ソ・アの 3 分法と this／that の 2 分法
　　　　――［内心的］・［外心的］の観点から――
　　　　……………………………………………………… 高橋　潔　280

執筆者紹介　………………………………………………………………　291

第 I 部
統語論

第 1 章

英語の仮定法研究を見直す
――if 節内の直説法と will――

八木　克正

関西学院大学（名誉教授）

1.　はじめに

　本章は，英語の仮定法に関するこれまでの研究を踏まえて，① if 節では未来の事象を表現するのになぜ叙述動詞に直説法現在形を使うのかについて考察する．この問題を論じるには，② if 節の中で使われる will についても考察しなければならない．

　①について，後期近代英語で使われていた仮定法現在が，現代英語になって，仮定法全体が衰退する中で，直説法現在にとって代わられた結果であることが明らかになるであろう．

　②ついては，近代英語ではもとより，現代英語でも if 節が未来の事象に言及する場合，叙述動詞句に will が使われることがある．Jespersen は if 節では will は使われないという前提に立ち，どのような場合に will が使われるかを説明する方法をとる．それ以後，Leech (1987)，Declerck (1991) など，ほとんどの学者は Jespersen と同じ立場に立っている．その中で，Close (1980) は if 節に will が現れるのはごく普通の事であるという前提で，will を使った場合と直説法現在を使った場合の意味の違いを論じている．現代英語の実態を見れば，Close (1980) の主張の通り，if 節で will を使うのは特別なことではなく，必要があるから存在する表現法に過ぎないことが明らかになるであろう．

2.　仮定法を考える前提

2.1.　定形節 (finite clause) の動詞の形を決める 4 つの要素

　以下，順を追って上記の 2 つの問題を論じてゆくが，本論に入る前に，仮定法を考える上で前提となる事項を述べておく．定形節の動詞の形を構成する

要素は，時制 (tense)，相 (aspect)，法 (mood)，態 (voice) の4つである．時制には現在と過去，相には進行相と完了相，法には直説法，仮定法，命令法の3つ，態には能動態と受動態がある．will を使う場合を未来時制ととらえて，3つの時制を認める立場もある．[1]

具体例をみてみよう．以下，特に記さない限り，出典は COCA コーパスである．

(1) He would resign if **a child had been abused** as a result of a failure on his part.

if 節の中の had been abused から，had は時制が過去，had been は完了相，been abused は受動態であることがわかる．一方，形の上だけでは仮定法か直説法かの判断はできない．この文は過去の事象について述べていることから，had been は仮定法過去完了であることがわかる．このように，動詞の形を決める4つの要素のうち，法については，形式からは仮定法なのか直説法なのかがわからず，文全体の意味から判断される．

had been abused は過去完了形であるが，完了は「相」の問題であり，時制から見れば過去形である．したがって，Quirk et al. (1985: 155) は，仮定法には原形を使う「仮定法現在」(present subjunctive) と，話者の信念や意図に反する事象を述べる場合に使う「仮定法過去」(past subjunctive) の2つだけを認める (Quirk et al. (1985: 1091-1092))．本章では，日本での英文法の一般的な用語に合わせて，仮定法過去完了と呼ぶことにする．なぜならば，直説法においては，仮定法過去完了は，過去の過去，すなわち，大過去の意味を表すからである．

3. なぜ if 節の中で直説法現在を使うのか

未来の事象を表現するのに，if 節の中で直説法が使われるのはなぜかが，どのように説明されてきたのだろうか．(2)-(4) の例を見てみよう．

(2) If it (=the book) **is** not entertaining, it is a failure.
(3) If it **was** that easy, everybody would do it.
(4) If it **had been** anyone else, he would not have given them another

---

[1] 本章ではこの立場はとらないが，以下の議論で明らかになるように，if 節の中の動詞の形を論じる上で，この立場を前提とする議論がある．

minute, ...

　(2) の if 節では直説法現在が使われているが，現在の状況または未来に予測される事象である．(3) の if 節では過去形が使われているが，この過去形が直説法か仮定法かは形の上からはわからない．意味から考えると，過去の事象を述べているのではなく，現在の事象を仮想しているので，この were は仮定法過去であることがわかる．(4) は過去完了形だが，述べられているのは過去の事象の仮想である．したがって，had been は仮定法過去完了であることがわかる．

　(3) は現在の事象についての仮想を仮定法過去で，(4) は過去の事象について仮定法過去完了で表しているから，時制から見れば，現在のことを過去形で，過去のことを過去完了形で表すという時制のずれが起きている．

　Quirk et al. (1985: 1901-1902) は，(2) の条件節を条件の実現・非実現には関与しない「開放条件」(open condition) とし，(3)-(4) の条件節を実現しないであろうという予測，あるいは，実現しなかった条件を仮想する「仮想条件」(hypothetical condition) として区別する．(3)-(4) では仮想条件であることを表すために，先にみた時制のずれ，すなわち「時制の後方転移」(back-shift) が起こると考える．この説明では，なぜ「開放条件」の条件節では，未来の事を述べるのに直説法現在を使うのかという問題が残る．

　一方，この後方転移という考え方を (2) にも適用し，(2) は未来の事象を表す場合に will (未来形) を使わず，現在形を使っているので，ここにも「時制の後方転移」があると説明する説がある．(2) も「時制の後方転移」で説明する立場は，will を未来時制として認めるという前提に立っている．また，開放条件と却下条件の区別をしないから，(3)-(4) の時制の後方転移と，(2) の「時制の後方転移」を同じ現象として捉えていることになる．

　(2) も時制の後方転移で説明する立場を以下にみてみよう．

3.1. 澤田 (2006: 121ff., 2014: 253)

　澤田 (2006) はモダリティについて包括的に論じた優れた研究書である．また，澤田 (2014) も現代英語の意味解釈に総合的な視点から取り組んだ優れた研究書である．それらの中で，(5)-(6) の例を使って，仮定法の「時制の後方転移」について論じている ((5)-(6) の出典は澤田 (2006) による)．

　(5)　What time will I be in Leeds if I **take** the 6:33 train?

(Declerck (1991:111))

　(6)　If the train **leaves** at 8:30, why do we have to be at the station so early?　　　　　　　　　　　　　(Johannesson (1976: 77))

　(5) について，「話し手個人の未来の行為を仮定している．条件節中の動詞 take の現在時制は，実は時制の後方転移（backshift）（すなわち，未来の時間が現在時制によって表される現象）によるもので，その現在時制が表している状況は未来にほかならない」と述べている．また，(6) について，「条件節中の動詞 leaves の現在時制は，時制の後方転移によるものではなく，列車の時刻表に記載されている事実である」と述べている．
　(5) では未来のことを現在時制で表しているので時制の後方転移が起こっているが，(6) は現在の事実を述べているので，時制の後方転移が起こっているわけではない，という．if 節の直説法現在形は未来の事象を述べる場合と，現在の事象を述べる場合がある．だから，このように，時制の後方転移の場合と，今のことを述べているから現在時制を使う場合というように分けておく必要がある．
　Quirk et al. (1985) の立場に立てば，(5) や (6) のような例について，ひとつひとつ意味の確認をせず，いずれも開放条件であるから直説法現在が使われるという一貫性のある説明がしやすい．ただそこには，先述のように，開放条件では未来の事象も現在の事象も，直説法現在で表現するのはなぜかを説明しなければならないという問題が残る．

3.2. Dancygier (1998)
　Dancygier は，(2)–(4) の if 節ではすべて時制の後方転移が起きているとしている．澤田 (2006, 2014) の説明は Dancygier (1998: 25–71，特に 44–49) に若干の修正を加えたものである．
　Dancygier にとって，(2) は modality の will を消去した結果としての後方転移であり，(3)–(4) は事実に反する仮想を表すための後方転移である．(2) でなぜ時制の後方転移が起こるかについて，次のように述べている：will は予測を表す modality である．発話時点で発話者は自分の発話が統御できない未来について述べるのだから，予測の意味の will は省かざるをえない．省いた結果が現在時制となる．
　このように，(2) や (5) では will が消去されたという考え方[2]を採ると，(6) では will が省略されたとは考えられないから，澤田 (2006, 2014) では (5) と (6) に別の理由付けをしたのである．

---

[2] will の省略と考えると，なぜ原形にならないのかの説明も欲しいところである．

また，Dancygier (1998) は，Palmer (1986) からの引用として，if 節では認識用法の may, must を使うことはできない（If it *may / *must rain, I'll take an umbrella.）とするが，Dancygier の見解としては，予測的条件文の条件節は現在の想定をあらわす．その想定は，話し手の現在の知識に照らして評価の対象にはならないから may, must は使えないとする．Palmer はさらに，条件文の主節では be going to のような未来性を表す表現が現れることは極めてまれである，としている．[3]

このような説明の仕方は，論理的で魅力的ではあるが，もっと簡単に説明できないだろうか．英語の歴史的変化からの考察も加えて，以下で筆者の考えを述べる．

4.「時制の後方転移」とは

4.1. Jespersen の「時制の後方転移」と仮想条件への応用

「時制の後方転移」は，もともと Jespersen (1965: 151) の用語で，(7) と (8) の対比で分かるような，従属節の動詞の時制が主節の時制に一致すること（時制の一致）を言う．

(7) She **thinks** that you **are** a gentleman.
(8) She **thought** that you **were** a gentleman.

Leech (1987: 105)，Huddleston and Pullum (2002: 151ff.) も同様の意味で使っている．

先にみたように，Quirk et al. (1985) はこの「時制の後方転移」という用語を，仮想条件を表現する場合の時制の変化を指すためにも使用した．現代英語において，仮定法のための特別な動詞の変化を失い，直説法と同じ変化形（ただし単数主語の場合の were は例外）を使うが，時制を後方にずらすことによって仮想条件を表現するようになった．つまり，現在の事象あるいは未来に予想される事象の逆を想定する場合に仮定法過去を使い，過去の事実の逆を想定する場合に仮定法過去完了を使うと考える．

---

[3] 認識用法の may, must は条件節では使えないと思われるが，be going to は決してまれではない．(i) の意思の場合と (ii) の単純未来の例をあげておく．
  (i) But if **you're going to** buy a bond and hold it, ...
  (ii) ... **if it is going to** cost $600 million just to reopen the line, why don't we get the planes and move the production line forward ....

4.2. 開放条件の直説法現在形は「時制の後方転移」か

If it rains, the match will be cancelled. の rains も時制の後方転移の結果とする Dancygier と澤田の考え方には、いろいろな問題点がある。

第一に、Dancygier の説は、(2) が will を消去した結果としての時制の後方転移であり、(3)-(4) は事実に反する仮想を表すための後方転移であるという、性質が全く違う現象に同じ用語を使っている。

そして、If it rains, the match will be cancelled. がなぜ直説法現在になっているのかを「未来のことを表すのに現在時制を使う時制の後方転移が起こっているから」と説明することは、「なぜ時制の後方転移によって未来のことを表すのか」という問いに対する答えになっていない。

第二に、(3)-(4) に合わせて「未来の事実に反する」ことを現在形で表すとするならば、常識的には存在しない「未来の事実」を想定していることになる。そもそも rains は開放条件（真偽が未定の条件）であり、事実に反する条件ではない。

第三に、if 節の中には、未来のことを表すのに、直説法現在の他に、will も be going to も使うことができる。だから、条件節であることが「仮定法現在」を使う引き金にはなっているとは言えない。

第四に、近未来の仮想には仮定法過去が使われる。(9) は雨が降らないことが分かっている場合の仮想を表現している。

(9) It **would** be great if it **rained** tonight.

(Depraetere and Reed (2006: 271))

(9) は、(3)-(4) と同じ現象であり、時制の後方転移と呼ぶことができる。だから、if 節が開放条件である場合に直説法現在を使うことは、時制の後方転移とは異なる現象であると考えなければならない。

5. 後期近代英語の実態

現代英語における if 節での動詞の形を考えるために、後期近代英語の実態を文法書や実例で検証してみよう。

5.1. **Baskervill and Sewell (1896: 139f.)**

Baskervill and Sewell の文法書は、19世紀末の規範文法書ではあるが、具体例に基づいた記述をしている。その中で、「不確かなことを条件として述べる場合」、言い換えれば、開放条件の場合は、仮定法現在形が使われるとして、

次の例をあげている．

(10) If, in our case, the representative system ultimately **fail**, popular government must be pronounced impossible. (D. Webster)
(11) If this **be** the glory of Julius, the first great founder of the Empire, so it is also the glory of Charlemagne, the second founder. (Bryce)
(12) If any man **consider** the present aspects of what is called by distinction society, he will see the need of these ethics. (Emerson)

このように，今日で言う開放条件の場合は，仮定法現在が使われていたことがわかる．後期近代英語の状況が現代英語に至って，徐々に変化し，仮定法現在が直説法現在へと移行してゆくことを，代表的な著作を引いて見てみよう．

5.2. Fowler (1926)

Fowler (1926) の SUBJUNCTIVE の項 (574ff.) は，現代英語期に入ってから仮定法はほとんど死滅して，次のような場合にその生き残りがあるとしている．以下に引用する例を使って，仮定法現在形の後に直説法現在形が [ ] で表示され，両者が共存していることを明らかにしている．

(13) **If it have [has] a flaw**, that flaw takes the shape of a slight incoherence.
(14) It is quite obvious to what grave results such instances as the above may lead, **be they [if they are]** only sufficiently numerous.
(15) **If these others be [are]** all we can muster, it **were [would be]** better to leave the sculpture galleries empty.

5.3. Curme (1931)

少し時代を下った Curme (1931: 390ff.) では，今で言う開放条件の if 節では仮定法と直説法が共存しているとするのではなく，それらの意味とスタイルの違いから説明している．

(16) The sun **rises** every morning.
(17) I shall not go, if it **rains**.

直説法を使った (16)-(17) は，事実を述べる直説法である．話者にとって考えておかねばならない，また，実際に考えている現実の問題であることか

ら，現実に近いことと考えている，とCurmeは述べている．

(18)　I shall not go, if it **rain**.

(18)では仮定法（現在）が使われている．古い英語では極めて普通で，今でも時に使われる．意味的には直説法とほとんど変わらないが，視点が異なる．雨が降ることは単なる概念であるが，いずれは何等かの行動で対処する必要性がでてくる可能性があることを意味する．また，スタイル上の違いがある．直説法現在は日常表現であるが，仮定法現在は，多くの古い形式がそうであるように，文語体である．

仮定法で表していたところを直説法で表す傾向について，Curme (1931: 390) は，次のように述べている：これは，言語の乱れが原因ではなく，思考方法が変化してきたことによる．今日では，将来に起こることが想定される事柄を，単なる概念ではなく，何等かの方法で対処すべき問題としてとらえる傾向を反映している．日常の表現では仮定法に代わって直説法を使う傾向があるが，仮定法がすべて衰退しているわけではない．実際に，自己表現のために新しい仮定法の形式を作り出している．

ここで言う「新しい仮定法」とは，命令や願望を表す要素の後にくる従属節で，仮定法現在のことである．今日的な用語で言い換えると，開放条件のif節における仮定法は文語の地位になったが，一方で，命令や願望を表す要素の後にくる従属節で使う仮定法が使われるようになってきているということである．

Curmeが観察していた英語は，if節で使われていた仮定法が直説法へと移り変わる時代で，若干の意味の違いを認めるものの，直説法現在が優勢になってきていることを伺わせる．一方で，アメリカ英語で新たに台頭してきたいわゆる「アメリカ仮定法」(American Subjunctive) も観察している．Fowler (1926) ではまだ「アメリカ仮定法」には触れられていないが，改訂版にあたる Gowers (1965: 595f.) や Burchfield (1998: 749f.)，また Butterfield (2015: 782) の SUBJUNCTIVE の項には，should を使う形と併存する仮定法の生き残りとして記述されている．

5.4.　細江 (1933)

細江 (1933: 142ff.) は，近代英語期における，現在または未来に関する仮想を表現する if 節内の主動詞の形式には，3つの形式があることを実例によって検証している．

第一に仮定法現在形，第二に shall を使った形，第三に will を使った形で

ある．それぞれの実例を以下にあげる．

(19) If a man's wit **be** wandering, let him study the mathematics.
(Bacon, *Essays, Of Studies*)
(20) Or, if you **shall** so prefer to choose, a new province of knowledge and new avenues to fame and power shall be laid open to you, here, in this room, upon the instant.
(Stevenson, *Dr. Jekyll and Mr. Hyde*, IX)

細江によると，この shall を使う用法は，17，18 世紀でもっとも優性であったが，今日でも幾分改まった態度の文にこれを見ることができるとする．[4]

(21) If you **will** hear me through a very little more, all you can ever do for me is done. (Dickens, *A Tale of Two Cities*, II. xiii)

細江は，この will は意志の意味ばかりでなく，この場合は「明らかに "Future Tense" のそれである」としている．

近代英語ではこのような多様性があった．それが，徐々に，if 節においては仮想を述べる時は仮定法現在形，事実を述べる場合は直説法現在形を使うべきであるという規範が形成される．このことは，次の Visser (1972) の記述から知ることができる．そして，if 節においても，未来の意味の will が使われることも述べている．

5.5. Visser (1972: 789)

Visser (1972: 789) は「if he sees という法的非有標形 (modally non-marked form) が法的有標形 (modally marked form) より優性になってきた主な理由のひとつは，発話の法性を合図する形式が存在するために，有標形を使うことが冗漫になってきたことであるように思われる」という．[5]

as if のような法的接続詞，I desire のような定型導入形，perhaps, probably のような法副詞，may, might, should のような助動詞，時制の一致が起こってるのであれば現在形になるはずのところで過去形が使われる it is time we moved on のような場合，時制の一致で過去形になるはずのところで現在

---

[4] この shall について OED (s.v. SHALL, v. 10a) は，「古くは，時に，仮定法現在の意味を表すために使われた」(†Formerly sometimes used to express the sense of a present subjunctive.) としている．

[5] 法的有標形とは「仮定法の形」であり，法的非有標形とは「直説法の形」のことである．

時制を要求する They insisted that I stay for supper のような場合，Go we ... のような語順，それにイントネーション，ジェスチャーなどによって，仮定法が来ることを予測させる．そのような仮定法を予測させる要素があるのに，さらに仮定法を使うことは，冗漫になるということである．

18世紀から19世紀の文法家たちは，法的有標形の if he be (come, run) と無標形の if he is (comes, runs) の違いについて，恣意的に，使い分けすべきであることを主張しはじめた．基本的な使い分けは，if he be (come, run) を非事実 (non-fact) に，if he is (comes, runs) を事実 (fact) に使うことであった．

以上が Visser (1972: 789) の主張である．仮定法を使うには何かの引き金になる if 節などの要素が必要だが，その引き金さえあれば，無標の直説法を使えばことは足りる．そのようにして仮定法の形が廃れていったという．この考え方は，言語の変化を「言語経済」に求めるものである．「言語経済」の原理については八木・井上 (2013) で詳述した．

次節では，現代英語において，従属節の動詞がどのような形になるかを Quirk et al. (1985) によって明らかにしてみよう．

6. 現代英語における直説法現在形の用法

直説法の現在時制で未来時を表現する場合を Quirk et al. (1985) によって網羅的にあげる．

6.1. 副詞節の場合

if 節に限らず，未来のことに言及する副詞節（副詞節を導く接続詞の種類は以下にあげるように，多様なものがある）の主動詞には直説法現在が使われる．

(22) ***When / After / Before / As / If / As soon as / Once*** he **arrives**, the band will play the National Anthem.

(23) ***Even if*** tomorrow's match **is** cancelled, Lancashire will still be at the top of the league.

(24) He'll come ***in case*** he's wanted.

(25) ***While*** I **am** away, the children will look after the house.

(26) ***Whether or not*** they **win** this battle, they won't win the war.

(27) ***Whatever*** they **say**, I won't pay.

(28) ***Wherever*** she **goes,** I'll go.

(29) *Next time* I'll do as he **says**.
(30) *The harder* you **exercise**, the better you'll feel.

条件節の場合も直説法現在が使われる．

(31) *If* you like it, I'll give it to you.
(32) *If* she's working, I won't interrupt her.

(22)-(32) の例をみれば，未来や現在の仮想を開放条件の if 節で表す場合に直説法現在が使われるのは特別なことではなく，他の副詞節と同じ現象であることがわかるだろう．

6.2. 動詞補文の名詞節の場合

次に，Quirk et al. (1985) に従って，未来の想定を述べる動詞句（ask, hope, bet, see (to it), take care, be careful, suppose, assume など）の後では直説法現在形が使われることを例示してみよう．will を使うことも可能な場合は用例の末尾に [ ] で示した（すべて Quirk et al. (1985) による）．

(33) I *hope* that the parcel **comes** in time. ［また **will come**］
(34) *Suppose* he **loses** his way.
(35) Let's *assume* our opponents **win** the election. ［また **will win**］
(36) I'll *see that* nobody **disturbs** you. ［また **will disturb**］
(37) *Take care* that she **doesn't** fall.

これらの例から，動詞が未来の予測あるいは仮定を意味する場合，従属節で will を使う必要がないと理解してよいであろう．

(38) と (39) を比較してみよう．(38) の what 以下は ask の従属節で，上記の例と同じ理由で直説法現在が使われている．(39) では be 動詞の補語の節であり，上記の理由があてはまらないから will が必要である．

(38) In a few minutes I'll ask him *what* he **wants** tomorrow.
(39) The question is *what* he will want tomorrow.

6.3. 最も中立的な法と時制としての直説法現在

英語の subjunctive に「仮定法」の訳語を与えるが，よく知られているように，英語の本来の意味は「従属」であり，「接続法」という日本語の方が本来の意味に近い．つまり，本来，仮定法は従属節に現れる動詞の形式である．それが証拠に，近代英語では，従属節で仮定法（接続法）が使われるのがごく当た

り前であった．従属節は条件節に限るわけではない．6.1 節と 6.2 節で見たように，現代英語においても，条件節に限らず，一般に従属節においては直説法現在が使われる傾向が強い．近代英語での従属節における仮定法現在と，現代英語の直説法は相似形をなしている．言い換えれば，近代英語時代の仮定法現在が，現代英語時代に全体として直説法現在に移行したのである．

　近代英語の仮定法現在，また，現代英語の直説法現在は，時制に関係なく設定した命題の表現である．現代英語では仮定法が廃れたために，命題を時制に関係なく述べる方法として直説法現在が残った．[6]

　第 3 節で，条件節では認識用法の may や must が使われないことをみたが，それは，条件節が時制に関係なく話者の主観の入らない命題を表現する方法だからである．

7.　if 節内の動詞句の多様性

　if 節にどのような形式の動詞句が来るかを考える前提として，Quirk et al. (1985) に倣って，ここでは，開放条件と仮想条件を区別する．COCA コーパスで検索すると，開放条件では，直説法現在形のほか，will が使われた例が数多く見られる．

7.1.　will が意思を表す場合

　will が意思の場合は，if you will（もしよろしければ）という成句あるいはその変形が多く見られる．

(40)　Take a look **if you will**, please.
(41)　JUDGE:　Ms. Willis, **if you will come forward**.
(42)　There are a lot of things need to be perfected, and the House can do a very good job, **if they will**.

　(42) は (40) の if you will の発展形で，if they will で「もし下院がその気になれば」の意味である．

---

[6] Lyons (1977: 809ff.) は "it is raining" の意味表示を，時制のない命題 (tenseless proposition) "it be raining" で表示している．この表示の仕方は，仮定法現在形を使ったものであるが，日常的には，現代英語では it is raining という形式によって "it is raining"（雨が降っている）という命題を表す方法をとっていることになる．

7.2. 未来の will

次に未来の事象を想定する will が使われた例を見よう．(43) は，非文法的とされてきた if it will rain の例である．

(43)　It is cloudy, and I am happy **if it will rain** and this ruins festival.

if it rains と比較すると，「今の時点では事実ではないが，近未来にもし雨が降れば」という意味になっていることがわかる．[7] if 節内の will は，基本的にはこの意味を表す．いくつか例をみてみよう．

(44)　**If he will try** to go, to leave, to exit, he will be killed by his own people, ...
(45)　There are other conspirators. **If they will not reveal** themselves, we must uncover them.
(46)　Slides should only be used **if they will enhance** the presentation.
(47)　**If there will** be nearly 500 scanners in place, or more, will they be the primary screening device at that point?

このような例はいくらでもあげることができる．「今はそうではないが，将来もしこういう事態になれば」という仮定は，実生活の中ではごく普通に起りえることで，それを表現する方法である．「今はそうではないが，もし将来」という意味は，丁寧表現にもなる．次例を参照．

(48)　**If it will make your mind easier**, I can tell you that it wasn't me.
(49)　I'll take care of the tea and coffee, **if it'll help** to get things done quicker.　　　　　　　　　　(Carter and McCarthy (2006: 750))

8. 結語

本章では，if 節では未来の事象を表現するのになぜ叙述動詞に直説法現在形を使うのかについて考察した．後期近代英語で使われていた仮定法現在が，現代英語になって，仮定法全体が衰退する中で，仮定法現在が直説法現在にとって代わられた結果であることが明らかなった．

---

[7] Close (1980: 108) は，if 節の直説法現在は「想定された未来の現実」(assumed future actuality) を表すのに対し，will は「想定上の予測可能性」(assumed predictability) を表すと言う．本章でいう「今はそうではないが，将来もしこういう事態になれば」は Close の言い換えと考えて良い．

if 節の中で使われる will についても考察し，近代英語ではもとより，現代英語でも if 節が未来の事象に言及する場合，叙述動詞句に will や be going to が使われることがあることを明らかにした．そして，直説法現在で表す意味と，will, be going to を使って表す意味は異なることが実例で明らかになった．

参考文献

Baskervill, William M. and James W. Sewell (1896) *An English Grammar for the Use of High School, Academy, and College Classes*, American Book Company, New York.

Burchfield, Robert W. (1998) *A Dictionary of Modern English Usage*, Revised 3rd ed., Clarendon Press, London.

Butterfield, Jeremy, ed. (2015) *Fowler's Dictionary of Modern English Usage*, 4th ed., Clarendon Press, London.

Carter, Ronald and Michael McCarthy (2006) *Cambridge Grammar of English: A Comprehensive Guide—Spoken and Written English Grammar and Usage*, Cambridge University Press, Cambridge.

Close, Richard A. (1980) "*Will* in *if*-clause," *Studies in English Linguistics for Randolph Quirk*, ed. by S. Greenbaum, G. Leech and J. Svartvic, 100-109, Longman, London.

Curme, George O. (1931) *Syntax*, D. C. Heath, Boston.

Dancygier, Barbara (1998) *Conditionals and Prediction: Time, Knowledge and Causation in Conditional Constructions*, Cambridge Studies in Linguistics 87, Cambridge University Press, Cambridge.

Declerck, Renaat (1991) *A Comprehensive Descriptive Grammar of English*, Kaitakusha, Tokyo.

Depraetere, Ilse and Susan Reed (2006) "Mood and Modality in English," *The Handbook of English Linguistics*, ed. by B. Arts and A. McMahon, 269-290, Blackwell, London.

Fowler, Henry W. (1926) *A Dictionary of Modern English Usage*, Clarendon Press, London.

Gowers, Ernest (1965) *Fowler's Dictionary of Modern English Usage*, Oxford University Press, Oxford.

細江逸記 (1982)『動詞叙法の研究（新版）』（初版 1933），篠崎書林，東京．

Huddleston, R. and G. K. Pullum (2002) *The Cambridge Grammar of the English Language*, Cambridge University Press, Cambridge.

Jespersen, Otto (1965) *A Modern English Grammar on Historical Principles*, IV (First published in 1931) and V (First published in 1940), George Allen & Unwin, London.

Johannesson, Nils Lennart (1976) *The English Modal Auxiliaries: A Stratificational Account*, Almqvist & Wiksell International, Stockholm.

Leech, Geoffrey N. (1987) *Meaning and the English Verb*, 2nd ed., Published by Hituji Syobo, Tokyo, with Japanese notes by Harumi Sawada. First edition in 1971.

Lyons, John (1977) *Semantics* 2, Cambridge University Press, Cambridge.

Palmer, Frank R. (1986) *Mood and Modality*, Cambridge University Press, Cambridge.

Quirk, Randolph, Sydney Greenbaum, Geoffrey Leech and Jan Svartvik (1985) *A Comprehensive Grammar of the English Language*, Longman, London.

澤田治美 (2006)『モダリティ』開拓社, 東京.

澤田治美 (2014)『現代意味論解釈講義』開拓社, 東京.

Visser, Fredericus Th. (1972) *An Historical Syntax of the English Language*, Part Two *Syntactical Units with One Verb* (continued), 2nd impression, E. J. Brill, Leiden.

八木克正・井上亜依 (2013)『英語定型表現の研究——歴史・方法・理論』開拓社, 東京.

第 2 章

標示付け不履行による文派生

小野　隆啓

京都外国語大学

1. はじめに

　Chomsky（2013, 2015, 2017b）では，統語構造体の特性として標示が与えられないものは排除されるという観点から，移動の新しい駆動方式が提案された．標示付け不履行による連続循環移動である．本章ではその新しい派生進行の可能性を考察する．

2. 牽引と先端素性による派生

　生成文法の歴史の中で最も精力的に研究されてきたものは転位（dislocation, あるいは displacement）と呼ばれる人間言語固有の特徴である．英語の wh 疑問文，例えば What did you see? において，疑問詞 what は発音上は文頭の位置で発音され，意味解釈の上では動詞 see の目的語の位置で解釈される．つまり，疑問詞は目的語の位置から文頭の位置へと転位しているのである．

　初期理論（Primary Theory）では wh 移動は構造記述と構造変化で記述される単純な語順変更規則であった．Baker（1970）の Q 形態素（Question Morpheme）の導入と，Emonds（1976）の構造保持の仮説（Structure Preserving Hypothesis）の提案および Chomsky（1970）の X バー理論（X-bar Theory）により，wh 語の移動先は補文標識（Complementizer）の指定部（Specifier）となった．

　　（1）　[[　] [C$_Q$ [... wh-phrase ...]]]

　（1）の wh 移動が稼働する原因は，初期のミニマリストアプローチでは自己充足の原理（Greed）と考えられた．α が移動するのは α 自体が持つ形態的特

性を満たすためにその移動が必要とされる場合にのみ作動するというものであった．自己充足最終手段 (Self-serving Last Resort) とも呼ばれた．[1] しかし，Chomsky (2000) の非解釈素性 (uninterpretable feature) を取り入れた探査子・目標機構 (Probe-Goal System) が提案されるに至り，Lasnik (2003: 28) に示された啓発された自己利益の原理 (Enlightened Self-Interest) へと変わり，移動する α か移動先の β か，いずれかの形式的要請が充足されるために移動が生じるとされた．

(2) a. Greed: Movement of α to β is for the satisfaction of formal requirements of α.
   b. "Enlightened self interest": Movement of α to β is for the satisfaction of formal requirements of α or β.　　(Lasnik (2003: 28))

これにより，初期の自己充足の原理では，移動する α が構造上部に自己充足を可能とする位置があり，それを求めて移動するという先読み (look-ahead) が必要であったが，その必要がなくなった．ここから移動は移動する α 内の非解釈素性を削除するために，探査子が α を牽引 (Attract) するという考え方に至った．

移動の原因が探査子ということになると，移動の連続循環的 (successive cyclic)，すなわち非有界依存関係 (unbounded dependency) の説明が不自然なものとなってしまう．以下の例を考察してみよう．

(3) a. John seems [t' to have been expected [t to leave]].
   b. I wonder [who John thought [t' Bill expected [t to leave]]].

(3a) の上昇構文 (Raising) の場合には，John が t の位置から t' の位置を経由して主節の主語の位置に移動する．t' の位置から seems の前の位置に移動する際には格付与のため探査子 Agr-S が存在するので牽引が可能である．しかし，t の位置にあった John が t' の位置に移動する際に Agr-S は存在せず探査子が存在しない．したがって，移動が駆動されないことになる．(3b) の場合も類似したことが生じる．t の位置にあった who が t' の位置に移動する理由がないのである．動詞 think の補文は Q 素性を持たないので，探査子にならない．

探査子・目標機構と先読みをしない枠組みでは，目的語の wh 句は v^* フェーズ (phase) の先端 (edge) には移動しても，それより上位の C フェー

---

[1] Chomsky (1995a: 201).

ズにはQ素性がないためCフェーズに移動することはない．そうなれば，wh句の持つ非解釈素性が残留し，完全解釈の原理 (Principle of Full Interpretation) により派生は破綻する．

Chomsky (2008: 139) では先端素性 (edge feature) というものを提案し，これによりwh移動なども駆動されるとしているが，先端素性はCやv*のようなフェーズを形成する範疇にのみ固有の素性ではなく，すべての範疇が有するものである．そうであれば，範疇があれば，それとwh句が外的併合 (External Merge) を起こすわけで，先読みせずどの範疇と外的併合をして連続循環的移動を駆動するのか不明である．

3. 生成機構と生成される統語構造物

言語の生成機構 (generative procedure: GP) は，派生集合体 (the set D of derivation) を生成する．この集合体は収束派生 (convergent derivation) の部分集合と容認派生 (admisible derivation) の部分集合から成り，完全解釈の原理 (principle of full interpretation: FI) が前者，収束派生を決定し，経済性の条件 (economy condition) が後者，容認派生を決定する．したがって，後者は前者の部分集合をなすことになる．[2]

経済性の原理 (Economy Principle) の1つに最小連結条件 (Minimal Link Condition: MLC) (Chomsky (1995b: 401)) がある．優位性条件 (Superiority Condition) を例にとると，(4a) は容認されるが，(4b) は容認されない．

(4) a. Who bought what?
    b. *What did who buy?
    c. [Q [who [bought what]]]

(4c) から明らかなように，Qへのwhoの移動の方がQへのwhatの移動の方より移動距離が短いからであると説明される．故に，経済性の原理，最小連結条件で派生 (4b) は阻止 (block) されるのである．

このように経済性の原理により逸脱派生 (deviant derivation) は生成されることが阻止されるという機構がミニマリストアプローチでも採用されてきた．しかし生成文法の歴史の中では，しばしば逸脱派生の生成も容認するような主張がなされていた．例えば，複合名詞句制約 (Complex NP Constraint:

---

[2] Chomsky (1995: 220–221).

CNPC) の違反例として次のような例が提示されていた．

(5) a. Which book did John hear [a rumor [that you had read *t*]]?
b. Which book did John annouce [a plan [(for you) to read *t*]]?

(Chomsky (1986: 35))

障壁理論の枠組みでは，複合名詞句内には障壁が存在しないので，(5) のような例では下接の条件（Subjacency Condition）違反が a weaker island effect (Chomsky (1986: 35)) として扱われていた．

寄生空所 (parasitic gap) という構文が議論される前の理論的枠組み (Chomsky (1981a: 203)) では，(6) は非文とされていたが，その後には Chomsky (1982: 12) で marginal status とされていたものである．

(6) Who did you give a picture of *e* to *t* ?

逸脱派生も生成可能でなければならないのである．
Lasnik and Saito (1992: 118) は (7) の例を提示している．

(7) Who wonders what who bought?

この文は明らかに優位性条件の違反を示しており，(4b) と明確な相違を示している．この文は，優位性条件を違反しているにもかかわらず，解釈において，埋め込み文の主語が広作用域解釈（wide scope reading）をとるならば，文法的であるとしている．Epstein (1998: 184) は，(7) に対する応答として以下の可能性を示している．

(8) a. Sue wonders what Bill bought.
b. #Sue wonders what who bought.

(Epstein (1998: 184))

したがって，たとえ経済性の原理（最小連結条件）に違反しても (7) のような逸脱派生も生成されなければならない．

かつて Chomsky and Lasnik (1977) では，表層フィルター（surface filter）という考え方が導入され，句構造規則と変形の適用により過剰生成された非文を，最終的に表層構造の段階で濾過除去（filter out）するという機構を提案していた．for-to フィルター（*for-to* filter）や that 痕跡フィルター（*that*-trace filter）など多くのフィルターが非文除去のために提案された．その後の研究で，このフィルターは文法の原理により説明されることになり，基本的にフィルターの概念は消え去った．しかし，そこで考察されていたことは，過剰生成

による逸脱派生の除去ということで，今議論している仕組みと同様のものであったと言うことができる．

　Chomsky (2017b) では，規則の自由適用により逸脱派生も生成可能にすべきである旨の言及がある．

(9) Free application of rules can yield deviant expressions, but that is unproblematic, in fact required. Deviant expressions should be generated with their interpretations for reasons that go back to Chomsky (1956) and have been amplified in subsequent years.
(Chomsky (2017b: 3))

もちろん，逸脱派生を無制限に生成すべきだと主張するのではない．逸脱性の範囲が経験的に理論的に限定されなければならない．しかし，生成の基本的機構が文法的文のみを生成する機構では，言語の自由表現に規制をかけることに成り，方言などの言語の多様性，通時言語学的多様性の説明を与えることはできない．[3]

4. 標示付けアルゴリズムと標示付け不履行

　語彙要素 (lexical item: LI) α と β が併合 (merge) することにより $\{\alpha, \beta\}$ という集合 K を形成する．K が適格統語構造体 (Syntactic Object) となるためには，感覚運動機構 (Sensorymotor System) や概念・意図機構 (Conceptual-intentional System) というインターフェイス (interface) で適正に解釈されなければならない．例えば，Chomsky (1965: 21) で示された Flying planes can be dangerous. では，たまたまこの文では曖昧性を導入するために助動詞 can を入れてあるが，主語の flying planes の句が動名詞句なのか限定詞句（名詞句）なのかが決定されないと，時制を持つ be 動詞が後続した場合，is なのか are なのかが決定できず，統語的に不明瞭な文となる．また，意味においては「飛行機を飛ばすこと」なのか「飛んでいる飛行機」なのかの決定ができない．この点を明らかにするには，主語の統語構造体 K の範疇を示せばよく，この情報が標示 (label) と呼ばれるものである．

　標示は α と β に全く無関係なものとなることはなく，[4] いずれかの投射 (projection) が選択されることになる．

---

[3] E 言語 (E-languge) における多様性の説明も言語理論の説明対象となるべきである．
[4] かつての句構造規則がそうであった．

(10) a.　K = {α, {α, β}}
　　　b.　K = {β, {α, β}}

この，標示の決定操作を標示付けアルゴリズム（Labeling Algorithm: LA）と呼ぶ．

標示の決定は α と β の組み合わせにより以下の 3 種類に分けられる．H は主要部（head）を意味する．

(11) a.　{Ha, Hb}
　　　b.　{H, XP}
　　　c.　{XP, YP}

(11a) で，Ha, Hb は異なる主要部で，主要部同士の構造体は語根（root）であり，語根は標示を形成するには弱すぎるとされている．[5] そのため，(11a) はそのままでは無標示となり統語構造体になり得ず，Embick and Marantz (2008) などが示すように，範疇マーカー（category marker）が付与されてはじめて統語構造体となり，(10) のいずれかになる．

(11b) の場合は，問題なく標示付けアルゴリズムにより主要部 H が標示となる．[6] これは従来の VP や PP を形成するものである．最小句構造（bare phrase structure）[7] からすれば，(12) のような統語構造体が形成されることになる．

(12) a.　　　kiss　　　　　　　b.　　　on
　　　　kiss　[the girl]　　　　　　on　[the desk]

(11a, b) はいずれも 1 つの統語構造体に別の統語構造体を併合するという外的併合による統語構造体形成であったが，移動規則による内的併合（Internal Merge）で常に (11c) の構造を形成するものである．この場合は，標示付けアルゴリズムが XP と YP 内に存在する X と Y を同定し，両者の間に一致操作（Agree）が成立すれば標示が決定される．その際，X と Y の一致要素の対（pair of the agreeing elements），<φ, φ> として標示が決定されることになる．

これにしたがうと，内項，外項を持つ他動詞の時制文は次のような派生を生成することになる．

---

[5] Chomsky (2015: 8).
[6] 一致操作は XP 内の X を探査するとすれば，(2b) は (2c) と同一と考えることができる．
[7] Chomsky (1995b).

(13) a. $[_\alpha$ V IA $]$
b. $[_V$ V I̶A̶ $]$
c. $[_\beta\ v^*\ [_V$ V I̶A̶ $]]$
d. $[_{v^*}$ V-v^* $[_V$ V̶ I̶A̶ $]]$
e. $[_\gamma$ EA $[_{v^*}$ V-v^* $[_V$ V̶ I̶A̶ $]]]$
f. $[_{v^*}$ E̶A̶ $[_{v^*}$ V-v^* $[_V$ V̶ I̶A̶ $]]]$
g. $[_{v^*}$ IA $[_{v^*}$ E̶A̶ $[_{v^*}$ V-v^* $[_V$ V̶ I̶A̶ $]]]]$

EA は外項 (External Argument: EA) で IA は内項 (Internal Argument: IA) である．動詞 V と内項が外的併合で α を形成するが ((13a))，内項内の非解釈素性 <uAcc>(uninterpretable accusative Case) は V がそれに一致する素性を持たないため，[8] 標示付けアルゴリズムによる α の標示決定は行われない．これを標示付け不履行 (labeling failure) という．

このままでは α は標示が決定できず適正な統語構造体になれないため破綻することになるので，内項は外的併合により α 内から「上昇 (rising)」[9] する．脱出した内項は上昇しどこかで外的併合し，安定位置を確保しなければならない．[10] α 内に残された外的併合のコピー (copy) は不可視 (invisible) となり，[11] V が残っているため α は V という標示を持つことになり，適格統語構造体となる ((13b))．

次に $[_V$ V IA $]$ に v^* が外的併合し，β を形成する ((13c))．β は v^* がフェーズを形成するものであるので，$[_V$ V IA$]$ 内の V にその特性を継承 (inheritance) し，V 移動 (Verb Raising) が適用され，v^* と標示され適格統語構造体となる ((13d))．この統語構造体に外項が外的併合されて γ が形成される ((13e))．外項は非解釈素性 <uNom> を持っているため v^* との間に一致 (Agree) が生じない．そのため標示付け不履行が生じ，外的併合により外項は γ 内から脱出する．γ 内から外項が脱出すれば，外項のコピーは不可視となるため，γ は v^* という標示を持つことになる ((13f))．

この v^* に α から脱出した内項が外的併合で併合し γ を形成すると，v^* は解釈素性 <iAcc> を持っているため内項との間で一致が行われ，内項はこ

---

[8] 対角は v^* との一致で照合される．
[9] labeling failure で要素が上昇していき criterial position に達するまで内的併合が繰り返される現象は，raising というよりは rising と言えるであろう．seem や certain などの上昇構文 (Raising Construction) における raising と区別したい．
[10] 上昇した要素が，上昇した範疇に即座に外的併合すると考えてよいが，それらをすべて記述していると何回も標示付け不履行が生じ，煩雑なため省略する．
[11] Chomsky (2013: 44)．痕跡 (trace) が形成されることと同様である．

位置に着地する((13g)).この位置はRizzi (2010) の基準凍結 (criterial freezing) の位置 (criterial position) であり,これ以降内項はどこにも移動しない.

Rizzi (2010) の基準凍結はA′位置(A′-position) について提案されたものであり,Chomsky (2013, 2015) も同様であるが,上で見たようにA位置(A-position) についても,適用可能と考える.実際,Cフェーズとv^*フェーズを並行的に分析している枠組みでは,自然な拡張であると思われる.

以上は,v^*フェーズでの派生を考察した.1つのフェーズが完成したので,[$_V$ ~~V~~ ~~IA~~]は転送 (Transfer) されるため以降では省略する.CフェーズではV*に時制Tが外的併合され(13h) となる.

(13) h.   [$_\varepsilon$ T [$_{v*}$ IA [$_{v*}$ EA [$_{v*}$ V-v^*]]]]
  i. [C [$_\zeta$ EA [$_\varepsilon$ T [$_{v*}$ IA [$_{v*}$ EA [$_{v*}$ V-v^*]]]]]]
  j. [C [$_\zeta$ EA [$_{TP}$ V-v^*-T [$_{v*}$ IA [$_{v*}$ EA [$_{v*}$ ~~V-v^*~~]]]]]]
  k. [C [$_{<\phi,\phi>}$ [$_{TP}$ EA [$_{TP}$ V-v^*-T [v^* IA [$_{v*}$ EA [$_{v*}$ ~~V-v^*~~]]]]]]]
        $_{<\phi>}$ $_{<\phi>}$

Tは標示を決定する強さはないためεはこの時点ではまだ標示が決定されていない.このεに外項EAが内的併合されてζが形成される.そして補文標識Cが外的併合すると,Tにその特徴が継承され,Tは探査子としてV-v^*牽引し(13j) となる.EAは<uNom>という非解釈素性を持っており,V-v^*-Tとの間で一致が成立する((13k)).

非解釈素性を持っている要素Yと主要部Xが外的併合した範疇αは,XとYの間で一致が成立しなければ標示付け不履行が生じ派生はその段階で破綻する.Yがαの外部へと脱出すれば,α内のYはコピーであり,コピーは不可視になるので,Xがαの標示となる.このプロセスを繰り返し,一致が成立する位置までYが上昇したときにその位置が基準凍結位置になり,派生は停止する.これが連続循環移動となる.

(3a) で見た上昇構文における連続循環移動は,痕跡で示された位置がいずれも基準凍結位置にならないので,そこで派生が停止することはなく,最上位のseemsまで上昇しそこが基準凍結位置となり派生が停止し収束する.同様に (3b) の wh 移動においても,expected や thought の後の位置は,Q素性を持っていないので,基準凍結位置にならず wh 句は wonder の補部の C_Q の位置が基準凍結位置となり,ここで停止する.いずれの連続循環規則適用が標示付け不履行と基準凍結で説明ができることになる.

(4) のような多重疑問文の場合は,C_Qが外部併合した段階でTにCの特

性が継承されるわけであるが，Q 素性も T に継承されることになる．(14) の派生構造を考察してみよう．

(14)　[C [$_\xi$ who [$_T$ buy-v*-T [$_{v*}$ what [$_{v*}$ ...]]]]]
　　　　　<Q>　　　　　　　　<Q>

C の Q 素性が T に継承されているので，外項の who は C に外部併合しなくても，主語の位置で一致が起き，ここが wh 句の基準凍結位置となれる．これはまさに Chomsky (1986) で議論された空移動（vacuous movement）の場合である．内項の what は T に外部併合したところが基準凍結位置となる．これは Richards (1997, 2001) の押し込み（tuck-in）現象である．

英語の多重 wh 疑問文における wh 語は，それぞれ {<uCase>,<uQ>} という 2 つの非解釈素性を持っている．目的語の位置に what が生成されたとすると，上で見たように，文の派生ではまず目的語の <uCase> が標示付け不履行を起こし上昇し，v* の付加的指定部（extra-spec）位置が基準凍結位置となるのでそこで停止する．しかし，what は wh 句であるため <uQ> 素性も持っているため，付加的指定部から今度は Q 素性のために標示付け不履行が起こり，さらに上昇する．C$_Q$ があればそこが基準凍結位置となりそこで停止する．つまり，移動する要素が 2 種類の標示付け不履行を生じさせる素性を持つことがあるのである．

このような移動は Rizzi (2010: 21) で示されている．

(15)　Non sapevo [[quale libro DI GIANNI] Q avessi scelto t], (non di Piero)
　　　'I didn't know which book BY GIANNI you had selected, not by Piero'

(16)　a.　DI GIANNI Foc non sapevo [[quale libro t] Q avessi scelto t], (non di Piero)
　　　　　'BY GIANNI I didn't know which book you had selected, not by Piero'
　　　b.　*[Quale libro DI GIANNI] Foc non sapevo [t [avessi scelto t]], (non di Piero)
　　　　　'Which book BY GIANNI I didn't know you had selected, not by Piero'

(Rizzi (2010: 21))

Rizzi (2010) の示すところによると，wh 移動により C$_{<+Q>}$ の SPEC に複合

wh 句 (complex wh-phrase) が移動した場合，その複合 wh 句をさらに上昇させることはできないが，その内部の前置詞句などが，焦点句 (focus phrase) である場合，その PP のみを上昇させることはできるという．

これはかつて，随伴移動 (pied-piping) で wh 前置詞句が疑問文の文頭に移動した後，そこに前置詞のみを残して，wh 句のみを上位に上昇させることはできないというものと似ている．

(17) a. *Who(m) do you believe Fred thinks to Joan talked?
b. *Who(m) do you believe to Fred thinks Joan talked?
(Hornstein and Weinberg (1981: 64))

(18) a. In which book did you say that you found that quote?
b. *Which book did you say in that you found that quote?
(Riemskijk and Williams (1986: 68))

しかし，この場合は，前置詞が残る CP 指定部は $C_{<-Q>}$ であり，これらの文が非文となることは標示付け不履行で説明が可能である．

イタリア語の場合は (15) が示すように，[quale libro DI GIANNI] は埋め込み文の $C_{<+Q>}$ の指定部位置に移動している．$C_{<+Q>}$ なので wh 句にとってこの位置が基準凍結位置である．その埋め込み文の指定部に位置する wh 句から焦点句 (focus phrase) である DI GIANNI という前置詞句が文頭の焦点句の指定部に移動している．(16b) が示すように，埋め込み文の補文標識が $C_{<+Q>}$ なので wh 句すべてが文頭に移動すると，基準凍結位置から移動したことになり，非文となる．

[quale libro DI GIANNI] という句は wh 句 quale libro と焦点句 DI GIANNI が併合している．一般的には DI GIANNI の前置詞句が quale libro に付加している構造であろうから，[quale [[libro] [DI GIANNI]]] のような構造なのかもしれない．しかしこの構造では前置詞句は移動できないはずである．Chomsky (1986: 80) に次のような例が示されている．

(19) a. *From which city did you meet [$_{NP}$ the man t]?
b. Of which city did you witness [$_{NP}$ the destruction t]?

(19a) の例が (16) のイタリア語に関係するであろう．名詞句内から付加部を wh 移動で移動させたわけであるが，非文となっている．ただし，(19b) が示すように destruction の補部からの移動であれば，文法的であることは注目すべき点であろう．

5. まとめ

標示付けアルゴリズムを基礎においた新たな移動現象の説明は，統語構造体に標示付けが行われない場合の標示付け不履行により連続循環規則が移動の駆動力なしに派生が進行することを考察した．この分析の方向性で，従来の変形の条件などが再検討され，新たな進展を見せることになる．

参考文献

Baker, Carl Lee (1970) "Notes on the Desription of English Questions: The Role of an Abstract Question Morpheme," *Foundations of Language* 6, 197-219.

Chomsky, Noam (1965) *Aspects of the Theory of Syntax*, MIT Press, Cambridge, MA.

Chomsky, Noam (1981a) *Lectures on Government and Binding: The Pisa Lectures*, Foris, Dordrecht.

Chomsky, Noam (1981b) "Principles and Parameters in Syntactic Theory," *Explanation in Linguistics: The Logical Problem of Language Acquisition*, ed. by Norvert Hornstein and David Lightfoot, 32-75, Longman, London.

Chomsky, Noam (1982) *Some Concepts and Consequences of the Theory of the Government and Binding*, MIT Press, Cambridge, MA.

Chomsky, Noam (1986) *Barriers*, MIT Press, Cambridge, MA.

Chomsky, Noam (1995a) *The Minimalist Program*, MIT Press, Cambridge, MA.

Chomsky, Noam (1995b) "Bare Phrase Structure," *Government and Binding Theory and the Minimalist Program*, ed. by Gert Webelhuth, 383-439, Blackwell, Oxford.

Chomsky, Noam (2000) "Minimalist Inquiries: The Framework," *Step by Step: Essays on Minimalist Syntax in Honor of Howard Lasnik*, 89-155, MIT Press, Cambridge, MA.

Chomsky, Noam (2008) "On Phases," *Foundational Issues in Linguistic Theory: Essays in Honor of Jean-Roger Vergnaud*, ed. by Robert Freidin, Carlos P. Otero and Maria Luisa Zubizarreta, 133-166, MIT Press, Cambridge, MA.

Chomsky, Noam (2013) "Problems of Projection," *Lingua* 130, 33-49.

Chomsky, Noam (2015) "Problems of Projection: Extensions," *Structures, Strategies and Beyond: Studies in Honour of Adriana Belletti*, ed. by Elisa Di Domenico, Cornelia Hamann, and Simona Matteini, 3-16, John Benjamins B.V., Amsterdam.

Chomsky, Noam (2017a) "The Language Capacity: Architecture and Evolution," *Psychonomic Bulletin & Review* 24, 200-203.

Chomsky, Noam (2017b) "Puzzles about Phases," mimeo.

Chomsky, Noam and Howard Lasnik (1977) "Filters and Control," *Linguistic Inquiry*

8, 425-504.

Embick, David and Alec Marantz (2008) "Architecture and Blocking," *Linguistic Inquiry* 39, 1-53.

Emonds, Joseph (1976) *A Transformational Approach to English Syntax: Root, Structure-Preserving, and Local Transformations*, Academic Press, New York.

Epstein, Samuel David (1998) "Overt Scope Marking and Covert Verb-Second," *Linguistic Inquiry* 20, 181-227.

Hornstein, Norbert and Amy Weinberg (1981) "Case Theory and Preposition Stranding," *Linguistic Inquiry* 12, 55-91.

Lasnik, Howard (2003) *Minimalist Investigations in Linguistic Theory*, Routledge, London.

Lasnik, Howard and Mamoru Saito (1992) *Move α: Conditions on Its Application and Output*, MIT Press, Cambridge, MA.

Richards, Norvin (1997) *What Moves Where When in Which Language*, Doctoral dissertation, MIT.

Richards, Norvin (2001) *Movement in Language: Interactions and Architectures*, Oxford University Press, Oxford.

Riemsdijk, Henk van and Edwin Williams (1986) *Introduction to the Theory of Grammar*, MIT Press, Cambridge, MA.

Rizzi, Luigi (2010) "On Some Properties of Criterial Freezing" *The Complementizer Phrase: Subjects and Operators*, ed. by E. Phoevos Panagiotidis, 17-32, Oxford University Press, Oxford.

第 3 章

日本語関係節における主要部上昇移動*

北尾　泰幸

愛知大学

1.　はじめに

　本章では，派生に統語的移動が含まれないという分析もある日本語関係節において，統語的移動が含まれることを，とりわけ θ 位置の関係節主要部と表層の関係節主要部が局所的 (local) な関係にある関係節を中心に考察する．加えてそのような局所的な関係節においては，関係節主要部上昇移動 (Brame (1968), Schachter (1973), Vernaud (1974), Kayne (1994), ほか) の形で関係節が形成されることを，再構築効果・連結性 (reconstruction / connectivity effects) の点から検証する．また日本語関係節は複合名詞句からの関係節化が許されるが，このような複合名詞句からの抜き出しの場合に関係節主要部上昇移動が適用されるかどうか検証する．

2.　日本語関係節の無移動特性

　日本語関係節は，関係節主要部の統語的移動の存在が明らかな英語関係節とは異なり，その統語的ふるまいの特異性から，統語的移動の有無が議論の的となっている．例えば，統語的移動が無いように思える 1 つの例として，複合名詞句からの関係節主要部の抜き出しが挙げられる．(1a, b) のように，日本語関係節においては，関係節内部の主語が，それ自体，さらに関係節を伴った複合名詞句になっていても，この複合名詞句内の関係節の主語位置に，主節の関係節の空所の生起が許される ((1a, b) における e_i)．

---

　* 本章の草稿に対して，小野隆啓氏・宮本陽一氏より貴重なコメントをいただいた．ここに感謝申し上げる．なお，本章における不備は全てもちろん筆者の責任である．

(1) a. ?[[[e_i e_j 着ている] 洋服$_j$] が汚れている] 紳士$_i$
(Kuno (1973: 239))
b. ?[[[e_i e_j 書いた] 本$_j$] が書店に出ている] 学者$_i$
(井上 (1976: 222))

関係節主要部あるいはそれに対応する空演算子がこの空所位置から構造的に最も上位の関係節の CP 指定部まで移動していると仮定すると、[1] (2a, b) に示すように、この移動は複合名詞句からの移動となるため、循環節点（TP, NP）を2つ以上越える移動となり、下接の条件[2]に違反する．

(2) a. [$_{CP}$ OP_i [$_{TP}$ [$_{NP}$ [$_{CP}$ OP_j [$_{TP}$ e_i e_j 着ている]] 洋服$_j$] が汚れている]]
　　　紳士$_i$
b. [$_{CP}$ OP_i [$_{TP}$ [$_{NP}$ [$_{CP}$ OP_j [$_{TP}$ e_i e_j 書いた]] 本$_j$] が書店に出ている]]
　　　学者$_i$

しかし (1a, b) は文法的であることから、このような移動は行われていないと考えられる．Hasegawa (1985), Sakai (1994) は、このような複合名詞句を含む関係節において、関係節の主語である関係節主要部は、主語に付随する複合名詞句内の関係節から抜き出されているのではなく、(3a, b) に示すように、複合名詞句の外に生起している大主語（major subject）あるいはトピック（topic）・焦点（focus）の位置から移動していると分析している．[3] この位置からの演算子移動は、循環節点を2つ以上越えるような移動にならず、下接の

---

[1] 日本語関係節は CP ではなく TP あるいは IP を形成するという分析もあるが（Murasugi (1991, 2000a, b)、ほか）、ここでは説明の便宜上、日本語関係節を CP として分析する．
[2] 下接の条件は、次のように定義される．
  (i) 下接の条件
　　　循環規則により、以下の構造において、句を Y から X の位置（もしくはその逆）へと移動させることはできない．
　　　… X … [$_\alpha$ … [$_\beta$ … Y …] …] … X …（α と β が循環節点のとき）
(Chomsky (1977: 73))
[3] Sakai (1994) は、(1a, b) については、最も深く埋め込まれている関係節の主語位置から、「ガーノ交替」（*ga-no* conversion）により主語が関係節の外に移動し、この「ノ格」の主語が主語化（subjectivization）により、上の関係節の大主語になると分析している．図示すると、以下のとおりである．
  (i) a. [$_{NP}$ [$_{TP}$ 紳士が 着ている] 洋服] が汚れている．
　　b. [$_{NP}$ 紳士の$_i$ [$_{TP}$ t_i 着ている] 洋服] が汚れている．（ガーノ交替）
　　c. [$_{TP}$ 紳士が$_i$ [$_{TP}$ [$_{NP}$ t'_i [$_{TP}$ t_i 着ている] 洋服] が汚れている]]．（主語化）

条件に抵触しない．

(3) a. [$_{CP}$ OP_i [$_{TP}$ t_i [$_{TP}$ [$_{NP}$ [$_{CP}$ OP_j [$_{TP}$ e_i t_j 着ている]] 洋服$_j$] が汚れている]]] 紳士$_i$

b. [$_{CP}$ OP_i [$_{TP}$ t_i [$_{TP}$ [$_{NP}$ [$_{CP}$ OP_j [$_{TP}$ e_i t_j 書いた]] 本$_j$] が書店に出ている]]] 学者$_i$

一方，このような複合名詞句を含む関係節において，関係節形成に演算子が関与していないという分析もある．Murasugi (1991, 2000a, b) は，(4a, b) に示すように，関係節の空所位置に，関係節主要部と同一指標を持つ空代名詞 pro が生起すると提案している．関係節の派生に演算子移動が関与していないため，島の効果 (island effects) が生じることなく，(2a, b) のような関係節の主語がさらに関係節を伴った複合名詞句になっている関係節の派生が許される．

(4) a. ?[[[pro_i pro_j 着ている] 洋服$_j$] が汚れている] 紳士$_i$
b. ?[[[pro_i pro_j 書いた] 本$_j$] が書店に出ている] 学者$_i$

また，関係節からの要素の抜き出しが行われていない他の証拠として，「ゼロ関係節」(zero-relatives, headless-relatives) が挙げられる．日本語関係節は，関係節内に関係節の主要部に対応する空所が無いように見える関係節が存在する．次の (5a-e) を見てみよう．

(5) a. ［就職がたいへんな］物理学，［卒業がたいへんな］言語学―どの学問も容易ではない．　　　　　　　　　　　(Kuno (1973: 255))
b. ［頭のよくなる］本　　　　　　　　　　　(寺村 (1993: 214))
c. ［トイレに行けない］コマーシャル　　(Matsumoto (1996: 110))
d. ［魚が焼ける］におい
e. ［電車が走る］音

(5a-e) においては，関係節内部に関係節主要部に対応する空所が存在しない．よって，(5a-e) は関係節内部からの演算子移動を経て関係節が形成されているとは考えられない．Murasugi (1991, 2000a, b) はこのような関係節を伴っているように見える名詞句は，関係節 CP が形成されているのではなく，節 TP を携えた形容詞的名詞句 (adjectival NP) であると分析している．

このように日本語関係節には，複合名詞句の中に関係節主要部の空所があっ

ても島の効果が見られないという特性があり，また関係節主要部の空所が関係節内に存在しない形で生成されるゼロ関係節が存在するという特異な統語的性質を有している．

3. 日本語関係節の移動特性

第2節では，日本語関係節は特異な統語特性を有していることを見た．その1つが，関係節内の名詞句が複合名詞句になっており，その複合名詞句内に関係節主要部の空所が生起している場合も島の効果が生じないこと，もう1つがいわゆるゼロ関係節という関係節主要部の空所が関係節内に存在しない関係節であった．

この2つの特性を考慮すると，日本語関係節の派生には演算子の移動は含まれておらず，空代名詞 pro を用いた派生か，あるいは形容詞的名詞句の形になっていると分析するのが妥当であるように思われるが，興味深いことに，関係節主要部とその空所が局所的（local）な関係にある場合は移動の諸特性が現れる．本節ではそれら移動の特性について見ていこう．

3.1. 弱交差現象

交差現象（crossover effects）は派生に wh 移動が関与している1つの証拠となる．交差現象を，以下の (6a, b) の英語の wh 移動における文法性の差から見ていこう．

(6) a.?*Who$_i$ does his$_i$ mother love t_i?
    b. Who$_i$ t_i loves his$_i$ mother?

(6a) においては，who が文頭に移動する際，(7a) のように同一指標を持つ代名詞を越えた移動となる．一方，(6b) においては，同 wh 移動は (7b) に示すように，同一指標を持つ代名詞を越えた形にはなっていない．

(7) a.?*Who$_i$ does **his**$_i$ mother love t_i?
    b. Who$_i$ t_i loves **his**$_i$ mother?

(6a) の非容認性は，wh 句が移動する際，wh 句と同一の指標を持つ代名詞を交差したことによるものである．(6a) のように，代名詞が元位置の wh 句を c 統御していない形を弱交差（weak crossover），(8) のように c 統御してい

る形を強交差 (strong crossover) と呼ぶ.

(8) *Who$_i$ does he$_i$ hate t_i?

顕在的に wh 移動が見られない日本語においても，wh 句を含む文において，(9a) のように代名詞が同一指標を持つ wh 句より構造的に高い位置に生起する場合，非文となる．一方，(9b) のように代名詞が同一指標を持つ wh 句より構造的に低い位置に生起する場合は文法的となる．

(9) a.?*そいつ$_i$の母親が誰$_i$を愛しているの．
  b. 誰$_i$がそいつ$_i$の母親を愛しているの． (Yoshimura (1992: 14))

(9a, b) においては，wh 句は顕在的には移動していないが，(10a, b) のように，LF で移動する．非文である (9a) においては，この LF での wh 移動が，(10a) に示すように同一指標である代名詞「そいつ」を交差する移動となる．代名詞が wh 句を c 統御していないことから，弱交差の構造である．一方，(9b) においては，LF での wh 移動は，(10b) のように，同一指標の代名詞「そいつ」を交差しない．

(10) a. LF: [$_{CP}$ 誰$_i$ [$_{TP}$ そいつ$_i$ の母親が t_i 愛している] の]

  b. LF: [$_{CP}$ 誰$_i$ [$_{TP}$ t_i そいつ$_i$ の母親を愛している] の]

よって (9a, b) の容認度の差も，弱交差現象の有無から捉えることができる．このように，日本語の wh 移動にも弱交差現象が存在する．

これをふまえて，日本語関係節を見てみよう．日本語関係節にも弱交差現象が見られることが，次の (11a, b) および (12a, b) における文法性の差からわかる．

(11) a.?*[[そいつ$_i$ が e_j 批判した] 女$_j$ が e_i 殴った] 男$_i$
  b. [e_i [そいつ$_i$ が e_j 批判した] 女$_j$ を 殴った] 男$_i$

                 (Ishii (1991: 41))

(12) a.?*[[そいつ$_i$ の先生が e_j ほめた] 生徒$_j$ が e_i あこがれている] 上級生$_i$
  b. [e_i [そいつ$_i$ の先生が e_j ほめた] 生徒$_j$ をいじめた] 上級生$_i$

関係節の派生に空演算子の移動が関与していると仮定すると，非文である (11a), (12a) は，(13a, b) のように，空演算子 OP_i が関係節 CP の指定部に移動する際，同一指標である代名詞を交差して移動することになる．一方，文

法的である（11b),（12b) は,（14a, b) のように，空演算子 OP_i は同一指標の代名詞を交差せずに，関係節 CP 指定部に移動する．

(13) a. [$_{NP}$ [$_{CP}$ OP_i [$_{TP}$ [$_{NP}$ [$_{CP}$ OP_j [$_{TP}$ そいつ$_i$ が t_j 批判した]] 女$_j$] が t_i 殴った]] 男$_i$]

b. [$_{NP}$ [$_{CP}$ OP_i [$_{TP}$ [$_{NP}$ [$_{CP}$ OP_j [$_{TP}$ そいつ$_i$ の先生が t_j ほめた]] 生徒$_j$] が t_i あこがれている]] 上級生$_i$]

(14) a. [$_{NP}$ [$_{CP}$ OP_i [$_{TP}$ t_i [$_{NP}$ [$_{CP}$ OP_j [$_{TP}$ そいつ$_i$ が t_j 批判した]] 女$_j$] を殴った]] 男$_i$]

b. [$_{NP}$ [$_{CP}$ OP_i [$_{TP}$ t_i [$_{NP}$ [$_{CP}$ OP_j [$_{TP}$ そいつ$_i$ の先生が t_j ほめた]] 生徒$_j$] をいじめた]] 上級生$_i$]

よって，関係節の派生に空演算子の移動が関与していると仮定すると，(11a, b) および (12a, b) における文法性の差は，空演算子移動の際の演算子と同一指標である代名詞の交差の有無として捉えられる．このように，弱交差現象の存在は，日本語関係節の派生に演算子の移動が関与していることを示唆している．

3.2. 寄生空所

日本語関係節に演算子移動が含まれている他の証拠として，寄生空所 (parasitic gap) の生起が挙げられる．寄生空所は，主節に wh 移動が適用されている文において，変項 (variable) であるこの wh 移動の痕跡に c 統御されない位置に生起できる wh 移動の痕跡と同一の指標を持つ空所である．(15a-c) において，e で示した空所がこの寄生空所に当たる．

(15) a. Which article$_i$ did John file t_i without reading e_i?

(Chomsky (1982: 38))

b. Which college$_i$ did John slander t_i because he despised e_i?

(Engdahl (1983: 11))

c. Which boy$_i$ did Mary's talking to e_i bother t_i most?

(*op. cit.*, p. 5)

主節に存在する wh 句の痕跡と，付加部に生起する寄生空所は，いずれも文頭に移動した wh 句と同一の指標が付与されている．次の (16a, b) は，主節において wh 移動が適用されていない場合，付加部の空所は認可されないことを示している．

(16) a. *John filed a bunch of articles$_i$ without reading e_i.
b. *Mary's talking to e_i bothered John$_i$ a lot.

(*op. cit.*, p. 12)

また，(17a, b) に示すように，寄生空所は DP 移動のような A 移動によっては認可されない．

(17) a. *John$_i$ was killed t_i by a tree falling on e_i.
b. *Mary$_i$ seemed t_i to disapprove of John's talking to e_i.

(*op. cit.*, p. 13)

(18) は，寄生空所と同一の指標を持つ句が A 移動し，さらにその要素に wh 移動が適用されて，最終的に非 A 位置に移動したとしても，寄生空所が認可されないことを示している．(18) は受動化により A 位置である主語位置に移動した要素に wh 移動が適用された例である．

(18) *Which house$_i$ t'_i was sold t_i [before we could demolish e_i]?

(Legate (2003: 511))

このことから，主節で非 A 位置への移動である wh 移動が適用されており，変項であるその痕跡が付加部の同一指標を持つ空所を c 統御していないときに，付加部内の空所である寄生空所は認可されることがわかる．

このことをふまえて，日本語関係節を考えよう．次の (19a, b) は，日本語関係節に寄生空所が生起できることを示している．[4]

(19) a. [[[父$_j$ が e_i 買う前に] pro$_j$ t_i 試食した] うどん$_i$] は讃岐産です．[5]

---

[4] 日本語関係節に寄生空所が生起できることは，Hasegawa (1985) で詳しく分析されている．Hasegawa (1985) の例は，関係節内の目的語名詞句に関係節が生起し，その関係節の中に寄生空所が生起した (i) のようなものである．
(i) [ジョンが [t_j e_i 作った] 人$_j$ に t_i 売りつけた] ベッド$_i$ (Hasegawa (1985: 305))
[5] (19a) の構造とは別に，「父が」が関係節の主語位置に生起し，関係節内の付加部の主語に空代名詞 pro が生起する (i) の構造も可能である．
(i) [[父$_j$ が [pro$_j$ e_i 買う前に] t_i 試食した] うどん$_i$] は讃岐産です．
しかし，どちらの構造を仮定しても，本章での主張には問題がない．空代名詞 pro の位置

b. [[[息子が e_i 読まないので] 母親が古本屋に t_i 売った] 本$_i$] は実は貴重なものだった．

(Kitao (2016: 100-101))

　関係節の主要部の痕跡が関係節内に存在し（t_i），この関係節内にある付加部に存在する空所（e_i）は，この関係節主要部と同一指標が付与されている．関係節主要部の痕跡は付加部内の空所を c 統御していない．この付加部内の空所が，移動を含まない基底生成された名詞句と同一指標を有している場合は，(20a, b) のように容認不可能な文となる．[6]

(20) a. ??[[[父$_j$ が e_i 買う前に] pro$_j$ うどん$_i$ を t_k 試食した] デパート$_k$] はいつも混んでいます．
　　 b. ??[[[息子が e_i 読まないので] 母親が 本$_i$ を t_j 売った] 古本屋$_j$] はこの町の老舗です．

(op. cit., pp. 101-102)

　また，付加部の空所位置に代名詞が生起すると，(21a, b) のように非文となる．

(21) a. *[[[父$_j$ が それ$_i$ を買う前に] pro$_j$ t_i 試食した] うどん$_i$] は讃岐産です．
　　 b. *[[[息子が それ$_i$ を読まないので] 母親が古本屋に t_i 売った] 本$_i$] は実は貴重なものだった．

(op. cit., p. 102)

　このように日本語関係節に関係節主要部と同一指標を持つ寄生空所が生起できることは，関係節の形成には，(22) に示すように，寄生空所を認可できる演算子の移動が関与していることを示している．

(22) 　[$_{NP}$ [$_{CP}$ OP_i [父$_j$ が e_i 買う前に] pro$_j$ t_i 試食した] うどん$_i$]

に顕在的名詞句が生起しても，どちらも (iia, b) で示すように，文法的であるためである．
　(ii) a.　[[父が [母が e_i 買う前に] t_i 試食した] うどん$_i$] は讃岐産です．
　　　b.　[[[父が e_i 買う前に] 母が t_i 試食した] うどん$_i$] は讃岐産です．

[6] 筆者が文法性判断を依頼したインフォーマントの中には，(20a, b) が容認可能であると判断した者もいた．容認可能と判断する日本語母語話者は，おそらく空所位置に無意識に関係節の目的語名詞句を挿入し，削除していると思われる．しかし (20a, b) を容認可能と判断したインフォーマントも，(19a, b) に比べて (20a, b) は明らかに容認度が下がると回答していることから，(19a, b) と (20a, b) の間の文法性には明確な差があると言って問題ないと思われる．

3.3. 再構築効果・連結性

関係節の派生に統語的移動が関与している他の証拠として，再構築効果・連結性（reconstruction / connectivity effects）が挙げられる．次の (23a, b) を考えよう．

(23) a. メアリーは [[ジョン$_i$が e_j タイプした] 彼自身$_i$の論文$_j$] を持ってきた．　　　　　　　　　　　　　　　　　　　(Ishii (1991: 29))
　　 b. ケイティーは [[ポール$_i$が e_j 描いた] 彼自身$_i$の絵$_j$] をたいそう欲しがった．　　　　　　　　　　　　　　　(Kitao (2011: 318))

(23a, b) において，関係節主要部内の照応詞「彼自身」の先行詞は関係節の主語であるが，照応詞は表層では先行詞に c 統御される位置に生起していない．しかしこの関係節主要部は，θ 位置である関係節の空所位置に再構築された場合，(24a, b) のように先行詞により束縛され，束縛原理 A を満たすことになる．

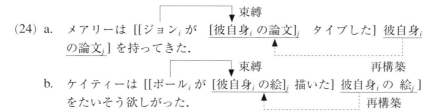

一般にある要素が表層とは異なる位置に再構築される場合，その要素は再構築される位置から表層の位置へ移動したと分析される（Chomsky (1976), Barss (1986), Huang (1993), ほか）．このことから，(23a, b) が束縛原理 A を満たし，正しく照応詞認可が行われることは，関係節の移動に統語的移動が関わっていることの証拠となる．

他の再構築効果・連結性の例として，イディオム・チャンクが挙げられる．次の (25a, b) を見てみよう．

(25) a. [[彼らが曲りなりにも e_i つけた] 決着$_i$] はあまり喜ばれなかった．
　　　　　　　　　　　　　　　　　　　　　　　　　（井上 (1976: 214)）
　　 b. ライバルは [[ジョンが自ら e_i 掘った] 墓穴$_i$] をとても喜んだ．
　　　　　　　　　　　　　　　　　　　　　　　　　(Kitao (2011: 319))

(25a) においては，「決着をつける」というイディオム解釈が可能であり，

(25b) では「墓穴を掘る」というイディオム解釈が可能である．これは，関係節主要部「決着」「墓穴」が，表層の位置ではなく，関係節内の空所位置で解釈されていることを示唆している．なぜなら，イディオム・チャンクは適切な述部と結びつかない場合は，(26a, b) のように，イディオム解釈を持つことができないからである．

(26) a. *その決着はあまり喜ばれなかった． (井上 (1976: 214))
　　 b. *ジョンは自ら墓穴を作った． (Kitao (2011: 319))

このように，日本語関係節はイディオム・チャンクに関しても再構築効果・連結性を見せる．日本語関係節における照応詞認可およびイディオム・チャンクに見られる再構築効果・連結性は，関係節の派生に統語的移動が関与していることを示唆している．

4. 日本語関係節の理論モデル

4.1. 主要部上昇移動モデルと一致モデル

前節まで，日本語関係節は関係節主要部とその空所が局所的な関係にある場合は，派生に統語的移動が関与していることを示す諸特性が現われることを見た．中でも再構築効果・連結性が見られることは，関係節主要部は表層の位置ではなく関係節内の空所の位置で解釈されていることを示しており，このことは表層の関係節主要部とその空所は移動連鎖（movement chain）で結ばれていることを示唆している．

統語的移動が関与していることが明らかな英語制限関係節においては，関係節主要部の名詞句の性質の違いにより，表層の関係節主要部の関係節内の空所位置への再構築の適用可能性に違いが見られると分析されている．例えば (27a, b) は関係節主要部名詞句内に照応詞が生起しており，この照応詞は関係節の主語を先行詞として取る．(27a, b) が文法的であることは，照応詞を含む関係節主要部は関係節内の空所位置で解釈されていることを示唆している．

(27) a. [The [portrait of himself$_i$]$_j$ [that John$_i$ painted t_j]] is extremely flattering.
　　 b. [The [interest in each other$_i$]$_j$ [that [John and Mary]$_i$ showed t_j]] was fleeting.

(Schachter (1973: 32))

一方，関係節主要部に Bill, John といった指示表現（R-expression）が生起している（28a, b）は，関係節主要部が関係節内部の空所位置に再構築されてしまうと，これら指示表現は同一指標を持つ代名詞に c 統御されることになり，代名詞と指示表現の同一指標が束縛原理 C に抵触し，誤って文法的に不適格な文であると予測してしまうことになる．

(28) a. the [picture of Bill$_i$]$_j$ [that he$_i$ likes t_j]　　(Munn (1994: 402))
　　　 b. [The [accident of John$_i$'s]$_j$ [that he$_i$ will never forget t_j]] is the one that affected him$_i$ first.　　(Cecchetto (2006: 26))

よって，英語制限関係節の派生には，関係節の空所位置に生起した関係節主要部が，そのまま表層の位置まで上昇（raising）・昇華（promotion）する主要部上昇移動モデル（Brame (1968), Schachter (1973), Vernaud (1974), Kayne (1994), ほか）と，関係節主要部は関係節の左端部である CP 指定部に移動し，その上に生起する表層の関係節主要部とは意味的なモデルにより関係づけられる一致モデル（Sauerland (1998, 2000, 2003), Fox (2002), Aoun and Li (2003), ほか）の両方が必要であると分析されている．つまり，主要部上昇移動により派生される関係節は，関係節主要部は（29a）のように代入（substitution）の形により派生されることになり，一致により派生される関係節は，(29b)のように，関係節主要部が付加（adjunction）する形により派生されることになる．[7]

(29)　the place that Tim visited
　　　a.　関係節主要部上昇移動　　b.　一致

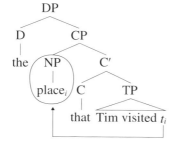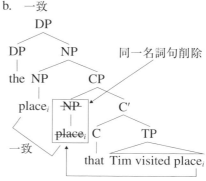

---

[7] (29a) の関係節主要部上昇移動モデルは，極小主義理論の下で自身の反対称性仮説（the

(29a) のように主要部上昇移動により関係節が派生された場合は表層の関係節主要部と θ 位置の間に移動連鎖ができるのに対し，(29b) のように一致により派生された場合は，表層の関係節主要部と関係節内 CP 指定部にある関係節主要部名詞句は直接的な統語的移動ではなく，意味的に関連づけられていることから，表層の関係節主要部と θ 位置の関係節主要部の間には移動連鎖は形成されていない．この統語的移動連鎖の有無が，英語制限関係節における再構築効果・連結性の適用可能性に関係すると分析されている (Sauerland (1998, 2000, 2003), Aoun and Li (2003), Cecchetto (2006), Hulsey and Sauerland (2006), Donati and Cecchetto (2011), ほか).

4.2. 日本語関係節への関係節主要部上昇移動分析の適用可能性および A スクランブリングの有無

　4.1 節で見た関係節主要部上昇移動分析と一致分析のモデルの違いに基づき，日本語関係節の派生モデルについて考えよう．第 3 節で見たように，日本語の局所的な関係節は，弱交差現象，寄生空所の生起，再構築効果・連結性といった統語的移動特性を見せた．この経験的事実に基づくと，局所的な関係節においては，関係節の派生に統語的移動が関与していることが明らかである．また，表層の関係節主要部とその空所の間に移動連鎖を必要とする再構築効果・連結性が見られることは，日本語の局所的な関係節が主要部上昇移動により派生されうることを示唆している．[8] ただし日本語においては関係節が関係節主要部の前に生起することから，Kayne (1994) に従い，主要部上昇移動の後，節 TP が関係節主要部名詞句の前の位置に残余移動 (remnant movement) すると分析する．図示すると，(30) のようになる．

　(30)　[$_{DP}$ [$_{TP}$ ティムが t_i 訪れた]$_j$ D^0 [$_{CP}$ [$_{NP}$ 場所$_i$] t_j C^0]]

　この主要部上昇移動に基づくと，日本語関係節の派生に顕在的な関係節主要部の移動が含まれることになるが，Miyamoto (2007)，Kitao (2011, 2016) で指摘されているように，3.1 節で見た弱交差現象の事実は，関係節内で主要部の A スクランブリングが適用できないことを示唆している．弱交差の構造になっている (11a) において ((31a) として再掲)，仮に関係節主要部が CP

---

antisymmetry hypothesis) の枠組みに基づき関係節主要部上昇移動モデルを捉え直した Kayne (1994) の分析モデルに基づく．(29b) の一致分析モデルは，Sauerland (1998, 2000, 2003) のモデルに基づく．

　[8] 日本語関係節に主要部上昇移動分析を適用した研究には，本田 (2002)，Hoshi (2004a, b, c)，Morita (2006, 2013)，Kitao (2011, 2016) などがある．

指定部に移動する前に（31b）のように TP 付加位置に A スクランブリングされた場合，主語位置の代名詞「そいつ」を A 束縛し，弱交差現象を回避することが予測される．[9] しかし実際は非文であることから，このような A スクランブリングは適用できないと考えられる．

(31) a.?*[[そいつ$_i$ が e_j 批判した] 女$_j$ が e_i 殴った] 男$_i$
   b.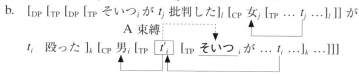

また，非文となっている（32）も，関係節主要部上昇移動に A スクランブリングが適用不可能であることを示している．[10]

(32) *[[彼自身$_i$ の担任の先生が e_i ほめていた] 生徒$_i$] は全国作文コンクールで賞を取った．　　　　　　　　　　　　　　（Kitao (2011: 329)）

仮に関係節主要部が，（33）のように，移動の際に TP 付加位置に A スクランブリングされると，関係節主語位置の照応詞「彼自身」を A 束縛できることになる．実際は非文であることから，このような移動は適用できないことがわかる．

(33)　[$_{DP}$ [$_{TP}$ $\boxed{t'_i}$ [$_{TP}$ **彼自身**$_i$ の担任の先生が t_i ほめていた]]$_j$ [$_{CP}$ [$_{NP}$ 生徒]$_i$ t_j]] は全国作文コンクールで賞を取った．

また，3.2 節で見た寄生空所の事実からも，関係節主要部の移動に A スクランブリングが適用できないことがわかる．3.2 節で見たように，寄生空所は同一指標を持つ非 A 位置にある変項により認可されなければならないことから，関係節主要部は A 位置である TP 付加位置に A スクランブリングせずに CP 指定部に移動すると考えられる．（34a, b）はこの分析が正しいことを示している．

---

[9] 次の（i）は wh 句を含む文において，wh 句の A スクランブリングにより，代名詞「そいつ」が A 束縛され，弱交差現象が回避されている例である．
　(i) ?誰を$_i$ そいつ$_i$ の母親が t_i 愛しているの．　　　　　　　（Saito (1992: 73)）
[10] 関係節の主語位置に照応詞が生起していない下記（i）が文法的であることから，（32）の非容認性は関係節主語位置の照応詞が認可されないためであることが明らかである．
　(i) [[担任の先生が e_i ほめていた] 生徒$_i$] は全国作文コンクールで賞を取った．

(34) a. *[[[両親が e_i 叱る前に] 彼自身$_i$ の担任の先生が t_i 叱った] 生徒$_i$] は全く反省していない.
　　 b. [[[両親が e_i 叱る前に] 担任の先生が t_i 叱った] 生徒$_i$] は全く反省していない.　　　　　　　　　　　　　(Kitao (2016: 105))

　(34a, b) は，付加部に関係節主要部と同一指標を持つ寄生空所が生起している．(34a) は関係節の主語位置に照応詞「彼自身」が生起しているが，(34b) には生起していない．寄生空所 (e_i) は関係節主要部の痕跡 (t_i) により c 統御されていないため，寄生空所が認可される構造である．しかし，(34b) は文法的であるが，照応詞を含む (34a) は非文である．このことは，(34a) の非容認性は，関係節主要部の照応詞が先行詞により A 束縛されていないことを示しており，関係節主要部の A スクランブリングが許されないことを表している．

　このように，日本語関係節は，表層の関係節主要部と θ 位置の関係節主要部の関係が局所的な場合は主要部上昇移動を含むが，この上昇する関係節主要部は，「演算子－変項」の関係を結ぶため，関係節の CP 指定部に移動する前に TP 付加位置には A スクランブリングできないことがわかる．

5. 日本語における非局所的な関係節

　第 2 節で，日本語関係節では複合名詞句からの関係節主要部の抜き出しが許されることを見た．次の (35a, b) および (36) は，複合名詞句からの関係節主要部の抜き出しでは，再構築効果・連結性が見られないことを示している．

(35) a.?*[メアリーが [[ジョン$_j$ が e_k e_i 見せたことがある] 人$_k$] を知っている] [彼自身$_j$ の写真]$_i$　　　　　　　　　(Ishii (1991: 30))
　　 b. *ケイティーは [[[[ポール$_j$ が e_i 描いた] という] 議論] が湧き起こっている] [彼自身$_j$ の絵]$_i$ をたいそう欲しがった.
(36) *ライバルは [[[[ジョンが自ら e_i 掘った] という] 噂] がたっている] 墓穴$_i$] をとても喜んだ.

　(35a, b) の照応詞は先行詞である関係節の主語によって認可されず，(36) は関係節主要部が関係節の述部と結びついてイディオム解釈を持つことができない．一方，(35a, b) の関係節主要部から照応詞を省いた (37a, b)，および (36) のイディオム・チャンクである関係節主要部を類似の意味を持つ名詞句

(37) a. [メアリーが [[ジョンが e_j e_i 見せたことがある] 人$_j$] を知っている] [ビルの写真]$_i$ (Ishii (1991: 30))
b. ケイティーは [[[[[彼女の先祖が e_i 描いた] という] 議論] が湧き起こっている] [アインシュタインの絵]$_i$] をたいそう欲しがった.
(38) ?ライバルは [[[[ジョンが自ら e_i おかした] という] 噂] がたっている] 失敗$_i$] をとても喜んだ.

このことから，複合名詞句を含む非局所的な関係節の抜き出しでは，再構築効果・連結性が見られないことがわかる．このことは，非局所的な関係節では，主要部上昇移動が行われないことを示唆している．

紙幅の都合により詳細について書き記すことができないが，Kitao (2011) では θ 位置の関係節主要部と表層の関係節主要部が非局所的な関係節において，関係節主要部は音形を持たない再述代名詞 pro を残留させて移動するという「再述代名詞残留」(resumptive-stranding) のモデルを提案している．Boeckx (2003) の再述代名詞の分析を基にしたものであり，再述代名詞と関係節主要部に対応する空演算子は DP を形成し[11]，この空演算子は再述代名詞を元位置に残して DP 指定部を経て移動し，再述代名詞を含む関係節を形成すると提案する．図示すると，概略 (39) のようになる．[12]

(39) OP_i ... [$_{DP}$ t'_i [$_{D'}$ t_i pro]]

この再述代名詞残留が，複合名詞句からの関係節主要部に対応する空演算子の抜き出しを可能にすると分析する．[13]

6. 結論

本章では，英語制限関係節では見られない複合名詞句からの抜き出しが許される日本語関係節において，統語的移動特性が見られることを，とりわけ θ 位置の関係節主要部と表層の関係節主要部が局所的な関係にある関係節を中心に

---

[11] Boeckx (2003) はこれを "Big-DP" と呼んでいる．
[12] Kitao (2011) では再述代名詞残留の場合も主要部上昇移動が適用されると分析しているが，本章での議論を考慮し，ここでは移動要素は空演算子であると考える．
[13] 分析の詳細については，Kitao (2011) を参照されたい．

考察した。[14] 弱交差現象・寄生空所の生起といった統語的移動特性に加えて、再構築効果・連結性が見られることは、表層の関係節主要部とその関係節内の空所位置が局所的である関係節において、その派生に関係節主要部上昇移動が含まれることを提案した。

加えて、関係節主要部上昇移動のモデルでは顕在的な関係節主要部の移動が含まれるが、本移動においてはAスクランブリングが許されないことを、弱交差現象、照応詞認可および寄生空所を中心に考察した。

また日本語関係節は、複合名詞句から項である関係節主要部の抜き出しが許されるが、関係節主要部が音形を持たない空代名詞 pro を関係節内に残留させた後に部分摘出（subextraction）の形で演算子が移動するため、島の効果が見られないと提案した。

参考文献

Aoun, Joseph and Yen-hui Audrey Li (2003) *Essays on the Representational and Derivational Nature of Grammar: The Diversity of Wh-constructions*, MIT Press, Cambridge, MA.

Barss, Andrew (1986) *Chains and Anaphoric Dependence: On Reconstruction and Its Implications*, Doctoral dissertation, MIT.

Boeckx, Cedric (2003) *Islands and Chains: Resumption as Stranding*, John Benjamins, Amsterdam.

Brame, Michael K. (1968) "A New Analysis of the Relative Clause: Evidence for an Interpretive Theory," ms., MIT.

Cecchetto, Carlo (2006) "Reconstruction in Relative Clauses and the Copy Theory of Traces," *Linguistic Variation Yearbook* 5(2005), ed. by Pierre Pica et al., 5-35, John Benjamins, Amsterdam.

Chomsky, Noam (1976) "Conditions on Rules of Grammar," *Linguistic Analysis* 2, 303-351.

Chomsky, Noam (1977) "On *Wh*-movement," *Formal Syntax*, ed. by Peter W. Culicover et al., 71-132, Academic Press, New York.

Chomsky, Noam (1982) *Some Concepts and Consequences of the Theory of Government and Binding*, MIT Press, Cambridge, MA.

---

[14] 第2節で見た (5a-e) のようなゼロ関係節については、本章の理論モデルでは説明できないことになるが、関係節主要部の空所を含まないこのようなゼロ関係節は、純粋な「関係節」ではなく、名詞を修飾する文要素と名詞句が意味的に結ばれた形容詞的名詞句（adjectival NP）であると主張したい。

Donati, Caterina and Carlo Cecchetto (2011) "Relabeling Heads: A Unified Account for Relativization Structures," *Linguistic Inquiry* 42, 519-560.

Engdahl, Elisabet (1983) "Parasitic Gaps," *Linguistics and Philosophy* 6, 5-34.

Fox, Daniel (2002) "Antecedent-Contained Deletion and the Copy Theory of Movement," *Linguistic Inquiry* 33, 68-96.

Hasegawa, Nobuko (1985) "On the So-called 'Zero Pronouns' in Japanese," *The Linguistic Review* 4, 289-341.

本田謙介 (2002)「反対称性仮説から見た日本語統語論」『次世代の言語研究 I』, 175-224, 筑波大学現代言語学研究会.

Hoshi, Koji (2004a) "Parametrization of the External D-system in Relativization," *Language, Culture and Communication* 33, 1-50, Keio University.

Hoshi, Koji (2004b) "Japanese Relativization and Its Puzzling Hybrid Nature," *Humanities* 19, 51-78, Keio University.

Hoshi, Koji (2004c) "Remarks on N-Final Relativization in Japanese," *English Language and Literature* 44, 113-147, Keio University.

Huang, C. -T. James (1993) "Reconstruction and the Structure of VP: Some Theoretical Consequences," *Linguistic Inquiry* 24, 103-138.

Hulsey, Sarah and Uli Sauerland (2006) "Sorting Out Relative Clauses," *Natural Language Semantics* 14, 111-137.

井上和子 (1976)『変形文法と日本語(上)』大修館書店, 東京.

Ishii, Yasuo (1991) *Operators and Empty Categories in Japanese*, Doctoral dissertation, University of Connecticut.

Kayne, Richard S. (1994) *The Antisymmetry of Syntax*, MIT Press, Cambridge, MA.

Kitao, Yasuyuki (2011) "The Presence of Head-raising and Resumptive-stranding in Japanese Relative Clauses," *Acta Linguistica Hungarica* 58(3), 313-335.

Kitao, Yasuyuki (2016) "The Availability of Parasitic Gaps and the Presence of Syntactic Movement in Japanese Headed Relative Clauses,"『文學論叢』第153輯, 91-114, 愛知大学人文社会学研究所.

Kuno, Susumu (1973) *The Structure of the Japanese Language*, MIT Press, Cambridge, MA.

Legate, Julie Anne (2003) "Some Interface Properties for Phase," *Linguistic Inquiry* 34, 506-515.

Matsumoto, Yoshiko (1996) "Interaction of Factors in Construal: Japanese Relative Clauses," *Grammatical Constructions: Their Form and Meaning*, ed. by Masayoshi Shibatani and Sandra A. Thomson, 103-124, Clarendon Press, Oxford.

Miyamoto, Yoichi (2007) "On the Licensing of Anti-Quantifier *Zutsu* in the Subject Position,"『言語と文化の展望』, 593-607, 英宝社, 東京.

Morita, Hisashi (2006) "A Promotion Analysis of Japanese Relative Clauses," *English Linguistics* 23(1), 113-136.

Morita, Hisashi (2013) "Optional Movements Derive Japanese Relative Clauses," *US-China Foreign Language* 11(9), 645-658.

Munn, Alan (1994) "A Minimalist Account of Reconstruction Asymmetries," *NELS 24: Proceedings of the 24th Annual Meeting of the North East Linguistic Society*, ed. by Mercè Gonzàlez, 397-410, GLSA, Amherst, MA.

Murasugi, Keiko (1991) *Noun Phrases in Japanese and English: A Study in Syntax, Learnability and Acquisition*, Doctoral dissertation, University of Connecticut.

Murasugi, Keiko (2000a) "Antisymmetry Analysis of Japanese Relative Clauses," *The Syntax of Relative Clauses*, ed. by Artemis Alexiadou et al., 231-263, John Benjamins, Amsterdam.

Murasugi, Keiko (2000b) "Japanese Complex Noun Phrases and the Antisymmetry Theory," *Step by Step: Essays on Minimalist Syntax in Honor of Howard Lasnik*, ed. by Roger Martin et al., 211-234, MIT Press, Cambridge, MA.

Saito, Mamoru (1992) "Long Distance Scrambling in Japanese," *Journal of East Asian Linguistics* 1, 69-118.

Sakai, Hiromu (1994) "Complex NP Constraint and Case-Conversions in Japanese," *Current Topics in English and Japanese*, ed. by Masaru Nakamura, 179-203, Hituzi Syobo, Tokyo.

Sauerland, Uli (1998) *The Meaning of Chains*, Doctoral dissertation, MIT.

Sauerland, Uli (2000) "Two Structures for English Restrictive Relative Clauses," *Proceedings of the Nanzan GLOW (Proceedings of the Second GLOW Meeting in Asia)*, 351-366, Nanzan University.

Sauerland, Uli (2003) "Unpronounced Heads in Relative Clauses," *The Interfaces: Deriving and Interpreting Omitted Structures*, ed. by Kerstin Schwabe and Susanne Winkler, 205-226, John Benjamins, Amsterdam.

Schachter, Paul (1973) "Focus and Relativization," *Language* 49, 19-46.

寺村秀夫 (1993) 『寺村秀夫論文集 I ——日本語文法編——』くろしお出版, 東京.

Vernaud, Jean Roger (1974) *French Relative Clauses*, Doctoral dissertation, MIT.

Yoshimura, Noriko (1992) *Scrambling and Anaphora in Japanese*, Doctoral dissertation, University of Southern California.

第4章

非連続依存関係の統語分析
―― 程度句の分布を中心に ――

菊地　朗

東北大学

1. はじめに

　複数の要素が，線形的に隣接していないにもかかわらず，互いに依存関係を持った分布を示す場合のことを，非連続依存関係（discontinuous dependency）という．言わば，日本語の「係り結び」のような関係である．このような依存関係は自然言語では普通に観察されるものであり，もちろん，英語でも観察される．例えば，次の諸例における，太字で表記した要素の依存関係がこれに該当する．

(1) a. John is **as** tall **as Mary is**.
　　b. Bruce played long**er** songs **than Becky did**.
　　c. Ivy ate **so** much pie **that she got sick**.
　　d. John is **too** short **to be a basketball player**.

これらの例では，程度の標識（degree marker）と，線形的に離れた位置にあるそれぞれ特定の程度節（degree clause）との間に一定の共起関係がみられる．(1a)では，同等比較では形容詞についた as が後ろの as 節と相関し，例えば，than 節が後続することはない．(1b)の比較級標識の -er あるいは more/less の場合は than 節が，(1c)の so の場合は that 節が，(1d)の too の場合は不定詞節が相関して生起する．

　このような非連続依存関係の分析については，生成文法の最初期から様々な提案がなされてきたが，それらの分析は，大きく分けて次の2種類に分類することができる．ひとつ目は，相関する要素を基底構造において単一の構成素として導入し，程度節を外置などの操作によって，線形的に離れた位置に移動する分析である．この分析によると，例えば(1a)では，基底構造では as が as 節を補部として選択（select）し，その後，as 節が後置されたと分析するの

が通例である．もうひとつの分析では，as 節はもともと程度標識の as とは離れた位置に付加部として基底生成し，両者の依存関係は特定の意味解釈規則などを用いてとらえようとする．程度節に関して前者の分析を提案したものとしては Bresnan (1973) があり，Abney (1987), Kennedy (1999), Bhatt and Pancheva (2004) などの分析も Bresnan の分析の後継者とみることができる．一方，後者の分析を提案したものとしては Jackendoff (1977) があり，Larson and Wellwood (2015) などに継承されている．

本章では，現時点での新しい統語理論の成果を紹介・解説しつつ，これら2つの分析の支持論点，および問題点の概観を行い，上記の2分析のうち後者の分析のほうがより妥当性が高いと思われることを論じる．また，その分析が従来扱われていなかった現象にも拡張可能であることも論じる．

2. 従来分析

2.1. 外置分析

Bresnan (1973) は，上記 (1) のような相関関係は主要部と補部の間の選択関係ととらえ，程度標識は基底構造において補部に程度節を取り，その後，義務的な外置操作によって表層の位置に生起する分析を提案した．これによれば，例えば (1a) の文は，次に示したような派生を経て生じる．Abney (1987), Kennedy (1999), Heim (2000) らの分析では程度句が DegP (= Degree Phrase) の指定部になっていることや生起する範疇の違いはあるが，おおむね同じタイプの分析と考えてよい．

(2) John is [$_{AP}$ [$_{QP}$ as [as Mary is]] tall].
→ John is [$_{AP}$ [$_{AP}$ [$_{QP}$ as ___] tall] [as Mary is]]

この分析においては，同等比較の標識 as が as 句と共起するのは，両者の間に選択関係があるからとして，非連続依存関係の問題を，一般的に主要部と補部の間でみられる選択関係に帰することができ，容易に解決される．しかしながら，この分析では義務的な外置操作が必要とされ，外置のような右方移動が可能である理由も含めて，その義務性についての説明が欠けているという問題点がある．

2.2. Late Merge 分析

Bhatt and Pancheva (2004) は，Bresnan 分析の中核的な洞察は生かしつつも，義務的な外置操作を設定せずとも説明できる分析を提案した．彼らが依拠

するミニマリスト・プログラムの枠組みでは，句構造は任意の2つの統語要素の集合形成を行う操作，すなわちMergeを再帰的に繰り返すことによって形成される (Chomsky (1995))．主要部と補部は派生に導入される最初の時点で，このMergeにより1つの構成素をなすのが通例であるが，Bhatt and Panchevaは，程度標識と程度句の関係は主要部・補部の関係であるとするBresnanの洞察は保持しつつも，両者がMergeにより構成素を形成する表示は，主要部である程度標識が派生に導入された後の段階でも可能であるとした．派生に導入された後で，Mergeが可能という点で，この分析はLate Merge 分析と呼ばれる．例えば，下記 (3) は，(4) のような段階を経て形成される．

(3) John bought a more expensive car than Mary (did).
(4) a. [$_{DP}$ a [$_{NP}$ [$_{AP}$ [$_{DegP}$ more] expensive] car]]　　　（目的語の形成）
  b. [$_{VP}$ buy [$_{DP}$ a [$_{NP}$ [$_{AP}$ [$_{DegP}$ more] expensive] car]]]
　　　　　　　　　　　　　　　　　　　　　　　（buy と目的語の Merge）
  c. [$_{VP}$ [$_{VP}$ buy [$_{DP}$ a [$_{NP}$ [$_{AP}$ [$_{DegP}$ more] expensive] car]]] [$_{DegP}$ more]]
　　　　　　　　　　　　　　　　　　　　　　（DegP の数量詞繰り上げ (QR)）
  d. [$_{VP}$ [$_{VP}$ buy [$_{DP}$ a [$_{NP}$ [$_{AP}$ [$_{DegP}$ more] expensive] car]]] [$_{DegP}$ more [than Mary (did)]]　（繰り上げられた DegP と程度句 than Mary との Merge）
  e. [$_{TP}$ John bought a more expensive car more than Mary (did)]
　　　　　　　　　　　　　　　　　　　　　　　　　　　　（主節の形成）
  f. John bought a more expensive car ~~more~~ than Mary (did).
　　　　　　　　　　　　　　　　　　　　　　　　　　　（音声的具現）

ミニマリスト・プログラムでは，従来，潜在的移動とされていたQRは顕在的移動と混じる順序で循環的に適用されるとされている．Wh 移動などの顕在的移動では，痕跡位置は発音されないのに対し，潜在的移動では移動先にある要素が発音されないというように区別されている．more は，(4b) → (4c) に示されるように QR の適用を受け VP の右側に生起するが，QR は潜在的移動であるので，この移動先では発音されない．Bhatt and Pancheva の Late Merge 分析で重要なのは，(4c) の構造ができたところで，more が程度句 than Mary と Merge し，それを補部とする点である．そして，この分析でも，程度標識と程度句は主要部・補部の関係になるので，両者の相関関係は，程度標識の more は than で導かれる句を選択するという，主要部の選択特性に帰することができる．また，外置分析にあったような，義務的な外置操作は必要

ない．
　しかしながら，この Late Merge 分析にも理論的，経験的な問題点があるように思われる．理論的な面に関しては，Late Merge のような反循環的な構造構築が補部に関して必要であるとする現象が，Bhatt and Pancheva が分析した程度句の分布以外には認められていないように思われる点である．付加部については，反循環的な Merge（すなわち，移動した要素に後から付加部が加わり，構造全体は拡張しないこと）が可能性として考えられることは，Lebeaux (1988) の例から示唆されていた．

(5) a.　Which argument that John$_i$ made did he$_i$ believe?
　　 b. *Which argument that John$_i$ is a genius did he$_i$ believe?

(5a) の that 節は関係節であり，付加部である．もし Late Merge が付加部についてのみ可能であるとすると，(5a) でも，which argument が wh 移動した後で関係節が付加することが可能であり，派生のどの段階でも，he が John を c 統御する段階がないことになる．したがって，束縛原理の原理 C（R 表現は先行詞に c 統御されてはならない）に違反しない．一方，(5b) の that 節は補部節である．主要部は派生に導入される時点で補部を伴っていなければならず，補部を Late Merge によって導入してはならないとするならば，この例でも，that 節は wh 移動をする前の段階で argument の補部となっていなければならず，その段階で he は that 節の中の John を c 統御する．したがって，(5b) の非文法性は束縛原理の C の違反によるものであるとして説明できる．仮に，(5) の例に関してこのような説明が正しいとすると，補部については Late Merge は許されないことになり，Bhatt and Pancheva の分析は理論的な問題を提起してしまうことになる．
　また，彼らの分析は経験的事実に関しても，問題を提起する．付加部からの要素の抜き出しについては，付加部条件（Adjunct Condition）により一般には許されないとされているが，実際には，範疇による違いがあり，副詞節からの抜き出しは許されないが，（付加部の）前置詞句からは抜き出しが許される場合があることが指摘されてきた．

(6) a. *Which meeting did you meet John after you attended ＿＿?
　　 b. ?Which meeting did you meet John after ＿＿?

仮に，Bhatt and Pancheva の分析が予測するように，程度節が補部であるとすると，その程度節からの抜き出しは容認可能になると思われる．しかし，実際にはそれは許されない．

(7) *Which meeting did you meet more students at this meeting than John met at ___ ?

しかし，than が名詞句だけを補部に取っている場合（すなわち，前置詞句用法の than の場合）は，抜き取りが可能となる．

(8) Which meeting did you meet more students at this meeting than ___ ?

この (7) と (8) の対比は Late Merger 分析では説明されない，あるいは説明するには特別な条件を加えなければならないように思われる．このことは前節の外置分析にとっても同様の問題を提起する．

2.3. 非移動分析

外置分析にしても，Late Merge 分析にしても，それぞれ外置と QR という移動操作が程度標識と程度節の非連続的依存関係に関わっているとするものであったが，これに対して，基本的には移動操作は関係せず，程度節を表面的に生起している位置に付加部として導入し，何らかの意味解釈上の仕組みによって共起関係をとらえようとする分析がある．例えば Jackendoff (1977: chapter 6) は程度節を X'' の位置に導入し，程度標識との共起関係をこの構文特有の認可条件を設けることによって記述した．

そのような認可条件は構文固有の規則であり，現在の言語理論では認めがたい規則であるが，Jackendoff の分析の方向性は生かし，程度節を付加部として導入し，程度標識との関係を一致（agreement）の 1 例として，より一般的に説明しようとする試みが Larson and Wellwood (2015) によって提案されている．

Larson and Wellwood による，程度節が補部ではなく付加部であることの議論として，第 1 に，程度節が随意的であることを挙げている．一般に補部は義務的であるが付加部は随意的である．

(9) a. Bruce played longer songs (than Becky did).
    b. Jim is just as tall (as his cousin is).

第 2 に程度節がほかの付加部節と同様，別の付加部を挟んで右端の位置に生じることが挙げられる．

(10) a. Ivy ate cookies on Saturday that James bought.
     b. Ivy ate more cookies on Saturday than James did.

(10a) の that 節は関係節(付加部節)であり on Saturday の右側に生じているが,程度節も (10b) のように同様の分布を示す.

第3に程度節が補部節であるとすると,主要部と補部の関係は1対1であるのが通例であるので,複数の程度標識と相関することはないはずであるが,実際には1つの程度節が(等位接続されたものではない)複数の程度標識と相関することが可能である.

(11) **More students** came to **more conferences** than we expected.

最後に前節の (6)-(7) で見たような抜き出しに関する性質も,程度句が付加部であるとするならば,他の付加部と同じ性質を示すものとして扱うことができる.

また,理論的にも,程度句を付加部として扱うのであるならば,義務的な外置操作や,ほかとは異なる条件に従う Late Merge の操作を認めることにはならず,問題点を提起しないで済む.

以上のような理由から,程度句は付加部として構造に導入されるとする分析は妥当であるように思われる.残された問題は,どのようにして程度標識と程度句との間の相関関係をとらえるかである.Larson and Wellwood (2015) は,両者の関係は一致によると提案している.

彼らは,まず,ドイツ語で付加部である前位形容詞が修飾する名詞と性素性に関して一致を示すことを示した.

(12) a. ein grosses Bier
 b. [DP ein [NP [AP grosses[φ] [NP Bier[neut]]]]]
  → (agreement)[DP ein [NP [AP grosses[neut] [NP Bier[neut]]]]]

これと同じように,程度標識には NCA (null complement anaphora) に相当する項 [COMP] があり,それが程度句と一致を起こすと提案している.

(13) Jill ate chewier cookies than Audrey did.
(14) a.

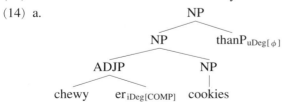

b.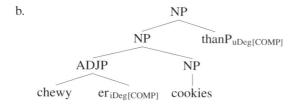

(14a) における than 句の未指定部分が -er の [COMP] と一致を起こし両者の関係がとらえられると Larson and Wellwood (2015: 7-8) は提案している.

彼らはこのような仕組みを基に作用域関係などの意味関係も含めて説明を試みているのであるが，それでも問題がないわけではない.

例えば，この提案では，NCA を表す [COMP] 素性の一致により程度標識と程度句のタイプの相関関係がとらえられるとしているのであるが，具体的にどのような仕組みで -er が than 句を選ぶことになるのかは説明されていないことが挙げられる. 一致が起きることと選択には必然的な関係がないからである.

さらに，程度標識と程度句の関係が一致であるとすると，両者の間には原理的には局所性が関与しないことになる. Larson and Wellwood (2015: 28) も，その帰結には気づいており，次のような例を挙げて，局所的でない位置との一致の可能性を指摘している.

(15) a. John met a [more famous linguist who is married to a less famous linguist] yesterday **than my undergraduate advisor**.
 b. John [moved as wide a desk next to a longer bed] yesterday **as/than he is tall**.

確かに (15) の例における than/as 句と波下線部の要素との関係は，(15a) では関係節の境界をまたぐものであるし，(15b) では名詞付加部の境界をまたぐものであり，局所性はない. しかし，このことは程度標識と程度句の間の局所性を否定する根拠にはならないと思われる. つまり，いずれの例においても，二重下線によって示した別の程度標識が，程度句に対して局所的な位置に存在しており，それが非局所的なもう一方の程度標識を認可しているものと考えられるからである. 事実，二重下線に示される程度標識がなくなると，これらの例は非文法的になる.

(16) a. *John met a [famous linguist who is married to a less famous linguist] yesterday **than my undergraduate advisor**.

b. *John [moved a wide desk next to a longer bed] yesterday **than he is tall**.

このような事実は，程度標識と程度句の相関関係には局所性がみられることを示唆しているように思われる．さらに，程度句が付加部として構造に導入されるとする分析が妥当だとすると，その局所性には移動とは別の仕組みが関わっていると考えられる．

3. 提案：ラベル付けの手順と付加部修飾構造

2.2 節で述べたように，ミニマリスト・プログラムでは任意の 2 つの統語要素から集合を形成する Merge の再帰的適用によって句構造を組み立てていく．Chomsky (1995) の段階では，Merge の操作には，組み立てられた句のラベルを決定する操作も組み込まれていたが，その後，ラベルを決定する操作 Label は Merge とは独立した操作とされ，2 つは分離されるべきと変えられた．Chomsky (2013: 43) で示唆されているラベル付けの手順 (labeling algorithm) をまとめると次のようになる．

(17) a. 語彙項目 H と句レベルの統語表現 XP が Merge した場合，H がラベルとなる．
 b. 句レベルの統語表現 XP と YP が Merge し，{XP,YP} が形成された場合, 次の 2 つのいずれかになる．(i) XP が移動すると YP がラベルとなる．(ii) XP と YP が一致し，その共通素性がラベルとなる．

(17a) に該当する場合が，動詞 V と目的語 DP との Merge などの例であり，(18a) に示されるラベル付けである．(17b) の (i) に該当するのが，vP 指定部に主語項が Marge され，TP に移動する例であり，(18b) に図示されるラベル付けである．(17b) の (ii) に該当するのが，TP に主語が移動した後のラベル付けであり，(18c) に図示したものである．

(18) a. [$_{??}$ V DP] → [$_{vP}$ V DP]
 b. [$_{??}$ DP [$_{vP}$ v [$_{vP}$ V DP]]] → [$_{DP_i}$ [$_{TP}$ T [$_{vP}$ D̶P̶i̶ [$_{vP}$ v [$_{vP}$ V DP]]]]]
 c. [$_{??}$ DP$_i$ [$_{TP}$ T [$_{vP}$ D̶P̶i̶ [$_{vP}$ v [$_{vP}$ V DP]]]]]
  → [$_{\phi P}$ DP$_i$ [$_{TP}$ T [$_{vP}$ D̶P̶i̶ [$_{vP}$ v [$_{vP}$ V DP]]]]]
  (DP$_i$ と T は一致するものとする)

(18a) では語彙項目 V と句レベルの構造 DP との Merge であるので，語彙項目がラベルを決め，主要部となる．(18b) では主語項 DP と vP という句レベルの構造が Merge しているが，主語項が移動するので残った vP がラベルを決める．(18c) では移動してきた DP と TP が Merge しているが，この場合，どちらも移動しない．しかし両者の間で一致が起き，共通素性の φ 素性がラベルとなる．

このラベル付け操作についての提案は未だ詳細が不明なところが多いが理論的な説明の深度を増す提案であることは間違いないと思われる．不明であることの1つに，付加部修飾構造のラベル付けの取り扱いがあると考えられる．付加部による修飾は典型的に XP と YP の Merge になるが，必ずしも常に片方が移動するわけではないし，英語では形態的に一致が起きていることはわからない．

(19) a.　the [$_{??}$ [$_{AP}$ tall] [$_{NP}$ guy]]
　　 b.　[$_{??}$ [$_{VP}$ break the window] [$_{AdvP}$ violently]]

この問題の解決としていくつかの方法が考えられる．1つは付加部は pair-Merge という通例の Merge とは異なる操作により導入されるとする方法である．これは，従来の理論における付加 (adjunction) 操作に対応するものである．Pair-Merge の場合，付加された標的の句が自動的にラベルを決定するものとする．したがって，(19a) では AP が NP に付加されるので，全体のラベルも NP になる．

もう1つは修飾構造では音声的な具現はないが，修飾1つ1つに対応する機能範疇の主要部があるとする方法である．そうであるとすると，付加部修飾のラベル付けは (17a) の事例の1つとして対処されることになる．

さらにもう1つの考えられる方法は，上記 (12) のドイツ語の例でみたように，特に名詞句の前位修飾の場合に，形容詞と名詞に一致関係が観察されることから両者の (共通) 素性がラベル付けを行うとする考え方である．本章ではこの方法を探ってみることにする．

Heim and Kratzer (1988) などで示されているように，XP と YP の結合による修飾構造は両者の意味の和としてとらえられる．例えば (19a) は，tall の意味である x is tall と guy の意味である x is a guy の和として，x is tall & a guy と意味計算される．もちろん，形容詞の意味タイプによって正確な意味結果は異なることになるが，統語上はこのような和として全体のラベルが決定されると仮定してみよう．この仮定に従うと，(19a) は次のようなラベル付けになる．

(20) the [?? [AP tall] [NP guy]] → the [tall&guy [AP tall] [NP guy]]

ここで，DegP の構造について，一定の仮定事項を述べておこう．Deg 要素は尺度を決める段階的（gradable）な要素を第1の補部にとり，尺度の基準を表す要素（than 句など）を第2の補部に取る．ただし，第2補部は統語的具現が随意的であり，音声的な反映がなくともよいものとする．また，指定部にはMeasure を表す要素 MP が（随意的に）生起するものとする．以上を仮定するとDegP は次のような構造になる．

(21)

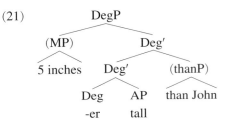

-er (補部1，補部2, MP)：補部1を AP が，補部2を thanP が MP を 5 inches が充足する．

この構造を踏まえて前位修飾を行う形容詞に程度標識がついている場合について考えてみよう．(22) がその例に該当する．この場合，DegP が名詞句に付加修飾を行っている．派生は (23) に示すように進行する．

(22) A taller man than John
(23) a. [DegP -er [AP tall]]　　　　　　　　　　　(-er と AP の Merge)
　　　b. [DegP&NP [DegP taller] [NP man]]　　　　　(taller と man の Merge)
　　　c. [DegP&NP [DegP&NP taller man] [thanP than John]]
　　　　　　　　　　　　　　　　　　　　(taller man と thanP の Merge)
　　　d. [DP a [DegP&NP taller man than John]]
　　　　　　　　　　　　　　　　　　　　(a と taller man than John の Merge)

比較標識 -er の選択素性のうち，段階的要素である補部1は (23a) の段階で充足されるが，比較基準を表す補部2はその後の (23b) の段階でも充足されていない．したがって，taller man が形成された段階では，この表現が比較基準である than 句を選択する性質を有している．言い換えれば，補部2の選択に関する素性が名詞修飾の後の段階でもアクティブ状態で保持されているといえる．そして，その素性が (23c) の段階で thanP を選択し充足することになる．thanP は統語的には付加部として taller man と Merge し，構成素を形成

するが，-er との関係では補部として，その選択素性を充足する．結果として，程度標識 -er と程度句 thanP は非連続状態になっていて，thanP は付加部として構造に導入されるが，素性の継承が可能な局所的な領域の中では，両者は主要部・補部の関係を持つことになる．

以上のような派生を仮定した場合，第2節で述べた従来分析での問題点がどのように解決するか，振り返ってみよう．この分析では義務的な外置操作を仮定する必要はない．また Late Merge 分析では程度句が付加部としての性質を持つことが問題となっていたが，本分析の場合，程度句は付加部として統語構造に導入されるため，付加部としての性質を持つことは当然の帰結となる．

一方，程度句は程度標識の補部項（補部2）を充足するため，意味充足の点では補部としてふるまうことになる．主要部が選択する補部の形式を決定することは通常のことであり，程度標識が程度句の選択にかかわることもとらえることができる．

4. 拡張：分離 AP 構文

前節での提案は，分離 AP 構文 (discontinuous APs) と呼ばれる構造にも拡張可能であるように思われる (Escribano (2005))．この構文では，名詞を前位修飾する形容詞のうち，あるタイプの形容詞に限り，その補部に見える要素が名詞の後に形容詞と分離した形で生起する．(24) にその例の一部を列挙しておこう（例は Escribano (2005) による）．

(24) A **subsequent** article **to Chomsky's** / a **previous** version **to this one** / a **preferable** solution **to Chomsky's** / an **analogous** hypothesis **to Abney's** / a **comparable** situation **to ours** / a **different** view **from yours** / a **similar** car **to mine**

例えば，a similar car to mine は，a car [similar to mine] とほぼ同義であり，名詞 car の後に生起している to mine は car ではなく，その前にある similar という形容詞と関係を持っている．その意味で，分離 AP も本章で問題としている非連続依存関係の一例になっているといえる．

(24) の例に対して，次の (25) の形容詞では分離 AP が許されない．

(25) *a **capable** man **of murder** / *a **dependent** youth **on his parents** / *a **liable** person **to prosecution** / *a **married** woman **to a businessman** / *a **thankful** neighbor **for her attentions** / *a **satisfied** worker

with his pay

(24) と (25) の対比を通覧してわかることは，分離 AP が許される形容詞類は広い意味での「比較」の概念を含んでいるということである．「比較」が，ある2者について，一方を基準とし，他方をその基準と照らし合わせて差異や類似を評価したり記述したりする陳述をいうとするならば，(24) のいずれの形容詞もそのような陳述を行っているものと考えることができる．一方，そのような陳述とは関係ない形容詞類の場合には (25) が示すように，分離 AP は許されない．

仮に (24) の形容詞類は内在的に比較標識（本章でいう「程度標識」）を含んでおり，名詞句と Merge した後に現れた構成素が，ここで述べたような仕組みに従って形容詞の選択素性を継承するとすると，形容詞の補部にあたるものが名詞の後に生起し，表面上，分離した状態になることが自動的に説明できると思われる．すなわち，次の2例を同様の仕組みが関わった構文として説明できるということである．

(26) a. I bought a **larger** sofa **than Mary**.
　　　b. I bought a **similar** car **to Mary's**.

(26a) では程度標識 -er が顕在的に表れており，それの要求する選択素性が修飾する名詞句全体に継承され，付加部の than 句を認可している．それと並行的に，(26b) では，形容詞 similar が内在的に比較の素性を持っており，特定の前置詞句（to 句）を選択する性質が名詞句全体に継承され，付加部の to 句を認可していると考えられる．

5. まとめ

以上，本章では程度標識と程度句が非連続的依存関係を示す現象に関して，伝統的な外置操作を用いて説明する分析，および，それの理論的更新となる Late Merge 分析を紹介し，その問題点を指摘した．また別の種類の分析は，程度句を付加部として導入し，程度標識との依存関係を一致によってとらえようとする Larson and Wellwood (2015) の分析であるが，それにも問題点があることを指摘し，代わりとしてミニマリスト・プログラムの枠組みのもと，ラベル付けの手順を付加部修飾に拡張した場合の説明可能性を追求した．また，その分析は分離 AP 構文にも拡張可能であることを述べた．

参考文献

Abney, Steven (1987) *The English Noun Phrase in Its Sentential Aspect,* Doctoral dissertation, MIT.

Bhatt, Rajesh and Roumyana Pancheva (2004) "Late Merger of Degree Clauses," *Linguistic Inquiry* 35, 1-46.

Bresnan, Joan (1973) "Syntax of the Comparative Clause Construction in English," *Linguistic Inquiry* 4, 275-343.

Chomsky, Noam (1995) *The Minimalist Program*, MIT Press, Cambridge, MA.

Chomsky, Noam (2013) "Problems of Projection," *Lingua* 130, 33-49.

Escribano, J.L. (2005) "'Discontinuous APs' in English," *Linguistics* 43, 563-610.

Heim, Irene (2000) "Degree Operators and Scope," *Proceedings of SALT X*, 40-64.

Heim, Irene and Angelia Kratzer (1988) *Semantics in Generative Grammar*, Blackwell, New York.

Jackendoff, Ray (1977) *X′ Syntax*, MIT Press, Cambridge, MA.

Kennedy, Chris (1999) *Projecting the Adjective: The Syntax and Semantics of Gradability and Comparison*, Garland, New York.

Larson, Bradley and Alexis Wellwood (2015) "Constituency, Implicit Arguments, and Scope in the Syntax-Semantics of Degree Constructions," unpublished ms.

Lebeaux, David (1988) *Language Acquisition and the Form of the Grammar*, Doctoral dissertation, University of Massachusetts, Amherst.

第Ⅱ部
形態論

第 5 章

2 種類の音韻語の存在について
―― 接頭辞における強勢移動の観点から ――*

西原　哲雄

宮城教育大学

1. はじめに

　本章では，英語の強勢移動（stress shift）に関わって，接頭辞付加（prefixation）と接尾辞付加（suffixation）よってもたらされる，異なる効果や機能に焦点をあてるものである．一般的には，英語のような言語では，接頭辞付加が付加された語の強勢を移動させる事はないと考えられているが，接尾辞付加については，そのような事はなく，付加された語の強勢移動を引き起こすことがあるとされている．

　このような接尾辞や接頭辞付加に関わる，付加された語の強勢移動の振る舞いの違いは，佐藤（1990）や Nishihara and van de Weijer（2012）などによって提案された隣接性（adjacency）という観点から説明が可能だと考えられる．

　また，Kean（1977）などによって失語症患者の音韻的な振る舞いが，音韻語（phonological word: PW）という単位に基づいていることにも注目し，接辞付加（affixation）と音韻語の関係についても概観する．

　したがって，本章では，接尾辞や接頭辞に基づき構築される音韻的単位である音韻語の形成が，従来の単純でかつ，単一的な音韻語の構築では十分ではないことを指摘する．

　特に，接頭辞付加においては，接尾辞とは異なり，付加した語の品詞を変えたり，強勢移動を引き起こしたりすることは少ないが，これらの特徴が統一的な説明で，うまくできない事に注目し，新たな音韻語の導入を提案すること

---

　* 本章は，日本英語学会国際春季フォーラム 2016（於 神戸市外国語大学：2016 年 4 月 24 日）での Poster session にて発表した草稿（Nishihara (2016)）に，加筆・修正して発展させたものである．発表の際に，多くの方々からコメントやご指摘をいただいたことに心から感謝いたします．もちろん，本章における，すべての誤りや不備は言うまでもなく筆者の責任である．

で，従来よりも的確に，接頭辞付加や接尾辞付加に基づく語形成や強勢移動などの音韻的振る舞いをよりうまく説明できることを論証する．

2. 接尾辞付加と強勢移動について

　佐藤（1990）などは，接尾辞付加による語強勢などの変化は，接尾辞と付加される語との間にある隣接性が関わっていると指摘している．この考え方にしたがえば，以下のように2つの接尾辞付加に基づく語強勢の移動の違いが説明されることになる．

(1) a.　[[[DEFinite]ive] φ]　　（クラス I: movement of stress）
　　b.　[[[DEFinite] φ]ness]　　（クラス II: no movement of stress）
　　　　　　　　　　(Nishihara (2016), Nishihara and van de Weijer (2012))

上記の例で，(1a) の接尾辞 -ive は語（語根）に直接，隣接しており，接尾辞 -ive が強勢移動を引き起こすと考えられる．一方，(1b) では，接尾辞 -ness は語（語根）との間に空要素（empty element: φ）が存在しており，この空要素を超えて（隣接性を破って），接尾辞 -ness が強勢移動を引き起こすことはできないと説明される．

　ただ，従来の説明にしたがえば，Siegel (1974) や Allen (1978) による，強勢移動などを引き起すとされるクラス I 接辞とそのような振る舞いをしないとされるクラス II 接辞という相違の観点からの説明も可能である．

　言い換えれば，語と接尾辞が同一の音韻語内に存在する場合は，強勢移動は引き起こされことになる一方，語と接尾辞が異なる音韻語の属する場合は，強勢移動は引き起こされないと説明される．このような音韻語の構造の違いは，若干の枠組みの違いはあるが，Kean (1977) では，Chomsky and Halle (1968) で導入された語境界接辞（word-boundary affixes: #）と非語境界接辞（non-word-boundary affixes: +）を採用し，以下のような異なった，2つの表示構造を提案し，語境界接辞内の語（#）を音韻語と定義することによって，2つの語構造の違いを提案している．

(2) a.　[# [# definite +] ive #]
　　b.　[# [# definite #] ness #]

　　　　　　　　　　　　　　　　　　　　　　　　　　　(Kean (1977))

(3) a.　(definite) ive) PW　　（movement of stress）
　　b.　(definite) PW (ness)　　（no movement of stress）

Kean (1977)[1] では,失語症患者の発話においては,音韻語以外の要素が脱落するという事実から,音韻語の重要な役割を指摘している.

また,Szpyra[2] (1989) では,クラス I 接尾辞である -ive は先行する音韻語に取り込まれ,1つの音韻語を形成するが,クラス II 接尾辞である -ness は単独で音韻語を形成することになると述べている.したがって,Szpyra (1989) では,以下に見られるように表示されることになる.

(4) a. (definite) ive) PW
 b. (definite) PW (ness) PW

(Szpyra (1989))

3. 音韻語（接頭辞）付加と鼻音同化・強勢移動

一方,接頭辞付加においても,同様にクラス I 接頭辞である in- とクラス II 接頭辞である un- でも,以下のように強勢移動の有無と,鼻音同化 (nasal assimilation) の有無において,異なった音韻的振る舞いをすると指摘されている.

(5) a. [in [balance]] → [im [balance]]
  (no movement of stress, but nasal assimilation occurs)
 b. [un [balance]]
  (neither movement of stress, nor nasal assimilation occurs) iI

クラス I 接頭辞 in- が語に付加されると,鼻音同化が生起するが,クラス II 接頭辞 un- が同じ語に付加されても,鼻音同化は生起しない（また,強勢移動も同様に生じない）.これらの構造も,Kean (1977) や Szpyra (1989) の枠組みによる音韻語を用いて説明をすることも可能であるが,これらの現象も,

---

[1] Kean (1977) では,接辞のほか,PW の外側に位置する機能語 (the など) や -ing や -ed も脱落すると指摘している.

[2] Szpyra (1989) では,クラス I 接辞は付加された音韻語に吸収されて1つの音韻語を形成する一方,クラス II 接辞は付加された音韻語とは独立して,単独で音韻語を形成するという枠組みを提唱している.したがって,クラス I 接尾辞の付加は,(democrat+y I)PW という音韻語を形成し,一方クラス II 接尾辞付加は,(refuse)PW (+al II)PW のような2つの音韻語形成になる.

同様の主張は,Booij and Rubach (1984) でも提案されている.彼らの主張では,前者のクラス I 接辞を膠着接辞 (cohering affixes) と呼び,後者のクラス II 接辞は非膠着接辞 (non-cohering affixes) と呼び,区別している (cf. (un)m (grammaticality)m: m for mot= phonological word).

第5章　2種類の音韻語の存在について

佐藤 (1990) の提唱する隣接性に基づくような構造表示によっても鼻音同化の適用の有無が示されることは可能である．

(6) a.　[φ [in [balance]]]
　　　→ [φ [im [balance]]]
　　　(nasal assimilation occurs, because of adjacency)
　　b.　[un [φ [balance]]]
　　　(nasal assimilation does not occur, because of empty element)

音韻語の構造の違いという観点から，鼻音同化のような音韻論現象と強勢移動という現象は区別するべきであろうか？　音韻語の構造の形成の違いからは，強勢移動はうまく説明ができない．[3] すなわち，いずれの接頭辞からも形成される2つの語頭の一部を占める音韻語構造の違いは，以下の (7) ように見いだすことはできないので，強勢移動の現象は鼻音同化現象を説明するための音韻語とは異なった新たな音韻語を想定する必要性があると考えなければならない．

(7) a.　(in)PW (balance)PW
　　b.　(un)PW (balance)PW

一方で，接頭辞から形成された音韻語に基づき，鼻音同化が適用されるのかどうかを区別するためには，以下のような音韻語の構築の違いによって説明が可能となる．

(8) a.　(in (balance))PW　　　(nasal assimilation occurs)
　　　→ (im (balance))
　　b.　(un)PW (balance)PW　(nasal assimilation does not occur)

このような音韻語構造の相違は，Szpyra (1989) の枠組みにしたがったものである．

　上記のような，音韻語に基づく構造は，鼻音同化のような音韻現象と英語の強勢移動の現象が，独立しているように解釈させられることを示唆している．

　そこで，接頭辞に基づく音韻語構造は，(9) で見られるように強勢移動に関

---

　[3] 接頭辞（音韻語）でも，クラスⅠ接頭辞の in- は，in-come の時には，強勢の移動を引き起し，クラスⅡ接頭辞の un- などは，un-happy の時には，強勢移動は引き起こされない．しかし，一般的に接頭辞付加は，en- などの少数の接頭辞を除き，付加される語への影響は少ない（音変化や品詞の変更など）．

わらないという観点から同一の音韻語が構築されている．

しかしながら，鼻音同化の音韻規則の適用の有無に関しては，(10) で見られるような音韻語構造の相違が求められることとなっている．

それゆえ，接頭辞に関わる音韻語構造の構築やそれらの付加によるもう1つの音韻語構造の表示は，(9) と (10) のように，2種類の音韻語構造とそれらの異なる表示が求められると考えられる．

(9) No Stress Shift
    a. (in)PW (balance)PW
    b. (un)PW (balance)PW
(10) Nasal Assimilation
    a. (in (balance))PW   (nasal assimilation occurs)
    → (im (balance))
    b. (un)PW (balance)PW   (nasal assimilation does not occur)

4. Kageyama (2001) による「語+」について

従来では，「語」という語彙範疇は，X^0 という範疇に属して形態論とは，それよりも下の範疇である X^{-1} X^{-2} などのレベルも形態論の取り扱い分野であるが，X' や XP の上位の範疇は統語論にて処理されるとされてきた．島村 (2003) によれば，上記の考え方に対して，Kageyama (2001) では，「語+」という新たな範疇の存在が提案されている．この範疇は，X^0 という語よりも大きな範疇ではあるが，基本的には形態論の部門に属していると規定されている．島村 (2003) は，この「語+」という範疇が，句と語の両方の性質を持つ範疇（中間的範疇）に属するとしている．そこで，「語+」という範疇が，「統語規則を語の内部構造に直接言及しない (Di Sciullo and Williams (1987))」という語彙的緊密性を守りながらも，「語+」に基づく派生語（複合語）は通常の複合語とは異なる句アクセントを示す場合がある．

島村 (2003) による，Kageyama (2001) の提案する「語+」という範疇についての概説として，次のような例を挙げている．例えば，英語の複合語では多くが第1要素に主強勢が置かれることになるが，中には，以下のような句強勢と同じ強勢パターンを示す複合語が存在し，これらの複合語は「語+」という範疇に属すると考えられると指摘している．

(11)   world-fAmous, crystal-clEar, student rebEllion

                                                                                     (Kageyama (2001)，島村 (2003))

第5章　2種類の音韻語の存在について　　　　　　　　　　67

　さらに，島村（2003）によれば，（12）においては複数屈折語尾の -s が，また，(13) では比較級や最上級が，語の内部に位置しており，これらの複合語も「語＋」という形態範疇に属すると考えられると指摘されている．

(12)　lookers-on, passers-by, hangers-on
　　　　　　　　　　　　　　　　　　　　（Kageyama (2001), 島村（2003））
(13)　better-known / best-known / kinder-hearted
　　　　　　　　　　　　　　　　　　　　（Kageyama (2001), 島村（2003））

　島村（2003）は，(12) と (13) のいずれの場合も，複数形や比較級・最上級の屈折形を指定することになる統語規則が，それぞれの内部を「見る」ことのできるということになると述べている．

　このようにして，島村（2003）によれば，Kageyama (2001) は派生語や複合語のいくつかは，語彙的緊密性を守りながらも，同時に句と同じような性質を持つような語が存在することを適切に説明するために，「語＋」という新しい範疇を提案していることになる．

　すなわち，「語＋」に属することになる語が持つ性質を，音韻論的側面と統語論的側面の2つに分割し，音韻論的側面については，このような語が句アクセントを持つことを指摘し，統語論的側面についてはこのような語はその内部に言及することのできるという統語規則が存在することを提唱していることになる．

　次節では，「語＋」のような中間的な形態範疇の存在を認めたうえで，この考え方を音韻論の音韻語という概念にも援用し，新たな「音韻語＋」という概念の提案を行う．

5. 「クラス I 接頭辞音韻語＋」による分析

　前節で概観した，「語＋」という中間的形態範疇の認めたうえで，音韻論の枠組みにおいても，従来の音韻語とは別に，新たに「音韻語＋」という音韻範疇が必要であること述べる．(9) の強勢移動や (10) の鼻音同化を説明するためには，2種類の音韻語の必要性が見られるが，通常，クラス I 接頭辞（クラス I 音韻語）は，強勢移動や音変化（鼻音同化など）を引き起こすものであるが，(9) においては，強勢移動を引き起こすことはない．

　したがって，本章では，このような，クラス I 接頭辞音韻語ではあるが，クラス I 接尾辞音韻語（強勢移動も音韻変化もある）とは異なり，音韻現象（鼻音同化など）のみを引き起こし，強勢移動は引き起こさないと考える．そ

れゆえ，クラスⅠ接頭辞音韻語は，形態論における新たな範疇である「語＋」のように，中間的な性質を持っていると考えられ，この範疇は，「クラスⅠ接頭辞音韻語＋（Class I Prefix PW＋）」として新たに定義し，以下の一覧表に見られるように配置することで，クラスⅠ接頭辞音韻語の特殊な性質を適切に表示することが可能となる．

(14)

	<stress movement>	<phonological change>
Class I Suffix PW	YES	YES
ClassII Suffix PW	NO	NO
Class I PrefixPW	YES	YES
(Class I Prefix PW ＋	NO	YES)
ClassII Prefix PW	NO	NO

6. 結語

以上，本章では，従来のクラスⅠ接頭辞音韻語（PW）に加えて，強勢移動と音韻変化の適用の違いを反映するために，「クラスⅠ接頭辞音韻語＋（Class I Prefix PW＋）」という範疇を導入することで，従来よりも，より適切に接頭辞及び接尾辞による音韻語の付加にもとづく音韻的変化（と強勢移動の生起との矛盾）をうまく説明できることを論証した．

参考文献

Allen, Margaret (1978) *Morphological Investigations*, Doctoral dissertation, MIT.
Booij, Geert and Jerzy Rubach (1984) "Domains in Lexical Phonology," *Phonology Yearbook* 1, 1-27.
Chomsky, Noam and Morris Halle (1968) *The Sound Pattern of English*, Harper and Row, New York.
Di Sciullo, Anna-Maria and Edwin Williams (1987) *On the Definition of Word*, MIT Press, Cambridge, MA.
Kageyama, Taro (2001) "Word Plus: The Intersection of Words and Phrase," *Issues in Japanese Phonology and Morphology*, ed. by Jeroen van de Weijer and Tetsuo Nishihara, 245-276, Mouton de Gruyter, Berlin.
Kean, Mary-Louse (1977) "The Linguistic Interpretation of Aphasic Syndrome," *Cognition* 5, 9-46.
Nishihara, Tetsuo (2016) "On the Existence of Multi-Phonological Words: From the

Viewpoint of Stress Movement in Prefixes," ELSJ International Spring Forum 2016, Poster session, Kobe City University of Foreign Studies.

Nishihara, Tetsuo and Jeroen van de Weijer (2012) "On the Role of the Adjacency in Morphological Stress Shift," *JELS* 29, 293-296.

佐藤寧 (1990)「音韻論における隣接性について」『明治学院論叢』75 号, 85-99.

島村礼子 (2003)「句と語の境界」『市河賞 36 年の軌跡』, 語学教育研究所(編), 40-51, 開拓社, 東京.

Siegel, Dorothy (1974) *The Topics in English Morphology*, Doctoral dissertation, MIT. [1979, Garland, New York]

Szpyra, Jolanta (1989) *The Phonology-Morphology Interface*, Routledge, London.

第 6 章

隣接性と文法化に基づく形態音韻論的構造の変化*

米倉　綽　　　　　西原　哲雄
京都府立大学（名誉教授）　宮城教育大学

1. はじめに

　標準英語では，一般的な語末舌頂音削除（t-d deletion）における脱落の割合が異なるという現象がみられる．この現象は，これまで，形態構造の相違と語末の屈折接辞がもつ機能負担および使用頻度の違いから説明されている．本小論では，この説明に加えて，統語論において適用されている隣接性（adjacency）と文法化（grammaticalization）という概念を融合・援用することでこの現象をより的確に説明できることを明らかにしたい．

2. 隣接性と語形成

　「隣接性」とは，2つの要素の間に介在する要素がなく，互いに隣り合っていることをいう．動詞と前置詞ではそれぞれの目的語に格が付与されなければならない．つまり，目的語は動詞や前置詞に隣接していなければならない．次の例をみてみよう．

　　(1) a.　He speaks English fluently.
　　　　a'. *He speaks fluently English.
　　　　b.　She spoke to the man angrily.
　　　　b'. *She spoke to angrily the man.

（『英語学要語辞典』2002: 14）

(1a') では speaks と English の間に fluently が，(1b') では to と the man の

---

* 本章は，第 12 回音韻論フェスタ（2017 年 3 月 9 日，於：立命館大学朱雀キャンパス）における西原の口頭発表草稿に，米倉が加筆・修正をし，発展させたものである．

間に angrily があるため非文となる．この事実は，統語論での隣接性であるが，次のように音韻論レベルでも言える．

(2) Who do you want to come? → Who$_1$ do you want t$_1$ to come?
→ *Who do you wanna come?

この場合は，統語論的には want と to の間に t$_1$（= who$_1$）が介在しているために非文となり，音韻論的にみれば want と to は隣接していないので wanta → wanna にならない．この隣接性に着目して，佐藤（1990）は語形成におけるクラス I 接辞とクラス II 接辞の相違を次のように説明している．

(3) [b [a [X] c] d]
ただし，X = root / stem; a, b, c, d = affixes　（佐藤（1990: 93））

a, b, c, d に現れる接辞類（クラス I 接辞とクラス II 接辞）は次のようなものである．

(4) position a: in-, con-, per-, etc.
position b: un-, non-, re-, etc.
position c: -ity, -al, -ion, -ation, -able, etc.
position d: -ness, -dom, -hood, -ism, etc.
　　　（佐藤（1990: 94），Nishihara and van de Weijer（2012: 293））

この接辞類で，隣接性の条件（adjacency condition）を満たすのは，(3) にあげた [b [a [X] c] d] における a と c の位置にあるものである．佐藤（1990: 94-95）に従えば，これにより，鼻音同化を引き起こすクラス I 接頭辞 in- と鼻音同化を引き起こさないクラス II 接頭辞 un- の音韻的振る舞いの違いをうまく説明できる．

(5) impatient vs. unpopular
[in[patient]]　　[un[ø[popular]]]　接辞添加と同化
[impatient]　　　[unpopular]　　　出力
　　　　　　　　　　　　　　　　　（佐藤（1990: 96））

つまり，impatient では in- と patient との間には，如何なる要素も存在せず隣接性の条件を満たしているために，鼻音同化規則が適用されて [in-] → [im-] の変化がみられる．いっぽう，unpopular では，un- と popular の間に ø (empty element) が介在し隣接性を阻止しているために，鼻音同化は生じてい

ない（つまり，[un-] → [um-] の変化はみられない）．[1]

3. 音韻語と語形成

Szpyra (1989: 186) によると，クラス I 接尾辞とクラス II 接尾辞の振る舞いの相違は，先行する音韻語（phonological word: PW）に融合される場合と単独で音韻語が確立される場合とに区分される．この指摘を図示すると次のようになる．

(6) a. （　）PW (X) → (...X)PW　　　　X = class I suffix
　　b. （　）PW (Y) → （　）PW (Y)PW　　Y = class II suffix

つまり，(6a) ではクラス I 接尾辞の X は先行する音韻語（　）PW の中に取り込まれて (...X)PW となるが，(6b) ではクラス II 接尾辞 Y は先行する音韻語（　）PW とは融合せず，独自で音韻語 (Y) PW の働きをする．[2] これを democracy と refusal で説明すると次のようになる．

(7) a. (democrat)PW (yI) → (democrat + yI)PW
　　b. (refuse)PW (alII) → (refuse)PW (+ alII)PW

(7a) では，クラス I 接尾辞 -y は先行する音韻語 democrat の中に取り込まれているが，いっぽう，(7b) のクラス II 接尾辞 -al は，先行する音韻語 refuse の外に音韻語として現れている．

4. 使用頻度と [t]/[d] 削除

これまで，語末舌頂音削除（t-d deletion）による脱落率は，形態構造の違いによって，次のように，説明されている．

---

[1] この隣接性の条件は強勢移動の有無の違いを説明するのにも有効である．
definitive　　vs.　definiteness
[[definite]ive]ø]]　　　[[definite]ø]ness]]
(Nishihara and van de Weijer (2012: 294))
definitive の場合は definite と -ive の間に ø は存在していない，即ち隣接性があるため強勢移動がみられるが，definiteness では definite と -ness の間に ø が介在しており，隣接性が損なわれているため強勢移動は起きていない．
[2] この音韻語の重要性については，すでに Kean (1978: 88) は失語症患者の発話でも音韻語ではない要素は脱落する傾向があると述べている．

(8)　単一形態素の t, d ＞ 不規則動詞過去形の t, d ＞ 規則動詞
　　　過去形の t, d
　　　　　　　　　　　　　　　　　　　　　　　　　　（日比谷 (1994: 26)）

これは音脱落率を高い順に示したものであるが，具体例で記せば次のようになる．

(9)　[cold], [past] ＞ [told], [kept] ＞ [call]＋[ed], [pass]＋[ed]
　　　　　　　　　　　　　　　　　　　　　　　　　　（西原 (2011: 124)）

[cold] および [past] のような単一形態素の語末に現れる [t]/[d] は，規則動詞過去形の [call]＋[ed] および [pass]＋[ed] より脱落率は高く，不規則動詞過去形の [told] と [kept] は単一形態素と規則動詞過去形の中間に位置している．また，日比谷 (1994: 27) が指摘しているように，文法的な機能負担の大小によっても脱落率の相違がみられる．例えば，I called John. における called の語末音の [d] が脱落すると I call John. となり，時制の区別ができなくなる．いっぽう，It's cold here. における cold の [d] が脱落しても情報が大きく損なわれるとはいえない．

　しかし，この規則動詞過去形を派生する屈折接尾辞 -ed が持つ音価 [t, d] の脱落率は，同じ「低い」と言っても一様ではない．Bybee (2000: 69-70) は，この [t, d] の脱落率の高い・低いを，語の使用頻度（word frequency）の観点から説明しようとしている．まず，使用頻度による削除の違いが次のように示されている．

(10)　　　　　　　　　Deletion　Non-Deletion　% Deletion
　　　High Frequency　　898　　　　752　　　　54.4%
　　　Low Frequency　　 137　　　　262　　　　34.3%
　　　　　　　　　　　　　　　　　　　（Bybee (2000: 70)）

つまり，使用頻度が高ければ，削除される場合が非削除より多くなり，使用頻度が低ければ，逆に非削除の値が削除の値より多くなっている．この使用頻度と削除の比率に基づけば，同じ規則動詞過去形の [t, d] であっても，使用頻度が高い語の [t, d] の脱落率は，使用頻度の低い語の [t, d] の脱落率よりはるかに大きい，と Bybee (2000: 69-70) は指摘している．これは，使用頻度の高い屈折接尾辞をもつ語が，単一形態素の構造をもつ語の脱落と同じような形態構造をもつことになるために，その結果生じる現象ということになる．ただ，この Bybee (2000: 69-70) の説明は，使用頻度と [t, d] の脱落率の関係は述べているが，なぜ [t]/[d] 削除がみられるのかは明らかにしていない．

5. 文法化と [t]/[d] 削除

　語末舌頂音の脱落と隣接性の関係は，すでに第2節で取り上げているが，ここではこの隣接性に加えて，文法化（grammaticalization）に注目したい．文法化の概念の1つに使用頻度の効果（frequency effects）がある．Hopper and Traugott (2003: 127-128) および Brinton and Traugott (2005: 27-28) によれば，文法化における使用頻度の効果とは，使用頻度が高いほど音韻分節の喪失（loss of phonological segments）あるいは合体（coalescence）による変化が生じることをいう．[3] 具体的な例をあげれば次のような変化である．

(11)　a.　want to > wanta > wanna
　　　b.　is/am/are going to > 's/'m/'re going to > gonna
　　　c.　have/has got to > 've/'s got to > gotta

（秋元・保坂 (2005: 10-11)）

　例えば，(11a) についていえば，want to が wanna になるのは，形態的／音韻的融合（morphological/phonological fusion）の結果であり，同時に，すでに第2節でも述べたように，want と to の隣接性によるものである．
　以上で述べた文法化と隣接性の概念を用いて語末舌頂音削除を説明すると以下のようになる．

(12)　[t, d] → ø/(..._)PW
　　　a.　単一形態素からなる語：
　　　　　[cold] → (cold) PW
　　　b.　使用頻度の高い屈折接尾辞をもつ語：
　　　　　[[[call] ø]ed] → [[call]ed] → ((call)ed) PW
　　　c.　使用頻度の低い屈折接尾辞をもつ語：
　　　　　[[[sway]ø]ed] → (sway) PW (ed)

[t, d] → ø/(..._) PW は，語末舌頂音の [t, d] が音韻語の語末にある場合に脱落することを意味している．すでに，(3) に示したように，この語末音は c-position にみられる．規則動詞過去形の屈折語尾 -ed はクラスII 接尾辞である．この接尾辞は，(3) および (4) から明らかなように，d-position に生起

---

[3]「使用頻度が高いほど短縮が生じる」という事実については，すでに Zipf (1932) が，簡単ではあるが，次のように述べている．
　"In many languages, more frequent words are generally shorter."

第6章　隣接性と文法化に基づく形態音韻論的構造の変化　　75

する．つまり，(12b) の [called] の [ed] も (12c) の [swayed] の [ed] も規則動詞過去形を派生する屈折接尾辞であるから，ともに d-position に属し，隣接性の観点からみれば [d] の脱落率は同じであるはずである．ところが，[called] の [ed] は，その高い使用頻度効果という文法化による「形態的／音韻的融合」によって，音韻語のなかに取り込まれ，その結果 d-position から c-position に再分析される．いっぽう，[swayed] の場合は，使用頻度が低いため，形態的／音韻的融合はみられず，[ed] は音韻語 [sway] の中には取り込まれない．つまり，[swayed] の [ed] は d-position に留まるので，[t, d] → ∅/(...＿) PW の規則は適用されず，その語末舌頂音 [d] の脱落率は，同じ語末舌頂音である [called] の [d] の脱落率ほど高くはないということになる．また，上に述べたように，隣接性により一見脱落率は同じようにみえるが，[called] の [ed] は [swayed] の [ed] よりも隣接性の度合いも強くなり，[t, d] → ∅/(...＿) PW の規則が適用される．したがって，[called] の脱落率は (12a) の単一形態素 [cold] の脱落率に近くなる．

6. おわりに

　語末舌頂音である [t, d] の消失が生ずるメカニズムは，これまで隣接性の度合い（第 2 節），この音が音韻語内に包含されているかという観点（第 3 節），これに加えて使用頻度における脱落率（第 4 節）から説明されている．ただ，これだけでは同じ規則動詞過去形の派生接尾辞 [ed] でありながら，その語末舌頂音 [t, d] の脱落率の違いが十分に説明されない．そこで，本章ではこれまでの隣接性に加えて文法化の概念の 1 つである使用頻度効果に着目して，同じ d-position に生起する [t, d] であっても「高い使用頻度により形態的／音韻的融合・縮約が生じることで，語末舌頂音 [t, d] の脱落率に違いが生じ，これによって語末舌頂音 [t, d] が d-position から c-position に移行する」ことを明らかにした．

　もちろん，この脱落現象は，脱落する舌頂音に先行または後続する音韻環境[4] に影響されることを考慮する必要があるが，これについては今後さらなる

---

[4] Kraska-Szlenik and Zygis (2012: 328) では，後続する音韻的要素や条件としていくつかの例が挙げられている．例えば，休止や子音が後続する場合のほうが，母音が後続する場合よりも脱落しやすい（例: west#, west side > west end），など．また，Kiesling (2011:140) は，この脱落が，先行する子音の音韻素性との関係で，OCP 原則が機能しているとも述べている．つまり，ある音韻領域内に同じ音韻的性質をもつものが隣接して現れることを阻止する原理が働くことにより音脱落が生じる．west を例にとれば，[s] と [t] はともに [+coronal] という

調査・分析が必要であることは言うまでもない.

参考文献

秋元実治・保坂道雄（編）（2005）『文法化——新たな展開——』英潮社，東京．
Brinton, Laurel J. and Elizabeth Closs Traugott (2005) *Lexicalization and Language Change*, Cambridge University Press, Cambridge.
Bybee, Joan L. (2000) "The Phonology of the Lexicon: Evidence from Lexical Diffusion," *Usage Based Models of Language*, ed. by Michael Barlow and Suzane Kemmer, 65-85, CSLI Publications, Stanford.
日比谷潤子（1994）「アメリカの社会言語学——北米のヴァリエーション研究——」『日本語学』9月号，25-30．
Hopper, Paul J. and Elizabeth Closs Traugott (2003) *Grammaticalization*, Cambridge University Press, Cambridge.
Kean, Mary-Louise (1978) "The Linguistic Interpretation of Aphasic Syndromes," *Explorations in Biology of Language*, ed. by Edward Walker, 67-138, Bradford Books, Vermont.
Kraska-Szlenik, Iwona and Marzena Zygis (2012) "Phonetic and Lerxical Gradience in Polish Prefixed Words," *Cognitive Linguistics* 23(2), 317-366.
Kiesling, Scott (2011) *Linguistic Variation and Change*, Edinburgh University Press, Edinburgh.
西原哲雄（2011）「アメリカ英語における [t]/[d] 削除の最大労力と OCP 原則による分析」*JELS* 28, 124-128．
Nishihara, Tetsuo and Jeroen van de Weijer (2012) "On the Role of Adjacency in Morphological Stress Shift," *JELS* 29, 293-296.
佐藤寧（1990）「音韻論における隣接性について」『明治學院論叢』（明治学院大学文学会）453号，85-99．
Szpyra, Jolanta (1989) *The Phonology-Morphology Interface: Cycles, Levels and Words*, Routledge, London and New York.
寺澤芳雄（編）（2002）『英語学要語辞典』研究社，東京．
Zipf, G. K. (1932) *Selected Studies of the Principle of Relative Frequency in Language*, Harvard University Press, Cambridge, MA.

音韻素性を有しており，しかも隣接して現れているため，[t] が脱落する．

第 7 章

現代英語の派生接頭辞 en- は本当に RHR の反例か？*

長野　明子
東北大学

1. はじめに

　語には形態的に単純な語（simple words）と複雑な語（complex words）がある．生成文法では複雑語は内部構造をもつと考えるが，その際に働く 2 つの原理が「二股枝分かれ構造の制約」（Binary Branching Condition）と「右側主要部の規則」（Righthand Head Rule；以下 RHR）である（伊藤・杉岡 (2002: 2-5)）．二股枝分かれは句構造にも働く原理であるのに対し，右側主要部性は語に特有の規則である．英語の派生形態論における RHR の有効性は広く認められているものの，文献では，ほぼ必ず，接頭辞 en-, be-, out-, un-, de-, dis- のいずれかが例外として付記される．なかでも，RHR を提案した Williams (1981) 自身が例外としている en- は，この話をする時の定石となっている．例えば，近年出版された形態論の概説書でも，envision や encage の en- は品詞を変える接頭辞だと書かれている．しかし，これは本当だろうか？ 同じ反例が書かれ続けていることについて，我々は少し疑問をもってもいい．
　本章では，接頭辞 en-（や be, out, un-, de-, dis-）は RHR の例外とはいえないことを論じる．まず 2 節で Williams (1981) の考える語の主要部とはどのようなものかについて確認する．それによれば，RHR の真の例外とは，品詞素性をもたない派生接尾辞と品詞素性をもつ派生接頭辞である．3 節で英語にそのよう接辞があるかどうかを考える．最後に 4 節で en- に焦点をあて，これがなぜ V という品詞素性をもつとはいえないのかを論じる．

---

　* 本章は JSPS 科研費 16K02754 の助成を受けたものである．長野（2010）に対してコメントを下さった児馬修先生，レキシコン研究会の皆様，第 27 回近代英語協会の聴衆の方々に感謝する．本章執筆にあたり，Isono, Wakamatsu and Naya (2017) に刺激を受けた．本章の責任は筆者一人のものである．

2. Williams (1981) 再読

本節では，RHR を提案した Williams (1981) に戻り，概念的にどのような形態素が RHR の真の例外となるのかを確認する．

Williams の考えでは，語構造に主要部と非主要部の区別をみとめる必要があるのは，語内部の単位である affix, stem, root といった各種形態素の特徴がその語全体の統語的振る舞いに影響することがあるからである．[1] 例えば，接尾辞 -ly で終わる副詞は，-ly をもたない副詞と異なる独自の統語的布置をとる (Williams (ibid.: 252))．語が統語的に atom であるとすると，すなわち，語の内部は統語論には見えないとすると，そのようなことはないはずである．

これについて，語彙論 (lexicalism) の立場をとる Williams は，語のなかの主要部位置では，そこにくる要素の素性が語全体に継承 (inherit) されうる，と考えたのである．そして，そのように考えた場合，統語的に relevant な素性を有する形態素は総じて複雑語の右側位置に現れるという一般化が成り立つことを発見した．1981 年の論文では，主要部を介して形態素から語全体に継承される素性として，(i) 品詞，(ii) 時制と格，(iii) 独自のカテゴリーを作る [+ly] のような素性，そして，(iv) [+latinate] のような語彙クラス指定が挙げられている．[2]

語の統語特性に relevant な素性の代表は品詞である．以下に図示するように，*construct* という同一動詞を基体とする接尾辞語 *construction* と接頭辞語 *reconstruct* の品詞の違いを説明するためには，それぞれの主要部が異なる品詞素性をもつと考えればよい．

---

[1] Williams は stem, root という用語を Selkirk (1982) の意味で用いている．Root とは +接辞が付加する形態素，stem とは #接辞が付加する形態素をいう．

[2] [+latinate] とは英語の語種素性である．Aronoff (1976: 51) が論じるように，英語の語彙は形態論的観点からみて native (本来語) と latinate (ギリシャ・ラテン系の語) という語種の区別をせねばならない．Williams (1981: 253-257) の事例も形態現象に関わるもので，*duct, script* のような root がもつ [+latinate] 素性が，この種の root を右側にもつ語の派生を左右することが示されている (*conduction, *breaktion*)．Bauer et al. (2013: 33) が論じる *-able* 形容詞と *-ity* 規則の関係についても同じ説明が可能である．このように，[+latinate] の素性は複雑語の形態論にとって relevant なのだが，それでは統語にとって無関係かというとそうとも言いきれない．例えば，名詞・形容詞由来の派生動詞には -ize, -ify, -ate という接尾辞で終わるものと転換によるものとがあるが，様態動詞 (manner verbs) としての用法は転換形では自由であるのに対し接尾辞形ではいくつかの -ize 動詞に限られる．この対比は，-ize, -ify, -ate がいずれも [+latinate] 接尾辞であり，派生動詞全体も [+latinate] 動詞になることと関係があると考えられるのである (長野 (2015))．

(1)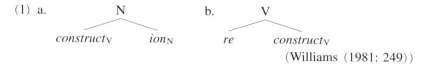

(Williams (1981: 249))

終端にあるのが接辞とその基体であり,下付きの V や N は,それぞれの形態素がもつ品詞素性を表している.まず,(1b) において,*reconstruct* が *construct* と同じく動詞であることから,語の右側要素が主要部になると示唆される.続いて (1a) を見てみると,確かに左側にある時には *construct* の品詞は全体に継承されていない.とすると *construction* の名詞素性は *-ion* から来ているはずで,この接尾辞が名詞素性をもつと考えれば,(1b) と同じように,「派生語の右側要素が主要部であり,主要部の品詞素性が全体に継承される」と一般化できるのである.RHR は,このように,接頭辞付加と接尾辞付加における基体品詞の継承の非対称性を基に気付かれたものであり,言語習得中の子供も,*construction* と *reconstruct* のようなペアを比較することで RHR を学ぶことができるのである.

Williams (1981) 以降,語の主要部については様々な議論がなされた.第 1 に,屈折素性の継承については「語の右端から継承される」とする絶対的規定では不十分であり,素性ごとに相対化し「連結の右側から継承される」とせねばならない (Di Sciullo and Williams (1987: 25-28)).例えば日本語の用言複合体などを考えてみてもわかるように,屈折接尾辞が連続して並んでいる語では,一番右側の屈折接尾辞だけがその語全体の統語特性を決めているわけではない.この問題は,Williams が派生形態論と屈折形態論を共に語彙部門で扱う「強い語彙論」(strong lexicalism) をとることと関係がある.同じ語彙論者の立場でも,2 種類の形態論を区別し,派生形態論のみを語彙部門で扱う「弱い語彙論」(weak lexicalism) の立場に立てば,語彙部門の原理である RHR のターゲットは派生形態論と語彙的な複合にこそあることになる.[3]

第 2 に,Williams (1981) を再読すると,意味的主要部ということは言われていないとわかる.RHR のいう主要部の役割は,語の統語的類の決定である.したがって,英語の *singer-songwriter*, *poet-translator*, 日本語の「親子」「貸し借り」のような複合語について,左側要素と右側要素のどちらも意味的に主

---

[3] ここでは複合にのみ「語彙的な」という限定をつけたが,伝統的に派生形態論に分類される接辞のなかにも,屈折接辞に近い特性をもつものがある.例えば島村 (1990: 124-128) は生産性が高く投射原理に従う接尾辞 -ing, -er, -ness については屈折接尾辞と同じ部門で扱うという提案をしている.Sugioka and Lehr (1983) も参照.

とはいえないという理由で RHR の例外である，とする文献もあるが，正確に言えば，それは本来の RHR にとっては反例ではない．[4]

　派生語や複合語の内部構造と意味合成の関係が論じられるようになったのは，Di Sciullo and Williams (1987) の相対化主要部 (relativized head) の考え方になってからである．[5] 複雑語を形成する形態素は，主要部であれ非主要部であれ，統語的に relevant な意味特性——Di Sciullo and Williams では意味役割指定のある項構造だが，今日風にいえば LCS（伊藤・杉岡 (2002: 2 章)）や semantic feature and skeleton (Lieber (2004))——をもちうる．相対化主要部の考え方なら，その情報が主要部と非主要部の両方から語のレベルへ継承され合体される，と考えることができるようになる．同書第 2 章では，θ-role satisfaction と function composition という 2 つの意味合成法が提案されている．θ-role satisfaction とは，非主要部が主要部の外項以外の項を satisfy する方法である．この場合，語の意味（項構造）は内部完結する．一方，function composition では，主要部が functor として非主要部をその補部としてとることによって，より複雑な述語が形成される．

　Di Sciullo and Williams (ibid.: Ch. 2) によると，複合語，例えば *destruction story* の意味合成には θ-role satisfaction が使われるのに対し，接尾辞付加語，例えば *completeness* や日本語の「たべさせ」使役形には function composition が使われる．つまり，形態と意味合成法の対応が認められるのだが，この対応に限られるわけではないとも述べ，θ-role satisfaction を使う派生も

---

　[4] 品詞を考えてみれば，上記 4 つの複合語の右側要素 *songwriter, translator*,「子」,「借り」はいずれも名詞であり，かつ，複合語全体も RHR から予測される通り名詞である．また，英語例については，下のように，複数形態素は右側にのみ生起する．
　(i) There are many {poet-translators, *poets-translator, *poets-translators} in this country. (Plag (2003: 147))
　(ii) builder-teacher-lawyers (Bauer et al. (2013: 56))
Poet-translators という語全体が複数名詞としてふるまうのは，この語の右側が主要部であり，*translators* のもつ文法素性が全体へと継承されるからである．サンスクリット分類で Bahuvrihi 型といわれる *redneck* や *pickpocket* などの例も同様である．語彙的意味のレベルではそれぞれ首やポケットの一種とはいえないが，品詞の点では RHR からの予測通り，前者は形容詞ではなく名詞として，後者は動詞ではなく名詞として，統語論で使われるのである．(i), (ii) についての注意点として，Booij (2007: 291) にはスペイン語から *poeta-pintor* 'poet-painter' ～ *poetas-pintores* 'poet-painters' という例が挙げられている．言語ごとに考える必要があるだろう．
　なお，*doctor-patient dialogue* の修飾部表現については，そもそも語彙部門での複合ではないという可能性が高い (Nagano (2013))．(i), (ii) 類とは異なり，ハイフンではなくエヌダッシュでつながれることもある (Bauer et al. (2013: 56))．
　[5] これと似た主要部の定義は既に Selkirk (1982: 20) でも提案されている．

ありうるし，function composition を使う複合もありうるとしている（pp. 39-40）．また，複合語でも，*sob story* のように，非主要部が主要部の項を satisfy するというより「何らかの別の方法で」restrict する場合もある．いずれの合成方法を使うにせよ，ここで重要なのは，意味的にも，主要部が語全体の項構造を決めていることである．「親子」タイプは脇に置くと，語の主要部と非主要部という区別によって，意味合成における主と従を決めることができるのである．[6]

3. 現代英語の派生形態論と RHR

前節では，RHR のコアな対象となるのは語彙部門の派生形態論と複合であることを確認した．強い語彙論にとっても弱い語彙論にとっても同じように問題となるのは，(1a, b) とは逆に，「派生接尾辞が品詞素性をもたないケース」と「派生接頭辞が品詞素性をもつケース」である．

前者の例としてはスペイン語やイタリア語の evaluative suffixes がある (Scalise (1984))．例えば，以下はスペイン語の指小接尾辞（diminutive suffix）による派生である．[7]

---

[6] この点，Lieber (2006) のように，形態素に品詞素性を認めず，意味素性があれば十分とする立場ではどのなるのか，今のところ筆者には不明である．Williams のように，形態素には品詞をもつものともたないものがあり，品詞をもつものが語構造の右側に現れるという考え方なら，まず語構造が決まって，それを基に意味合成を行うことができる．一方，Lieber のように形態素が意味素性のみで区別されるとするなら，何を基準にして複雑語の意味合成を行うのかわからない．派生語ならば接辞の選択制限として意味の合成法を指定しておけばいいのかもしれない．しかし複合語では語構造が必須である．例えば destruction story の解釈において，なぜ story が意味合成における主になるのか，Lieber の理論では説明できないように思われる．

同じ疑問が，Plag (2004) の提案に対しても感じられる．Plag は，ある接尾辞がどのような基体と結合するかを述べるのに品詞情報は不要であるという．派生語の LCS を指定しておけば，基体として可能な語の品詞も，派生語自体の品詞も，そこから推論できるからだという．品詞と意味の対応に関する基本的問題（Baker (2003: 290-298)）に加え，筆者の疑問は，それではなぜそのような LCS をもつ形態素が連結上基体に対して右側に来るのかという点である．

[7] (2a) は男性形 (m.)，(2b) は女性形 (fm.) である．以下のように，それぞれ女性形と男性形もある．『西和中辞典第 2 版』（小学館）を参照した．
 (i) a.　形容詞　poco (m.)・poca (fm.) ＞ 形容詞　poquito (m.)・poquita (fm.)
  b.　名詞　　chico (m.)・chica (fm.) ＞ 名詞　　chiquito (m.)・chiquita (fm.)
  c.　副詞　　ahora　　　　　　　 ＞ 副詞　　ahorita
スペイン語の evaluative suffixation については Lang (1990: Ch. 4) が具体的でわかりやす

(2) a. Adjective:　poco　　　poquita
　　　　　　　　　'little'
　　b. Noun:　　　chica　　　chiquita
　　　　　　　　　'girl'
　　c. Adverb:　　ahora　　　ahorita
　　　　　　　　　'now'

(Di Sciullo and Williams (1987: 26))

ここでは，接尾辞 -ita が付いても基体の品詞の違いは維持されている．基体と派生語は下のような複数品詞平行移動の関係にあるので，接尾辞に特定の品詞素性を与えることができない．よって RHR の反例である．

(3) 　品詞 X　⟶　品詞 X
　　　品詞 Y　⟶　品詞 Y

英語の派生接尾辞には，(2) のような形で基体の品詞を維持するものはおそらく例がないだろう．Lieber (2005: 384-386) の一覧表で確認できるように，英語の「品詞を変えない接尾辞」が示すパターンは，(4a) か (4b) である．

(4) a.　品詞 X　⟶　品詞 X
　　b.　品詞 X　⟶　品詞 Y
　　　　　　Y

(4a) の例として，指小接尾辞 -let や名詞化接尾辞 -dom があり，これらは名詞に付いて名詞を派生する（例：*booklet*, *piglet*；*dukedom*, *gangsterdom*）．(4b) の例としては，指小接尾辞 -ie/y（例：*doggie*, *goodie*）や形容詞化接尾辞 -ish（例：*baldish*, *boyish*）などがある．「品詞を変えない接尾辞」とはいえ，これらは RHR にとって問題にならない．(4a) 型の接尾辞は品詞 X の素性をもち，(4b) 型の接尾辞は品詞 Y の素性をもつと考えればいいからである．

　それでは，一方，英語に品詞素性をもつ接頭辞はあるだろうか．英語の派生接頭辞の大多数は，基体と派生語の品詞に関して，(3) と同じような複数品詞の平行維持を許す．Lieber (2005: 390-403) に多くの具体例があるが，次の太字の接頭辞は主要 3 品詞間で平行移動を許すとされている．

い．記述も詳細である．同書によると，数や人称の屈折接尾辞は evaluative suffixes の後ろにくる (p. 96).

第 7 章　現代英語の派生接頭辞 en- は本当に RHR の反例か？　　　　83

(5)　　　　A > A　　　　　　N > N　　　　　　V > V
　　a.　**un**happy　　　　　**un**cola　　　　　　**un**cork
　　b.　**over**proud　　　　**over**coat　　　　　**over**eat
　　c.　**under**ripe　　　　**under**arm　　　　　**under**cut
　　d.　**off**white　　　　　**off**print　　　　　**off**load
　　e.　**inter**dependent　**inter**face　　　　　**inter**marry
　　f.　**super**sensual　　**super**structure　　**super**saturate

また，なぜか Lieber では割愛されているが，Williams (1981: 248) によれば，接頭辞 counter- も以下のように 3 品詞を入力として品詞の違いを保持できる．

(6)　a.　counter + revolution$_N$ is a N
　　 b.　counter + sink$_V$ is a V
　　 c.　counter + productive$_A$ is a A

(5) (6) のパターンは，(2) で見たスペイン語の指小接尾辞が示す品詞パターンと同じである．よって，(3) 類接尾辞に品詞素性を与えられないのと同じ理由で，英語の大部分の接頭辞にも特定品詞の素性を与えることはできない．

しかしながら，英語の派生接頭辞のなかにも，一見すると V という品詞素性をもつように見えるものがある．Lieber (2005: 402-403) が "verbal prefixes" とよぶ次のような接頭辞である．[8]

(7)　a.　**en-**:　　[en-[cage]$_N$]$_V$,　[en-[noble]$_A$]$_V$
　　 b.　**be-**:　　[be-[fool]$_N$]$_V$,　[be-[little]$_A$]$_V$
　　 c.　**out-**:　[out-[jockey]$_N$]$_V$,　[out-[smart]$_A$]$_V$
　　 d.　**de-**:　　[de-[louse]$_N$]$_V$,　[de-[plane]$_N$]$_V$
　　 e.　**dis-**:　[dis-[bar]$_N$]$_V$,　[dis-[illusion]$_N$]$_V$
　　 f.　**un-**:　　[un-[bottle]$_N$]$_V$,　[un-[saddle]$_N$]$_V$

（長野 (2010)）

これらの接頭辞は，括弧付け (bracketing) で示したように，名詞または形容詞に付加して動詞を作ると一般には考えられている．Lieber も en-, be-, de- についてそのような記述をしているし，Namiki (1982: 27-28) や Bauer and Huddleston (2002: 1667-1668, 1679, 1690, 1713-1715) や Bauer (2003:

---

[8] 接頭辞 un- は (5a) にも (7f) にもある．なぜかというと，Lieber の考えでは，un- は時に品詞を変えず ((5a))，時に品詞を変える ((7f)) 接頭辞だからである．一方，筆者の考え（長野 (2010)）では，un- は一貫して品詞を変えない接頭辞である．

182) でも，(7a-f) の語について接頭辞による動詞化という分析がとられている．

もし動詞化分析が正しいならば，(7) の接頭辞は V という品詞素性をもち主要部として働いていることになるので，RHR の違反である．実際，1 節で触れたように，(7) のなかでも接頭辞 en- は，Williams (1981) 自身が RHR の反例として挙げており，その後，繰り返し「RHR の反例」として引かれるようになった．筆者は，長野 (2010)，Nagano (2011) において，(7) の接頭辞は RHR の違反ではないことを共時面と通時面の両方から詳細に論じた．代表例になっている en- について，以下でその概要を見てみよう．

4. 接頭辞 en- は RHR の例外ではない

4.1. en- は動詞にも付加する

実は，en- 派生動詞には，Williams が注目する (7a) のような例だけでなく，en- が動詞に付いている例も多数存在する．以下の (8a) と (8b, c) を比較してほしい．

(8) a.　タイプ 1
　　　　envision　（〜を心に描く）
　　　　encase　　（〜を箱入れする）
　　　　enrage　　（〜を怒らせる）
　　　　ennoble　（〜を高貴にする）
　　b.　タイプ 2
　　　　enkindle　（〜を燃えたたせる）
　　　　entwist　　（〜をねじこむ，より合わせる）
　　　　enwrap　　（〜をすっかり包む・くるむ）
　　c.　タイプ 3
　　　　enliven　　（〜を活気づける）
　　　　enlighten　（〜を啓発する）

(8a) に挙げたのが，en- の基体が名詞もしくは形容詞であるように見える例である．(7a) の例はここに含まれる．名詞・形容詞由来派生動詞 (denominal / deadjectival verbs) の意味分類（伊藤・杉岡 (2002: 52-59)）でいえば，Location, Locatum, Goal の意味のいずれかに対応する．一方，(8b, c) に挙げたのは，en- がもともと動詞であるような基体に付加している例である．ここには，(8b) のように基体が単純な動詞であるものだけでなく，(8c) のよう

に動詞化接尾辞による派生動詞に en- が付加したものもある．[9] 後者で使われる接尾辞は多くの場合 -en だが，-ify, -ize, -ate のこともある．[10] 以下，(8a) 類を「タイプ 1」，(8b) 類を「タイプ 2」，(8c) 類を「タイプ 3」とよぼう．

en- が動詞に付加したタイプ 2 とタイプ 3 が決して特殊なものでないことは，OED online の en-, prefix[1] の項と em- の項で確認できる．OED online における派生語の例の挙げ方は語形成研究にとって都合がいい．なぜなら，新語 (nonce words) と慣用化した語 (institutionalized words) の区別 (Bauer et al. (2013: 30)) がなされていることが多いからである．当該の接辞で作られた語のうち，英語話者の多くに共有される「慣用 (institutionalization)」のレベルまで進み，英語の語彙素 (lexeme) として確立した語は独立した見出し語として与えられている．他方，語形成はされたものの，慣用化されることなくおわった語については，当該接辞の項のなかにリストされている．そのような新語は，辞書学者 (lexicographers) にとっては格闘のしがいのないリストかもしれないが，語形成研究にとっては語彙化の影響の少ない優等生である．今問題にしている en- の項を見てみると，リストされている新語の構成は下記表 1 のようになっている．なお，en- は b, p, 時に m の前で em- という形になるので，表には em- の項の情報も含める．【1】，【2】，【3】とは，(8) のタイプとの対応である．

表 1. OED online の en-/em- 新語の構成

派生の分析	派生の意味・機能	新語の数
【1】en + N > V	a.「〜を N に入れる」	45/13 = 58
	b.「〜に N を入れる」	38/3 = 41
【1】en + N/A > V	c.「〜を N/A 状態にする」	62/7 = 69
【2】en + V > V	d.「強調」，「in の意味を追加」，	52/6 = 58
【3】en + N/A + verbal suffix > V	「韻文での音節数増加」	13/0 = 13

「派生の分析」欄には OED による派生の分析を書いた．面白いことに，ここでも (7) と同じ動詞化分析が採用されていて，タイプ 1 は名詞または形容詞

---

[9] 後者のタイプについては Hammond (1993) も RHR との関連で議論している．
[10] 下で見る表 1 のタイプ 3 の新語 13 個を具体的に挙げると次のようになる．
  (i) a. **en+X+en**:   encolden, enfasten, engladden, enlengthen, enlessen, enmilden, enquicken, enweaken, enwiden, enwisen
     b. **en+X+ize**: enfertilize
     c. **en+X+ify**: endamnify
     d. **en+X+ate**: engerminate

から動詞が派生されると記述されている．そのタイプの新語を合計すると，58＋41＋69＝168個になる．一方，タイプ2とタイプ3ではen-が動詞に付加しており，その新語の数は13＋58＝71個である．つまり，envisionのような例とenkindleのような例はほぼ2：1の割合で生成されてきたとわかるのである．

そして，数以上に重要なのは，タイプ1であれ，タイプ2あれ，タイプ3であれ，アウトプットの派生語のレベルでは，状態変化動詞・位置変化動詞という「結果」に焦点を置いた変化動詞である点で違いがないという事実である．表1の「派生の意味・機能」の欄には(a)-(d)の区別があるが，これは基体に対してen-が行うとOEDが考える機能である．[11] (8a-c)の例を通してみればわかるように，en-動詞全体は「変化結果に強調のある変化動詞」ということでまとめられるのである．

ここで，Williamsらが論じるようにen-がRHRの例外であると仮定してみよう．すると，この接頭辞は，タイプ1においてのみならず，タイプ2やタイプ3においても主要部として機能すると考えねばならない．なぜなら，もし「動詞が右側にくるenkindleやenlivenではen-は主要部ではない」とするのならば，それは，en-が大多数の接頭辞と同じ特性をもつといっているに等しいからである．図で示せば，en-がRHRの真の例外であるのならば，en-動詞は(9a, b)ではなく(10a, b)のような内部構造をもつはずである．

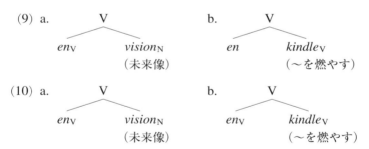

(9)と(10)の違いは(b)のen-の素性にある．(10)ではenkindleのen-も，envisionのen-と同様，Vという品詞をもつのに対し，(9)ではenkindleの

---

[11] 2節の用語でいえば，(a)-(c)はen-をfunctorとするfunction compositionである．一方，(d)は基体動詞の意味の一部を修飾する操作であり，Di Sciullo and Williams (1987: Ch. 2)では名前は与えられていない．彼らが*sob story*のような例について想定する意味合成操作 (p. 30) に似ているのではないかと思われる．Di Sciullo (1997)がこの点について議論を深めている．

第7章　現代英語の派生接頭辞 en- は本当に RHR の反例か？　　87

en- は，大多数の接頭辞と同様，品詞をもたない．品詞をもたず，よって主要部にならないというのは Williams の考える接頭辞の特徴そのものであるので（2節参照），en- を RHR の例外とするには (10) の分析をとらねばならないのである．

　しかしながら，(10) の分析は上で指摘した en- 動詞の事実と矛盾する．タイプ2の envision を左側主要部として分析するということは，en- が変化動詞の項構造（もしくは LCS や skeleton）をもち，そのなかに名詞 vision が取り込まれるということである．2節で見た function composition である．しかし，en- を functor とするそのような分析は，enkindle とは両立しえない．enkindle も envision と同様に変化動詞であるが，この場合は基体の kindle 自体が変化動詞であるので，付加する en- は変化結果や変化の過程を強調する働きをするだけだからである．明らかに，enkindle では，en- が基体をその項構造のなかに埋め込むのではなく，基体動詞が変化動詞の項構造を提供し，en- はその一部を修飾しているのである．2節で見た語構造と意味合成の対応を踏まえると，この意味的事実と整合的なのは，(10b) ではなく (9b) の構造である．とすれば，仮に envision に (9a = 10a) の分析をとったとしても，enkindle には (9b) の分析をとらねばならないのであるから，結論として，en- は RHR の例外とはいえなくなるのである．

4.2. envision の基体は名詞ではない

　接頭辞 en- を RHR の反例と考える人は次のようにいうかもしれない．確かに enkindle は RHR の反例ではないが，少なくとも envision は反例といえるではないか，と．しかし，envision でさえ，実は RHR の違反であるか疑わしい．動詞由来例のなかには，タイプ3の enliven のように，en + N/A + 動詞化接尾辞という形態をもつ例があることを思い出そう．これが強く示唆するのは，タイプ2の envision の en- の基体も，転換（conversion）によって動詞化されているという可能性である．図示すれば，下の (11a, b) のような分析も可能ということである．(9), (10) の分析と比較してほしい．

(11) a.　　　　V　　　　　　　　b.　　　　V

　　　　en　　vision$_V$　　　　　　en　　kindle$_V$
　　　　　（〜を心に描く）　　　　　　（〜を燃やす）

(11) の分析の主張は次の通りである．第1に，en- はタイプ1・2・3を通して主要部ではない．つまり，この接頭辞が V という品詞素性をもつことはな

い．第2に，タイプによらず，派生語の意味合成法は同一である．主要部である右側の動詞が変化動詞の項構造を提供し，それを接頭辞 en- が何らかの形で限定する．具体的には，変化結果の部分を強調するような働きをする．ゆえに，to vision と to envision, to kindle と to enkindle をそれぞれ比べると，ペアの間に同質・同程度の意味の違いが認められるのである．

語彙部門の基本原理として RHR を想定する場合，(11) の分析のほうが (9) や (10) の分析より優れていることは明らかである．しかし，(11a) の転換分析は単に概念的に支持されるものではない．経験的にも (9a＝10a) の動詞化分析より妥当であるという証拠がある．第1に，タイプ1に対して OED が想定している表1 (a)-(c) の意味機能は，Clark and Clark (1979) が転換動詞に対して想定する意味機能のうち，(a) Location:「〜を N に移動する」，(b) Locatum:「〜に N を移動する・与える」，(c) Goal:「〜を N・A の状態に変える」の3つそのものである．彼らは次のような例を多数挙げている．[12]

(12)　a.　**Location**: Kenneth kenneled the dog.
　　　　　ground the planes, lodge the guests, tree the possum
　　　b.　**Locatum**: Jane blanketed the bed.
　　　　　litter the highway, pepper the food, frame the picture
　　　c.　**Goal**: Edward powdered the aspirin.
　　　　　orphan the children, pod the seals, coil the rope
　　　　　　　　　　　　　　　　　　(Clark and Clark (1979: 768-781))

(12a-c) のような動詞の存在を考えれば，タイプ1について左側主要部分析をとる必要はないとわかる．OED 表1 は (a)-(c) を en- の意味機能として挙げているのだが，実は (12a-c) のような動詞の機能である．en- の意味機能としては，表1でいえば (d) だけでよく，en- は一貫して結果とりたての接頭辞である．

転換動詞が en- の基体になっているならば，Clark and Clark (ibid.) の挙げる Instrument verbs (e.g. *John bicycled into town.*) や Agent verbs (e.g.

---

[12] Clark and Clark (1979) は名詞由来の転換動詞に注目しているが，以下のように，形容詞由来の転換動詞もある（長野 (2015) より）．
　(i)　本来語系形容詞＞動詞
　　　to bitter, to busy, to clean, to dry, to empty, to green, to idle, to narrow, to slow
　(ii)　ロマンス語系形容詞＞動詞
　　　to callous, to double, to fine, to gay, to humble, to pale, to parallel, to secure

第 7 章　現代英語の派生接頭辞 en- は本当に RHR の反例か？

John butchered the cow.）に対応する例が表 1 にないのはなぜか，と思われるかもしれないが，それは上述の en- の意味機能との整合性から説明できる．この接頭辞は基体動詞が表す結果状態を取り立てるような働きをするので，Instrument verbs や Agent verbs のような行為動詞 (action verbs) には付加しないのである．[13]

転換分析を支持する 2 つ目の証拠として，ほとんどの場合，想定される転換動詞は実在の語 (actual words) として存在しており，さらには，OED による初出年代は en- 動詞の初出年代に先行している．例えば，(11a) の場合，to vision は実在の語であり，かつ，envision より通時的に先に生成されていることが確認できる．(8a) の例と他のいくつかのタイプ 1 の事例について，以下にデータを挙げる（長野 (2010) を基に作成）．

表 2.　タイプ 1 の en- 動詞と基体転換動詞の通時的先行関係

タイプ1の例	初出年	基体転換動詞	初出年
envision	1921	To vision	1594
encase	1633	To case	1525
enrage	1500	To rage	c1250
ennoble	1502	To noble	1380
endear	a1586	To dear	1424
encage	1586	To cage	1577
encap	1847	To cap	1482
encup	1881	To cup	1482
enearnest	1603	To earnest	1602
enfree	1599	To free	1000
enleaf	1789	To leaf	1611
enlist	1665	To list	1622
enshelter	1611	To shelter	1590
ensoap	1598	To soap	1585
enspangle	1648	To spangle	1548
entame	1600	To tame	1315

---

[13] よって，(7a-f) の接頭辞でも，en- とは異なる意味特性をもつ接頭辞は Instrument and Agent verbs に付加できる．例えば，be- や out- がそうである (Nagano (2011: 76) より)：
  (i) a. **be-＋Instrument V**:   benet, beglue, betongue
      b. **be-＋Agent V**:   bedevil, befriend
 (ii) a. **out-＋Instrument V**: outgun, outtrap, outtongue
      b. **out-＋Agent V**:   outdevil, outfriend, outfool
接頭辞の意味的違いの詳細については Nagano (2011: Sec. 5.1) に譲る．

稀に enearnest と to earnest のように初出年に開きのないペアもあるが, (11a) の分析で想定される転換動詞は en- 動詞より先に作られていると見てよいだろう.

以上の議論は, (7a-f) の接頭辞のいずれについても当てはまる. これらは, いずれも, 名詞や形容詞に付加するとされるタイプ1用法のみならず, 動詞に付加するタイプ2用法ももっている. そして, en- はロマンス系借入接頭辞であるのでわかりにくいが, be-, out-, un- という古英語由来のものについて Marchand (1969), De La Cruz (1975), Fraser (1985), Brinton (1988), Kastovsky (2002), Nevalainen (1999) などを調べてみると, タイプ1用法よりタイプ2用法のほうが歴史的に早く発達しているとわかるのである. 例えば, 長野 (2010) から下に引用する接頭辞 be- の発達概要を見てほしい. この接頭辞は上記文献で (13a-d) の4つの用法をもつとされるが, それぞれの用法が活発であった時期は右側かっこ内のように異なる.

(13) a. V-to-V locative: *bebugan* "flow around"　　　　　[OE-ME]
　　 b. V-to-V intensification: *beceorfan* "cut off / up"　　[OE-PE]
　　 c. V-to-V transitivization: *besprecan* "speak against / about"
　　　　　　　　　　　　　　　　　　　　　　　　　　　[OE-ModE]
　　 d. N/A-to-V transposition: *bebrave, benet*
　　　　　　　　　　[Sporadic in OE, productive from 16th and 17th cc.]

V-to-V locative の be- は主に OE (Old English) 期から ME (Middle English) 期に活発であったのに対し, V-to-V intensification の be- は PE (Present-day English) までかろうじて生産性を維持している. V-to-V transitivization の be- は OE から ModE (Modern English) にかけて活発であったようである. ポイントは, 今問題にしている「品詞を変える」be- の用法, すなわち, N/A-to-V transposition の用法が, これら V-to-V の用法より遅くに発達している点である. この用法は OE では稀であり, 生産的になったのは16世紀・17世紀からとされている.

つまり, (7b, c, f) の本来語系接頭辞については, タイプ2用法からタイプ1用法へという通時的発達順序が確認されるのである. このことは (9) や (10) のような動詞化分析では説明できないが, (11) の転換分析なら説明できる. なぜなら, Biese (1941) や米倉 (2015) が明らかにしているように, (12a-c) のような転換動詞の形成は中英語から近代英語にかけて少しずつ生産力を増していき, シェイクスピアの影響もあり, 近代英語期にはかなり活発に動詞を派生できるようになるからである. 我々のいうタイプ1動詞は, そのような転

換動詞を基体として接頭辞付加が行われた事例である.

5. 結論

　4節の議論をもとに，接頭辞 en- は RHR の反例とはいえないと結論する．この接頭辞を反例として挙げる文献は，envision のような例のみを見て，enkindle のように en- が動詞に付加する例の存在を考慮に入れていない．後者の例を調べてみると，en- の機能は「結果とりたて」という副詞的機能であることがわかる．その事実と，英語では近代英語以降転換動詞が活発に作られてきたことを合わせれば，envision は en- + to vision と分析すべきである．そして，RHR を語彙部門の原理として提案する Williams にとっても，そのような分析のほうが望ましいのは言うまでもない．[14]

　最後に，それでは英語には品詞素性をもつ接頭辞はないということになるだろうか？　本章で立ち入ることはできなかったが，筆者（Nagano（2016））の見つけた範囲では，英語にも1つだけ品詞をもつ派生接頭辞がある．前置詞 on と in に由来する接頭辞 a- は Pred という品詞素性（Baker（2003））をもつと考えられる．名詞・形容詞・動詞に付加して，一貫して叙述形容詞を作るからである．この考えが妥当であれば，英語の派生形態論における RHR の真の反例は en- ではなく a- であるということになろう．

参考文献

Aronoff, Mark (1976) *Word Formation in Generative Grammar*, MIT Press, Cambridge, MA.

Baker, Mark C. (2003) *Lexical Categories: Verbs, Nouns, and Adjectives*, Cambridge University Press, Cambridge.

Bauer, Laurie (2003) *Introducing Linguistic Morphology, 2nd ed.*, Georgetown University Press, Washington, D.C.

Bauer, Laurie and Rodney Huddleston (2002) "Lexical Word-formation," *The Cambridge Grammar of the English Language*, ed. by Rodney Huddleston and Geof-

---

[14] 転換分析でうまくいかない en- 動詞の例としては，インターネットセキュリティ関係でよく使われる encrypt（〜を暗号化する）がある．これの基体部分は cryptogram の crypt-，すなわち連結形であり，連結形を転換動詞にするのは難しい．OED にも to crypt という動詞はない．意味的に似ている to encipher や to encode との関係も考えねばならないだろう．なお，encrypt の名詞化形は encryptation もしくは encryption であり，その点でこの語は en + X + ment という名詞化のパターン（Williams（1981: 250））からも外れる．

frey K. Pullum, 1621-1721, Cambridge University Press, Cambridge.
Bauer, Laurie, Rochelle Lieber and Ingo Plag (2013) *The Oxford Reference Guide to English Morphology*, Oxford University Press, Oxford.
Biese, Y. M. (1941) *Origin and Development of Conversions in English*, Annales Academiae Scientiarum Fennicae, B XLV, Suomalainen Tiedeakatemia, Helsinki.
Booij, Geert (2007) *The Grammar of Words: An Introduction to Morphology*, 2nd ed., Oxford University Press, Oxford.
Brinton, Laurel J. (1988) *The Development of English Aspectual Systems: Aspectualizers and Post-verbal Particles*, Cambridge University Press, Cambridge.
Clark, Eve V. and Herbert H. Clark (1979) "When Nouns Surface as Verbs," *Language* 55, 767-811.
De La Cruz, Juan M. (1975) "Old English Pure Prefixes: Structure and Function," *Linguistics* 145, 47-81.
Di Sciullo, Anna-Maria (1997) "Prefixed-Verbs and Adjunct Identification," *Projections and Interface Conditions: Essays on Modularity*, ed. by Anna-Maria Di Sciullo, 52-73, Oxford University Press, New York.
Di Sciullo, Anna-Maria and Edwin Williams (1987) *On the Definition of Word*, MIT Press, Cambridge, MA.
Fraser, Thomas (1985) "Etymology and the Lexical Semantics of the Old English Preverb *be-*," *Historical Semantics・Historical Word-Formation*, ed. by Jacek Fisiak, 113-126, Mouton de Gruyter, Berlin.
Hammond, Michael (1993) "On the Absence of Category-Changing Prefixes in English," *Linguistic Inquiry* 24, 562-567.
Isono, Haruki, Hiroko Wakamatsu and Ryohei Naya (2017) "Resolving Prefixation into Compounding and Inflection," paper read at ELSJ 10th International Spring Forum.
伊藤たかね・杉岡洋子 (2002)『語の仕組みと語形成』研究社, 東京.
Kastovsky, Dieter (2002) "The Derivation of Ornative, Locative, Ablative, Privative and Reversative Verbs in English," *English Historical Syntax and Morphology*, ed. by Teresa Fanego, Maria José López-Couso and Javier Pérez-Guerra, 99-109, John Benjamins, Amsterdam.
Lang, M. F. (1990) *Spanish Word Formation: Productive Derivational Morphology in the Modern Lexis*, Routledge, London.
Lieber, Rochelle (2004) *Morphology and Lexical Semantics*, Cambridge University Press, Cambridge.
Lieber, Rochelle (2005) "English Word-Formation Processes: Observations, Issues, and Thoughts on Future Research," *Handbook of Word-Formation*, ed. by Pavol Štekauer and Rochelle Lieber, 375-427, Springer, Dordrecht.
Lieber, Rochelle (2006) "The Category of Roots and the Roots of Categories: What

We Learn from Selection in Derivation," *Morphology* 16, 247-272.
Marchand, Hans (1969) *The Categories and Types of Present-Day English Word-Formation: A Synchronic-Diachronic Approach*, 2nd ed., C. H. Beck'sche, Munich.
Namiki, Takayasu (1982) "The Notion of 'Head of a Word' and Core and Periphery Word Formation: Interaction between Affixation and Subcategorization," *Studies in English Linguistics* 10, 21-41.
長野明子 (2010)「派生接頭辞の範疇選択特性に関する考察」近代英語協会第 27 回年大会研究発表.
Nagano, Akiko (2011) "The Right-Headedness of Morphology and the Status and Development of Category-Determining Prefixes in English," *English Language and Linguistics* 15, 61-83.
Nagano, Akiko (2013) "Morphology of Direct Modification," *English Linguistics* 30, 111-150.
長野明子 (2015)「英語の語形成入門:レキシコンの二重構造に注目して」宮城教育大学附属小学校英語教育研究センター主催公開講演会, 宮城教育大学, 2015 年 12 月 17 日.
Nagano, Akiko (2016) "The Category and Historical Development of the Prefix a-," *JELS* 33, 86-92.
Nevalainen, Terttu (1999) "Early Modern English Lexis and Semantics," *The Cambridge History of the English Language*, Vol. 3, ed. by Roger Lass, 332-458, Cambridge University Press, Cambridge.
Plag, Ingo (2003) *Word-Formation in English*, Cambridge University Press, Cambridge.
Plag, Ingo (2004) "Syntactic Category Information and the Semantics of Derivational Morphological Rules," *Folia Linguistica* 38, 193-225.
Scalise, Sergio (1984) *Generative Morphology*, Foris, Dordrecht.
Selkirk, Elisabeth O. (1982) *The Syntax of Words*, MIT Press, Cambridge, MA.
島村礼子 (1990)『英語の語形成とその生産性』リーベル出版, 東京.
Sugioka, Yoko and Rachel Lehr (1983) "Adverbial -*ly* as an Inflectional Affix," *CLS* 19, 293-300.
Williams, Edwin (1981) "On the Notions 'Lexically Related' and 'Head of Word'," *Linguistic Inquiry* 12, 245-274.
米倉綽 (2015)「初期近代英語における名詞転換動詞」『現代の形態論と音声学・音韻論の視点と論点』, 西原哲雄・田中真一 (編), 96-114, 開拓社, 東京.

第8章

英語の段階的形容詞の非段階的解釈をめぐって
――語と句の境界についての一考察――

島村　礼子

津田塾大学（名誉教授）

1. はじめに

　英語において，名詞の指示対象のもつ属性や性質を示す性質形容詞（qualitative adjective）（big, new など）は，典型的には very, rather などの程度副詞による修飾が可能な，段階的形容詞（gradable adjective）である．それに対して，完全同定の形容詞（fully identifying adjective）（identical, upper など）と強意の形容詞（intensifying adjective）（utter, mere など），さらに，名詞から派生する関係形容詞（relational adjective）（financial, scientific など）は，程度副詞の修飾を許さない非段階的な形容詞である（安井ほか（1976）など）．しかしながら，前者の段階的な性質形容詞がその段階性を失うことがある．例えば形容詞 black の場合，名詞句の rather black board は容認されるが，複合名詞では *rather blackboard は許されず，black は非段階的である．

　本章では，性質形容詞が主要部名詞を前位修飾する場合に焦点を当てて，段階的形容詞の非段階的用法が，どのような言語的特徴と密接に関係するのかを明らかにしたい．関連して，段階性を失った形容詞と主要部名詞から成る構造は，句（統語）とみなすべきか，語（形態）とみなすべきかの問題について検討したい．以下では，段階性を失った性質形容詞と名詞の連鎖を，「段階性を失った形容詞＋名詞」形と記す．なお，興味深いことに，ちょうど逆方向，つまり，非段階的な関係形容詞を段階的に用いることができる場合があるが（a highly professional professional writer では，最初の professional は段階的形容詞，2番目は関係形容詞），このことについては本章では取り上げない．

2. 「段階性を失った形容詞＋名詞」形：語彙化されたケース

　以下の (1) は通常「形容詞＋名詞」形の複合名詞とみなされ，非主要部の形

容詞は非段階的である．smalltalk に対して *very smalltalk などとは言えない．[1] このことは，複合語が (2) の形態的緊密性（lexical integrity）の原理にしたがうことを示す証拠の1つとして従来からよく指摘されてきたことである．（語の形態的緊密性をめぐっては，Anderson (1992) による (2) の原理のほかにもこれまで様々な公式化が提案されてきたが，本章では細部に立ち入らず，(2) を採用する．）

(1) blackbird, blacksmith, blueprint, busybody, grandstand, greenhouse, greyhound, handyman, hotbed, hotline, madman, sickbed, smalltalk, tightrope, wetnurse

(Bauer and Huddleston (2002: 1649))

(2) 統語規則は語の内部構造を操作せず，語の内部構造にアクセスすることもしない．　　　　　　　　　　　　　　(Anderson (1992: 84))

(1) の複合名詞はすべて，語彙化していると言える．「語彙化」(lexicalization) という概念について，Sauer (2004: 1625-1626) に次の3つの定義が示されている．第1に，レキシコンにリスト（記載）されること，第2に，抽象的な意味表示が特定のある1つの語彙素 (lexeme) に置き換えられること，第3に，語を構成する個々の要素からは説明できないような音韻・形態の特異性および意味の特異性（またはそのどちらか一方の特異性）が見られること，である．(1) の複合名詞は，上記の第1と第3の意味で語彙化され，意味が特殊化して（white blackbird は矛盾していない）レキシコンにリストされる．また Hohenhaus (2005: 356) は上の第1の意味での語彙化について，次のように説明している．この lexicalization（語彙化）という用語は形態的に分析すると，動詞 lexicalize に接辞 -ation を付加することによって形成される名詞ということになるが，名詞化によって得られる他の語と同様に，この名詞は行為名詞と結果名詞の両方に解釈できて，「レキシコンにリストされるようになる」（プロセス）と「レキシコンにリストされている」（状態）と，どちらにも解釈可能である．

(1) の「段階性を失った形容詞＋名詞」形の複合名詞に関して，Bauer and

---

[1] (1) の「形容詞＋名詞」形の複合名詞はすべて1語として綴られている．しかし「small＋talk」形の場合，smalltalk のように1語として綴られるのではなく small talk のように2語で綴られる（ないし small-talk のようにハイフォンで結ばれる）ほうがふつうであると思われるが，ここでは Bauer and Huddleston (2002) にしたがってそのまま smalltalk としておく．また，Marchand (1969: 63) に (1) と同様の複合名詞が多数例示されており，やはりその大部分が1語として綴られているが，そうでないものも見られる．例えば strongroom ではなく strong room と2語で綴られている．

Huddleston (2002: 1650) で指摘されているいくつかの特徴のうち，本章の議論に関係あるものを以下に示す．以下の2つの特徴は，句として振る舞う「形容詞＋名詞」形においては観察されないものである．

　blackbird のような複合名詞においては，段階性を失った形容詞の示す属性は，主要部名詞の指示対象に適用される．しかしそうではなく，形容詞の示す属性が主要部名詞と意味的に関係のあるほかの名詞の指示対象に適用されるものもかなり多く存在する．（ドイツ語の複合名詞に関して，同様の指摘がSchlücker (2013, 2016) に見られる．）例えば greenhouse の場合，green は house の属性を示すのではなくそこにある植物が green であることを意味する (A greenhouse is a building containing green plants).[2] 次に，主強勢は，第2要素の名詞ではなく第1要素の形容詞に置かれる (Bauer and Huddleston (2002: 1650))．

　さらに，(1) のほかに (3) の「形容詞＋名詞」形の非主要部の形容詞も，非段階的である (*very red squirrel)．

(3)　black ice, brown ale, green tea, high court, light railway, red giant, red squirrel, thin air, white witch

(Bauer et al. (2013: 435))

(3) は (1) と同様意味的に語彙化されているが (brown red squirrel は必ずしも矛盾ではない)，しかし (1) と違って主強勢が名詞に置かれるなどの理由から，Bauer et al. (2013: 435) は (3) を，語彙化された名詞句 (lexicalized noun phrase) とみなしている．Bauer et al. (2013) の言う語彙化された名詞句というのは，もっと具体的に分析すれば，Liberman and Sproat (1992: 150-151) の提案する以下の3段階（タイプ）の句の語彙化のなかで，第2段階に相当すると考えることができると思われる．第1段階で，意味の特殊化が見られる句がレキシコンにリストされ，第2段階では，そのリストされた句は内部構造（もしくは語の分割）は保持しているが，しかし単一の語彙範疇に支配されるものとして扱われる．第3段階でさらに，内部構造の一部ないしすべてが失われる．句の語彙化のこれら3段階のうち，上記 (3) の「形容詞＋名詞」形は第2段階に当たると考えれば，(3) では強勢のパタンが句のパタンに一致するという事実が説明できることになると思われる．

　ここまで見てきた (1) と (3) の「段階性を失った形容詞＋名詞」形はすべ

---

[2] ただしオンラインの *Oxford English Dictionary* によれば，greenhouse が「温室」の意味をもつ場合には，green は名詞であるという．

て，語彙化されて意味が特殊化し，レキシコンにリストされ（てい）ると考えられるものであった．のちに5節で（1）や（3）ほどには語彙化が進んでいないと思われるケースを見るが，その前に次節では，Kennedy and McNally (2010) の提案を紹介しながら，色彩を表す形容詞が非段階的に解釈されると，どのような言語事実と関係するのかを見ていく．

3. 色彩形容詞の非段階的解釈と分類的意味

Kennedy and McNally (2010) は色彩形容詞について詳細な分析をしている．以下，本章と関係のある部分のみを取り上げて，Kennedy and McNally (2010) を概説する．

色彩形容詞は段階的解釈と非段階的解釈と両方可能で，あいまいである．そして非段階的解釈の場合には，分類的（classificatory）意味をもつ．Kennedy and McNally (2010) が挙げているいくつかの具体例のうち，1つを下に紹介する（Kennedy and McNally (2010: 88)）．

(4) いつも青インクの出るペンだけを使う女性がいて，仲間の人たちもそのことをよく知っているとする．その女性がある日たまたま，自分がペンを持っていないことに気が付いて，仲間の一人にペンを貸してもらえないかと尋ねる．その人はバックからペンを取り出して，Take this one, it's blue. と言って，女性にペンを渡す．女性がそのペンを使ってみて，その人が貸してくれたのは実は黒インクの出るペンだということが分かった場合には，You're mistaken, that one's black. と言って返すことはあっても，??Thanks, but I want one that's bluer. とは言わないだろう．

(4) のコンテクストでは，色彩形容詞の blue は単に青いという色の属性を示しているのではなく，ペンを使って青インクが出るのかそれともそれ以外の色のインクが出るのかという区別と密接に関係している．つまり (4) のコンテクストでは，blue pen は中に入っているインクの色が黒ではなく青であるペンを指していて，インクの色にもとづいてペンを分類していることになる．したがって，この blue pen の場合，blue は pen ではなく pen に入っている ink を修飾していると解釈されるのであり，この点では2節で見た複合名詞 greenhouse と共通しているといえる．[3]

---

[3] ここで，日本語の複合名詞「青鉛筆」に注目してみよう．「青鉛筆」は，意味が完全に合成

以上本節では，Kennedy and McNally (2010) について，本章の議論に関係のある部分を概説した．

4. 段階性を失った性質形容詞の分類的機能について
4.1. 「形容詞＋名詞」形の統語構造と限定形容詞の語順

本節では，色彩形容詞だけでなくそれ以外の形容詞にも広げて，段階性を失った形容詞の分類的機能について議論する．その前に以下で，限定形容詞が名詞を修飾する場合の構造および限定形容詞の語順について概説する．

形容詞が名詞を前位修飾するときの構造として，本章では Sadler and Arnold (1994) の提案する構造を採用する．その構造は，統語構造でありながら語彙範疇レベルに属し，その娘 (daughter) も同じく語彙範疇であるような構造 $[_{N0} A^0 N^0]$ である．（のちに5節でこの構造が，「形容詞＋名詞」形の語と句の区別に関してどのような予測をするのかを明らかにする．）

従来から，形容詞が名詞を修飾する際の修飾の仕方に2種類あることが指摘され，英語は，形容詞が基底で名詞を直接に修飾する「直接的修飾」の言語であると言われている（Sproat and Shih (1991) ほか）．直接的修飾の言語で

的な（名詞）句の「青い鉛筆」とは違って，芯が青い鉛筆（外見は別の色であってもよい）を指していると解釈されるので，意味的に語彙化しているといえる．したがって，「青鉛筆」と (4) のコンテクストでの blue pen の場合，青いのは（鉛筆／ペン自体ではなく）芯／インクであるという点で，両者はパラレルな解釈をもつといえるだろう．では，「青鉛筆」の「青」は英語の blue pen の blue と同様に形容詞なのであろうか．以下で多少検討してみよう．

英語では，形容詞が語の内部に生起しても句の内部に生起しても，形容詞の形態には区別がない．そして英語の色彩語はすべて，形容詞としても名詞としても用いることができる．それに対して日本語では，（名詞）句の中に形容詞が生起する場合には，形容詞は連体形になるが（高い波），複合語内部では語幹 (stem)（形容詞の原形）になり（高波），両者の形容詞の形態は異なっている．また，日本語の色彩語のうち，「赤」「青」「白」「黒」（「黄色」，「茶色」）は名詞としても形容詞としても用いることができるので，これらの色彩語が複合語内部に現れる場合は，形態を見ただけでは形容詞か名詞か判然としない．しかしその他の色彩語（「緑（色）」「紫（色）」「灰色」など）は，名詞としては用いられても形容詞として用いることはできない（「緑の絨毯」「*緑い絨毯」，「紫（色）の花」「*紫（色）い花」）．そして「緑虫」「紫水晶」における「緑」「紫」のように名詞としてしか用いることのできない色彩語も複合語の内部に生起可能であることから考えると，日本語で色彩語が複合名詞の内部に現れるときには，その範疇は形容詞ではなく名詞とみなすべきかもしれない．もしそうだとすれば，上記の「青鉛筆」の「青」は名詞ということになり，英語の blue pen の blue と，範疇に関しては異なることになるだろう．現在のところ，「青鉛筆」の「青」が形容詞か名詞かに関しては，明確な結論を出すことはできないが，日本語の色彩語が語内部に生起する場合と句に生起する場合の，範疇・意味・形態などの違いに関しては（例えば「黒ズボン」，「黒のズボン」，「黒いズボン」），今後詳細に検討したい．

は，日本語などの「間接的修飾」の言語と違い，限定形容詞が複数連続して名詞の前に現れる場合には，語順の制限があることが知られている（Scott (2002)ほか）．主要部名詞に隣接して現れるのが，本章の最初に触れた非段階的な関係形容詞であり，Japanese（国・地域・出所），golden（材質），ほかにも urban, athletic, political など多数ある．関係形容詞の次に主要部名詞に近い位置に現れるのが3節で見た色彩形容詞，その次が形状を表す形容詞（round など）である．さらにそのあとに，新旧，重さなどの意味を表す段階的形容詞が階層的に続くのであるが，色彩形容詞および形状形容詞と，そのほかの形容詞には違いがある．色彩形容詞と形状形容詞は，名詞の指示対象からそれらの属性を取り除いてしまったとしたら，名詞の指示対象自体がなくなってしまうような種類の属性（Vendler (1967: 172)），つまり，名詞の指示対象に内在的な属性（Vendler (1967: 173)）を示すのである．[4]

Alexiadou et al. (2007: 318) は色彩形容詞と形状形容詞は分類的な解釈をもつのがふつうであり，例えば round table の場合，round は square table と区別して，table を分類する働きをすると述べている．Kennedy and McNally (2010: 89) も，色彩は容易に観察できるものなので，何らかのものを他のものと区別して分類するのに色彩形容詞が用いられるという趣旨のことを述べている．

それでは色彩形容詞と形状形容詞以外の形容詞はどうであろうか．上の (1) と (3) を見ると，確かに色彩形容詞の例が多いようであるが，しかしそれ以外の段階的形容詞であっても，非段階的・分類的に用い得ることがわかる．以下で具体例を見てみたい．

4.2. 段階性を失った形容詞の分類的機能：具体例

(1) の tightrope（綱渡りの綱）の tight は，jump rope（縄跳びの縄）などと区別して rope を分類する働きをしている．wetnurse（乳母）は dry-nurse（授乳しない保母）と対比的である．smalltalk（世間話）は，この複合語に small が生起することにより，いろいろな種類の talk（例えば table talk（食卓での雑談））の1つとみなし得る．(3) の high court（高等裁判所）では，high が，他の種類の court (lower court（下級裁判所）など）と区別して court を分類する働きをしている．green tea（緑茶）は，green によって，black tea（紅茶），

---

[4] Vendler (1967) のこの指摘は，色彩形容詞と形状形容詞が相対的形容詞ではなく絶対的形容詞であることと密接に関係していると考えられる．絶対的形容詞と相対的形容詞の違いに関しては，Sproat and Shih (1991), Alexiadou et al. (2007) などを参照．

oolong tea（ウーロン茶）など他の種類の tea と区別される．

本章ではこれまで段階性を失った性質形容詞に注目しながら，そのような形容詞が主要部名詞を分類する機能をもつことを見てきた．ここで，名詞と関係形容詞も分類的機能をもつことを，例を挙げながら，簡単ではあるが見ておきたい．[5]「名詞＋名詞」形の guest room の場合，非主要部名詞 guest は他の種類の room と区別して room を分類する働きをする．また関係形容詞も同様であり，例えば musical clock は，さまざまな種類の clock の中で特に music を奏でる clock のことを指すので，musical は主要部名詞 clock を分類する機能をもつといえる．

ここで整理しておこう．分類的機能をもち段階性を失った性質形容詞は一般に，主要部名詞によって示されるタイプ（類）から何らかの下位タイプ（下位類）を導く働きをしているといえる．言い換えれば，「段階性を失った形容詞＋名詞」形によって示されるタイプは，主要部名詞によって示されるタイプの下位タイプに相当するものである（Gunkel and Zifonun（2009），Schlücker（2016），島村（2014）など）．

以下でさらに，「段階性を失った形容詞＋名詞」形が語であるのか句であるのかについて考察する．

4.3. 段階的形容詞と段階性を失った形容詞の対比

段階的形容詞が主要部名詞を修飾する場合には（例えば「赤い色のリス」の意味の red squirrel），段階的形容詞（red）により，主要部名詞（squirrel）の指示対象（リス）に形容詞の表す属性（赤い色）が付与される．一方，段階性を失った性質形容詞が非主要部に生起する場合には（例えば（3）の「アメリカアカリス」の意味の red squirrel），形容詞（red）は分類的な機能をもち，主要部名詞によって示されるタイプ（リス）から直接その下位タイプ（アメリカアカリス）を導く働きをするといえる．したがって，段階性を失った形容詞と後続の主要部名詞は，段階的形容詞が主要部名詞を修飾する場合とは異なり，両者が意味的にも構造的にも緊密に結びついていると考えられる．事実を見ていこう．

例えば，4.1 節で見たように round table が square table と対比されてテーブルの 1 つのタイプを示す場合には，white round table に比べて，round white table は容認度が多少なりとも下がると思われる．round table の間に形

---

[5] 分類的機能をもつ要素には，さらに他の形のものも存在する．詳しくは Gunkel and Zifonun（2009），島村（2014）などを参照．

容詞 white が介在しているからである．また，short story の場合（'a prose narrative of shorter length than the novel, esp one that concentrates on a single theme' (*Collins English Dictionary*)），short and uninteresting story のように short と story の間に統語的な要素が介在すると，story の 1 つのタイプという解釈はできない．さらに，small town が town の 1 つのタイプとして解釈される場合には（'a small place, usually in the United States, where people are friendly, honest, and polite' (*Collins English Dictionary*))，small old town のように small と town の間に old が挿入されると，small は通常段階的な解釈しかもたない．

「段階性を失った形容詞＋名詞」形は，先の (1) や (3) のように語彙化したものだけでなく，すぐ上で挙げた round table, short story, small town のように (1) や (3) ほどには語彙化が進んでいないように思われるものであっても，形容詞と主要部名詞の間には，統語的な要素の介在が許されない．またすでに述べたように，分類的に用いられる形容詞は段階性を欠いているので，程度副詞による修飾も認められない．つまり，「段階性を失った形容詞＋名詞」形は，形態的に緊密なまとまりを構成しており，このことを公式化した先の (2) の形態的緊密性の原理にしたがわなければならないのである．この原理は一般に，語（形態）を句（統語）と区別する基本的な基準の 1 つとみなされており，この原理にもとづけば，「段階性を失った形容詞＋名詞」形は（句ではなく）語であると結論される．そして意味的には Dahl (2004: 180) のいう「一体の概念」(unitary concept) を表しているといえる．

Warren (1988) などいくつかの研究で，主要部名詞に隣接する位置に現れる形容詞は分類的であるということが指摘されている．これはつまり，分類的形容詞と主要部名詞の組み合わせが（句ではなく）語だからである．Warren (1988) は (5a, b) を挙げて，前者は矛盾ではないし，後者はトートロジーでも強調でもないと述べている．

(5) a. long short story, stale fresh water
 b. short short story, fresh fresh water

(Warren (1988: 155))

short story が story の 1 つのタイプ（日本語で言う「短編小説」）に言及すると解釈し得ることは上で見た．また fresh water も，water の 1 つのタイプという解釈がなされることがある（'1. water that is not salt, 2. water that is good to drink because it is not dirty or contaminated' (*Collins English Dictionary*))．short story と fresh water がこのように解釈される場合には，(2)

の形態的緊密性の原理により，(5) の下線部の段階的形容詞 long と short は，語である short story の内部に生起する形容詞 short を直接に修飾することは許されず，また段階的形容詞 stale と fresh も同様に，fresh water の内部にある fresh を修飾することはできない．それ故，(5a, b) は容認可能である．2 節で (1) の blackbird と (3) の red squirrel の場合，それぞれ white blackbird と brown red squirrel が矛盾ではないということを見たが，同様の理由によるものである．

5. 「形容詞＋名詞」形の構造：語と句の区別

5.1. 「段階性を失った形容詞＋名詞」形：オンライン辞書での記載

4 節では，性質形容詞が名詞を前位修飾する場合には，形容詞が非段階的に用いられると，その形容詞は分類的機能をもち，主要部名詞によって示されるタイプからその下位タイプを導く働きをするということを見た．さらに，このような「段階性を失った形容詞＋名詞」形は，句である「段階的形容詞＋名詞」形とは違って，形態的に緊密なまとまりを構成することから，句ではなく語とみなされるべきであるということを述べた．「段階性を失った形容詞＋名詞」形は語であるから，これまで見てきたように，語彙化してレキシコンにリストされ意味も多少なりとも合成性を欠くのがふつうであろう．しかし「段階性を失った形容詞＋名詞」形の語が実在するのかどうか，必ずしも判然としない場合も存在するように思われる．筆者は島村 (2014, 2015) で，以下の (6) の 7 つの「形容詞＋名詞」形について，それらが語として振る舞うことを示す実例 (7) と (8) を示し，その上で (6) の「形容詞＋名詞」形について，7 つのオンライン辞書にその語義が記載されているかどうかを調べた．[6]

(6) short story, small town, fresh water, young people, small car, fresh air, popular music

(7) <u>older</u> young people (COCA), <u>big</u> small town (COCA), <u>smaller</u> small car (net)

(8) a. *urban <u>cheap</u> hotel (cf. cheap urban hotel), *athletic <u>big</u> center (cf. big athletic center)
    b. domestic <u>small</u> cars (cf. small domestic cars), her fictional <u>short</u> story (cf. her short fictional story), American <u>young</u> people (cf.

---

[6] 調べた 7 つの辞書は，島村 (2015) 参照．

young American people), local fresh air (cf. fresh local air), Western popular music (cf. popular Western music)

(COCA)

(7) は先の (5) と同様，矛盾ないしトートロジーにはならない．(8) は関係形容詞を含む表現であり，関係形容詞も段階性を失った形容詞と同様に，分類的機能をもつことはすでに 4.2 節で見た．それ故，関係形容詞と主要部名詞の間に他の統語的要素 ((8a) では形容詞) を挿入することは，(2) の形態的緊密性の原理によって，通常は許されない．(8b) は一見するとその反例のように見える．しかし次のように考えることができるだろう．つまり，(8b) の short など下線部の形容詞は非段階的で分類的であり (*her fictional very short story vs. her very short fictional story)，したがって関係形容詞に後続する short story などの「形容詞 + 名詞」形は語とみなされ，これらの「形容詞 + 名詞」形が各々 1 つの主要部名詞になっているのである．[7] このように，(6) の「形容詞 + 名詞」形の場合，何らかのタイプに言及し，語として振る舞うことを示す (7) や (8b) のような事実が存在する．

small car については，さらに別の種類の証拠がある．種レベル述語 (kind-level predicate) と呼ばれる述語があり (英語の invent, evolve, exterminate など)，このような述語は，特定のものを指す名詞句ではなくタイプ (類) を示す名詞句を項として要求すると言われている (Krifka et al. (1995))．(9) は実際にネットに出ている文で，the small car が invent の内項になっている．

(9) Borgward accomplished this feat in 1950, when it invented the small car in the form of the Lloyd LP 300. (net)

さらに Cheah and Heywood (2011: 458, fn. 5) では，アメリカ合衆国，中国，インド，日本それぞれの国の small car の定義が具体的な数値とともに示されていて，small cars が light trucks や other cars と区別されている．

次に，(6) の 7 つの「形容詞 + 名詞」形のオンライン辞書での記載について見ていこう．筆者の調べた 7 つのオンライン辞書で名詞として見出し語になっているのは short story のみであった．逆に small car は，上で見たように，語として振る舞うことが可能であることを示すいくつかの証拠があると思われ

---

[7] この部分の説明は島村 (2015) の分析を一部訂正したものになっている．なお関係形容詞に関しては，「関係形容詞 + 名詞」形が統語に属するのか形態に属するのかということが従来から問題にされているが，本章ではこの問題には立ち入らず，統語部門で形成されると仮定しておく．

るにもかかわらず，どの辞書にも見出し語として記載されていない．popular music は 4 つ，fresh air は 2 つの辞書に見出し語として記載されており，残りの 3 つの fresh water, young people, small town については，名詞として見出し語に出ているのは *Collins English Dictionary* のみであった．

7 つのオンライン辞書のなかで *Collins English Dictionary* が，(6) の 7 つの「形容詞＋名詞」形のうち 5 つが名詞として見出し語になっていて，一番数が多い．5 つのうち short story, small town, fresh water の 3 つに関しては，同辞書に出ている語義をすでに 4.3 節に示したので，残り 2 つの fresh air と popular music の語義をそれぞれ次に示す：'the air outside, esp when considered good for you because it does not contain dirt or dangerous substances'; 'music having wide appeal, esp characterized by lightly romantic or sentimental melodies'. 例えば上記の fresh air の語義によれば，外の空気 (the air outside) という場所に関する情報が付け加えられており，その意味で fresh air は完全に意味的に透明ではなく特殊化しているといえるだろう．もし fresh air の意味が常に合成的に決定できるのであれば，そもそも辞書にその意味を記載する必要はないはずである．

筆者が調べたオンライン辞書は収録語数も異なり，調べた「形容詞＋名詞」形も 7 つだけなので，それらのどの辞書にも small car の記載がないからといって，small car が実在の語としては存在せずレキシコンにはリストされ（てい）ないと言い切ることはできないだろう．今後もっと本格的かつ広範囲な分析を試みなければならないが，本章ではとりあえず，(6) の「形容詞＋名詞」形についての 7 つのオンライン辞書の記載にもとづいて，考察を進めていきたい．

5.2. 「段階性を失った形容詞＋名詞」形：実在の語か

上で，(6) の 7 つの「形容詞＋名詞」形は，句のみならず語としても振る舞うことができると考えられるにもかかわらず，short story を除いた残りの 6 つに関しては，筆者が調べた 7 つのオンライン辞書すべてにその語義が記載されているわけではないということを見た．このことは何を示唆するのであろうか．以下に述べてみたい．

「段階性を失った形容詞＋名詞」形の中には，実在の語としてレキシコンにリストされ（てい）るのかどうか，必ずしも定かではないものが存在するのではないかと考えられる．つまり Meys (1975) の用語を用いれば，short story 以外の (6) の「段階性を失った形容詞＋名詞」形の各々の語は，何人かの話者にとっては item-familiar であり，また別の話者には type-familiar である，と

第 8 章　英語の段階的形容詞の非段階的解釈をめぐって　　105

いうことではないかと思われる．

　それではなぜ,「段階性を失った形容詞＋名詞」形のなかに，実在の語かどうか必ずしも明らかではないものが存在するのであろうか．

　英語の場合は日本語などと違い,「形容詞＋名詞」形が語であろうと（名詞）句であろうと，形容詞は形態が同一で区別がない．Klinge (2009) によれば，ゲルマン諸語のなかで，統語構造において主要部名詞との一致を示す数・性・格などの屈折接尾辞が形容詞に付かないのは英語だけである．発音に関しては,「形容詞＋名詞」形は，明らかに複合語であると考えられる (1) のようなケースでは，前の形容詞に主強勢が置かれるのがふつうである．しかし語彙化された「形容詞＋名詞」形であっても, (3) のように，(名詞) 句と同様，うしろの名詞に主強勢が来るものも存在する．[8] したがって「形容詞＋名詞」形が単独で生起する場合には，コンテクストが与えられないと，句か語かの区別は直ちには明らかにならない．

　このように考えると,「形容詞＋名詞」形の語と句にそれぞれ別々の構造を付与するのではなく，語も句もどちらも共通に，4.1 節で見た Sadler and Arnold (1994) の提案する $[_{N0}\ A^0\ N^0]$ の構造をもつと仮定することができるだろう．この構造を，Sadler and Arnold (1994: 224) は「完全に統語的でもなく完全に語彙的でもない，両方の特性を合わせもつ構造」(a kind of construction which is neither fully syntactic nor fully lexical, but has properties of both) と述べている．

　結局, $[_{N0}\ A_0\ N_0]$ の構造は，統語部門において，句の構造とも語の構造とも見なし得ることになるが，問題は生じないと思われる．例えば，Payne and Huddleston (2002) に示されている (10b) の括弧内の表現は, (10a) の括弧内と同様，限定形容詞の通常の語順に違反している．しかし (10b) では not those 以下で一定のコンテクストが与えられているので，主要部名詞に隣接する形容詞は一般に非段階的で分類的であるという普遍的な文法知識にもとづいて, (10b) の large sofa を, sofa の 1 つのタイプを示す語と解釈することができるのである．

(10)　a.　I want to buy ?[a black large sofa].

---

[8] なお，筆者が島村 (2015) で調べた (6) の「形容詞＋名詞」形のなかで，ハイフォンなしで 1 語に綴られた freshwater という形が，名詞として見出し語になっている辞書が 2 つあった．発音は fresh water とは逆に，前の fresh に強勢が置かれている．freshwater は (1) と同種の複合名詞として扱うべきであり，そのまま単一の語彙記載項としてレキシコンにリストされていると考えることができるだろう．

b. I want to buy a [black large sofa], not those other colours of large sofa you insist on showing me.

(Payne and Huddleston (2002: 452))

なお，(10b) における large sofa は統語部門で生成される語ではあるが，実在の語ではないので，レキシコンにはリストされないと考えられる．(しかし large sofa が今後何らかの理由で語彙化されるかもしれないという可能性を排除するものではない．)

6. まとめ

「形容詞＋名詞」形において，段階的形容詞が非段階的に用いられて分類的な機能をもつことにより，その形容詞は，主要部名詞によって示されるタイプ（類）の下位タイプ（下位類）を導く働きをするということを述べた．さらに，段階性を失って分類的機能をもつ形容詞と名詞の組み合わせは，形態的緊密性によって，一般に語とみなされるということを見た．また，少なくとも英語の場合は，「形容詞＋名詞」形の語も句も，統語部門で同一の構造 $[_{N0} A^0 N^0]$ をもつということを提案した．純粋に複合名詞としてそのままの形でレキシコンにリストされるものももちろんあるが（例えば (1)），「形容詞＋名詞」形の語のなかには，統語部門で形成され $[_{N0} A^0 N^0]$ の構造が付与されると考えられるものも存在し，そのような語は，意味の特殊化（特異性）により最終的にレキシコンにリストされる（例えば (3)）．しかし一方で，語彙化がさほど進んでいない「形容詞＋名詞」形の語もあると考えられ（例えば (6)），そのような語のなかには，「形容詞＋名詞」形の句との区別が必ずしも明確ではないものも存在するのではないかと思われる．

参考文献

Alexiadou, Artemis, Liliane Haegeman and Melita Stavrou (2007) *Noun Phrase in the Generative Perspective*, Mouton de Gruyter, Berlin.

Anderson, Stephen R. (1992) *A-Morphous Morphology*, Cambridge University Press, Cambridge.

Bauer, Laurie and Rodney Huddleston (2002) "Lexical Word-formation," in Huddleston and Pullum, eds. (2002), 1621–1721.

Bauer, Laurie, Rochelle Lieber and Ingo Plag (2013) *The Oxford Reference Guide to English Morphology*, Oxford University Press, Oxford.

Cheah, Lynette and John Heywood (2011) "Meeting U.S. Passenger Vehicle Fuel Economy Standards in 2016 and Beyond," *Energy Policy* 39, 454-466.

Dahl, Östen (2004) *The Growth and Maintenance of Linguistic Complexity*, John Benjamins, Amsterdam.

Gunkel, Lutz and Gisela Zifonun (2009) "Classifying Modifiers in Common Names," *Word Structure* 2, 205-218.

Hohenhaus, Peter (2005) "Lexicalization and Institutionalization," *Handbook of Word-Formation*, ed. by Pavol Štekauer and Rochelle Lieber, 353-373, Springer, Dordrecht.

Huddleston, Rodney and Geoffrey K. Pullum, eds. (2002) *The Cambridge Grammar of the English Language*, Cambridge University Press, Cambridge.

Kennedy, Christopher and Louise McNally (2010) "Color, Context, and Compositionality," *Synthese* 174, 79-98.

Klinge, Alex (2009) "The Role of Configurational Morphology in Germanic Nominal Structure and the Case of English Noun-Noun Constellations," *Word Structure* 2, 155-183.

Krifka, Manfred, Francis Jeffry Pelletier, Gregory N. Carlson, Alice ter Meulen, Gennaro Chierchia and Godehard Link (1995) "Genericity: An Introduction," *The Generic Book*, ed. by Gregory N. Carlson and Francis Jeffry Pelletier, 1-124, University of Chicago Press, Chicago.

Liberman, Mark and Richard Sproat (1992) "The Stress and Structure of Modified Noun Phrases in English," *Lexical Matters*, ed. by Ivan Sag and Anna Szabolcsi, 131-181, CSLI, Stanford.

Marchand, Hans (1969) *The Categories and Types of Present-Day English Word-Formation*, 2nd ed., C. H. Beck, München.

Meys, W. J. (1975) *Compound Adjectives in English and the Ideal Speaker-Listner: A Study of Compounding in a Transformational-Generative Framework*, North-Holland, Amsterdam.

Payne, John and Rodney Huddleston (2002) "Nouns and Noun Phrases," in Huddleston and Pullum, eds. (2002), 323-523.

Sadler, Louisa and Douglas J. Arnold (1994) "Prenominal Adjectives and the Phrasal/Lexical Distinction," *Journal of Linguistics* 30, 187-226.

Sauer, Hans (2004) "Lexicalization and Demotivation," *Morphology: An International Handbook on Inflection and Word-Formation*, Volume 2, ed. by Geert Booij, Christian Lehmann, Joachim Mugdan and Stavros Skopeteas, 1625-1636, Walter de Gruyter, Berlin.

Schlücker, Barbara (2013) "The Semantics of Lexical Modification: Meaning and Meaning Relations in German A+N Compounds," *The Semantics of Word Formation and Lexicalization*, ed. by Pius ten Hacken and Claire Thomas, 121-139,

Edinburgh University Press, Edinburgh.
Schlücker, Barbara (2016) "Adjective-Noun Compounding in Parallel Architecture," *The Semantics of Compounding*, ed. by Pius ten Hacken, 178-191, Cambridge University Press, Cambridge.
Scott, Gary-John (2002) "Stacked Adjectival Modification and the Structure of Nominal Phrases," *Functional Structure in DP and IP*, ed. by Guglielmo Cinque, 91-120, Oxford University Press, Oxford.
島村礼子 (2014)『語と句と名付け機能——日英語の「形容詞＋名詞」形を中心に——』開拓社, 東京.
島村礼子 (2015)「英語の『名詞＋名詞』形は句か語か」『現代の形態論と音声学・音韻論の視点と論点』, 西原哲雄・田中真一（編）, 21-41, 開拓社, 東京.
Sproat, Richard and Chilin Shih (1991) "The Cross-linguistic Distribution of Adjective Ordering Restrictions," *Interdisciplinary Approaches to Language: Essays in Honor of S.-Y. Kuroda*, ed. by Carol Georgopoulos and Roberta Ishihara, 565-593, Kluwer, Dordrecht.
Vendler, Zeno (1967) *Linguistics in Philosophy*, Cornell University Press, Ithaca, NY.
Warren, Beatrice (1988) "Ambiguity and Vagueness in Adjectives," *Studia Linguistica* 42, 122-172.
安井稔・秋山怜・中村捷 (1976)『形容詞』（現代の英文法 第7巻）, 研究社, 東京.

[英語コーパス]
COCA: Davies, Mark (2008) *The Corpus of Contemporary American English*: 520 Million Words. 1990-2015, http://corpus.byu.edu/coca/

[辞書]
Collins English Dictionary, http://www.collinsdictionary.com
Oxford English Dictionary, http://www.oed.com

第 9 章

接辞「的」が産出する形容詞と副詞について*

島田　雅晴

筑波大学

1. はじめに

　日本語の形容詞は，例えば，Nishiyama (1999) で論じられているように，その形態により 2 種類に分類される．1 つは，(1a) の「美しい」のように「い」で終るもの，もう 1 つは (1b) の「綺麗だ」のように「だ」で終るものである．

(1) a. その部屋は美しい．
　　b. その部屋は綺麗だ．

「美しい」は (2a) のように連体形でも「い」で終るが，「綺麗だ」は (2b) のように「な」で終り，それぞれ「い」形容詞，「な」形容詞，と呼ばれる．

(2) a. 美しい部屋
　　b. 綺麗な部屋

基本的に，和語が「い」形容詞，漢語をはじめとする外来語由来のものが「な」形容詞になる．[1]

　形容詞に関わる英語と日本語の 1 つの違いとして，形容詞を派生する接辞

＊ 本章は，長野明子氏との共同研究として，2015 年 6 月 27 日に Word Formation Theories II/Typology and Universals in Word-Formation III（スロバキア）で発表した内容および 2015 年 11 月 28 日に日本言語学会第 151 回大会で発表した内容にもとづいている．当日コメントを下さった聴衆の方々，また，これまでの議論を通じ多くの示唆を与えて下さった長野明子氏に感謝申し上げる．なお，本研究は JSPS 科研費 16K13234 からの助成を受けている．

[1] 本章では，「美しい」を形容詞，「綺麗だ」を形容動詞として区別することはしない．和語由来か外来語由来かで屈折形態が異なるだけで，同じ形容詞とする．なお，動詞も同様に，和語と外来語では語末が異なる．例えば，和語では「走る」のように「る」で終るが，外来語では「走行する」のように補助動詞「する」が挿入される．

の数がある．例えば，Nagano and Shimada (2016: 217) では次のように述べられている．

 (3) "Bauer et al. (2013, Ch. 14) and Dixon (2014, Ch. 8) show that contemporary English has a wealth of adjectival derivational affixes of native and non-native origins. Dixon cites as many as 32 adjectival affixes. Compared to this richness, we have to say that Japanese morphology is very poor in this domain."

Dixon によれば，英語では32にのぼる形容詞派生接辞があるという．一方，日本語では「い」形容詞を派生する「っぽい」，「らしい」や「な」形容詞を派生する「チック」，「がち」など，その数が極めて限られていることが Nagano and Shimada (2016) によって観察されている．(4) は「男」という名詞から「男っぽい」，「男らしい」という「い」形容詞を派生している例である．また，(5) は「漫画」という名詞から「漫画チックな」という「な」形容詞を派生している例と「山」という名詞から「山がちな」という「な」形容詞を派生している例である．

 (4) a. とても<u>男っぽい</u>女
   b. とても<u>男らしい</u>男
            (Nagano and Shimada (2016: 225))

 (5) a. とても<u>漫画チックな</u>見方
   b. とても<u>山がちな</u>地方
            (Nagano and Shimada (2016: 231–232))

一般には，束縛形態素「的」も名詞から形容詞を派生する派生接辞の1つとされ，「な」形容詞を派生する接辞で最も生産的なものと言われている．[2]

 (6) a. 現実 → 現実的だ，現実的な
   b. 文学 → 文学的だ，文学的な
   c. 感情 → 感情的だ，感情的な

(6a) では，名詞「現実」に「的」が結合して，「な」形容詞の「現実的だ」が派生している．(6b) では「文学」から「文学的だ」，(6c) では「感情」から「感情的だ」が派生している．本章では，漢語名詞に結合し，「な」形容詞を派生

---

[2] Bisetto (2010), Nagano (2016), Nagano and Shimada (2016) などを参照．

する日本語の接辞「的」を取り上げ，日英語の形容詞派生の違いにも触れながら，「的」が関わる形容詞派生と副詞派生について論じることにする．

本章の構成は以下の通りである．2節では，「的」の結合により派生する形容詞の性質について論じる．特に，関係形容詞（relational adjective）と呼ばれる形容詞の有無について，先行研究を踏まえ再考する．3節では，「「的」の新用法」として知られている「的」派生語の副詞用法を取り上げ，2節でみた「的」派生語の形容詞としての性質がどのように副詞用法に関係しているのかを論じる．4節はまとめである．

2. 形容詞としての「的」派生語

本節では，「的」との結合で派生した形容詞がどのような性質を持っているのかを検討する．2.1節では，まず，形容詞一般について，その基本的機能を先行研究をもとにまとめる．2.2節では，それを踏まえて，「的」派生形容詞が固有にもつ特徴について考察する．

2.1. 性質を表す形容詞と関係を表す形容詞

形容詞は一般に叙述対象になっている名詞あるいは修飾対象になっている名詞の性質を表すものとされている．例えば，(1)，(2)で見た「美しい」，「綺麗だ」は主語の「その部屋」あるいは被修飾語の「部屋」の性質を表している．このような形容詞は，性質形容詞（qualitative adjective）と呼ばれている．一方，島村（2014）などによれば，形容詞の中には，被修飾語に対して分類機能を果たすものもあり，そのような形容詞は関係形容詞と呼ばれている．

関係形容詞は名詞派生形容詞であり，ヨーロッパ言語に多く見られる．例えば，wooden という関係形容詞は名詞の wood と派生接辞 -en からできていて，(7) のように後続する名詞を修飾する．

(7) a wooden chair

重要なのは，この修飾というのがどのような意味を表すかである．関係形容詞はもともとは名詞である．そして，関係形容詞は元の名詞 wood と被修飾語の名詞 chair との間に成り立つ関係を表し，chair の分類をするのである．(7) であれば，wood と chair の間に成り立つ関係は，素材と作品，というようなものといってよい．そして，木材を素材とする椅子，というふうに chair のクラス分けを行うのである．wooden ではなく，名詞 America から派生した関係形容詞 American を修飾語として用いて，an American chair とすれば，今

度は，生産地と作品，のような関係を表すことになり，アメリカ製の椅子，という分類を表す．同じ名詞派生形容詞でも *useful* のような性質形容詞で修飾すると，関係性というよりは「使いやすい」というような性質を表すことになる．[3]

Nagano and Shimada (2016: 222) は，関係形容詞の見分けとなる特徴として次の5点をあげている．

(8) a. In modifying a noun, the derivative requires strict adjacency to the modified noun in a unique position.
   wooden big table vs. *big wooden table*
   b. The derivative lacks gradability and comparativeness.
   a very industrial output, *more industrial*
   c. The derivative lacks predication possibility.
   This output is industrial.
   This decision is senatorial.
   d. The derivative does not potentiate further nominal affixation.
   ??*presidentialness*, ??*racialness*
   e. Prefixal negation should be done by *non-*; *in-* and *un-* are difficult.

(8a) では，関係形容詞が他の修飾語と共起した場合，関係形容詞のほうが被修飾語に隣接する場所に生起するということが述べられている．例えば，*big* と *wooden* が共起した場合，関係形容詞の *wooden* が被修飾語に隣接することになる．(8b) では，関係形容詞の意味は段階性，程度性とは整合しないということが述べられている．したがって，形容詞の程度を修飾する *very* のような副詞とは共起できないのである．さらに，(8c) は，関係形容詞は限定用法のみ可能で，*This output is industrial* のように叙述用法では用いることができないことを示している．また，(8d) からは，関係形容詞には *-ness* のような名詞化接辞が結合しないことがわかる．(8e) では，関係形容詞には *non-* という否定の接頭辞は結合するが，*in-* や *un-* は結合しないということが述べられている．

---

[3] Plag (2003: 94) による関係形容詞（ここでは斜体で表記）の意味の記述はわかりやすい．
   (i) a. *algebraic* mind 'a mind having to do with algebra, referring to algebra, characterized by algebra'
      b. *colonial* officer 'officer having to do with the colonies'
上記の例からも名詞と名詞の関係を表すという関係形容詞の機能がよくわかる．

第9章 接辞「的」が産出する形容詞と副詞について　　113

　ここまでの議論の中で，性質形容詞の事例は「美しい」，「綺麗だ」のように日本語から選んできたが，関係形容詞の事例は「wooden」のように英語から選んできた．日英語の違いの1つに関係形容詞の有無がある，ということは，Watanabe (2012) や Nagano and Shimada (2015)，Nishimaki (2016) などをはじめ，文献でもよく取り上げられている．wooden を日本語に訳そうとすれば，「木の」あるいは「木製の」となり，どうしても「名詞＋の」の形式で表さざるを得ない．つまり，日本語には関係形容詞がない，ということになる．仮に，「名詞＋の」が関係形容詞の機能を果たし，実質的に関係形容詞と同じ働きをするとしても，形態的に関係形容詞と分類できる語は日本語にはない，ということになる．[4]

　最後にもう1つ，Nagano and Shimada (2016)，Nagano (2016) で言及されている形容詞に見られる現象をあげておく．それは，次のように述べることができる．

　(9)　関係形容詞が性質形容詞に転用されることはあっても，その逆はない．

英語の関係形容詞の中には，一見すると (8) の性質に合わないものが存在する．例えば，*British National Corpus* (*BNC*) からの次の例を考えてみたい．

　(10)　She looks very American, doesn't she?

　　　　　　　　　　　　　　　　　　　（小学館コーパスネットワーク）

この例では，関係形容詞 *American* が (8b), (8c) に反して，程度副詞の *very* に修飾され，しかも，叙述用法で使われている．このことは，(10) の *American* は関係形容詞ではなく，性質形容詞であることを示している．Nagano and Shimada (2016) は，(10) のような事例を関係形容詞の性質形容詞への拡張ととらえ，その一方で，性質形容詞が関係形容詞に転用されることはない

---

　[4] Nagano and Shimada (2015) は，Baker (2003) の品詞論を取り入れ，形容詞を2分類している．1つはもとから範疇が形容詞である単一構造の形容詞，もう1つは「名詞＋前置詞」という複合的な構造を持つ形容詞である．Baker は前置詞を形容詞化機能範疇としており，複合的な形容詞は前置詞が名詞を形容詞に品詞転換したものといえる．Nagano and Shimada (2015) は，「木の」は名詞の「木」と形容詞化機能を持つ後置詞の「の」が結合してできている複合的な形容詞であると分析している．形態統語的には形容詞であっても，それを形容詞として音韻具現するオプションが日本語にはなく，形態統語構造をそのまま音韻具現したような「名詞＋の」の形になっているのである．Nishimaki (2016) も Nagano and Shimada (2015) と同じ路線の分析を提示している．

としている.⁵

次のペアも関係形容詞から性質形容詞への転用ということでとらえることができる.

    (11) a. a grammatical error
          b. a grammatical sentence

(11a) の *grammatical* は関係形容詞で，文法に関する，という意味で，名詞句全体としては，「（言語使用に関することではなく）文法に関する誤り」という意味になる．一方，(11b) の *grammatical* は，文法的な，という意味で，性質形容詞である．そして，基本的にこの意味でのみ，*This sentence is grammatical* というように叙述用法が可能なのである.

以上，見てきた形容詞の基本性質をまとめると次のようになる．

    (12) a. （派生）形容詞には，性質形容詞と関係形容詞の用法がある．
          b. 日本語には名詞由来の関係形容詞に相当する形容詞が在存しない．その代わりに，「名詞＋の」の形態でその機能を担っている．
          c. 関係形容詞が性質形容詞に転用されることがあっても，性質形容詞が関係形容詞に転用されることはない．

以上のことを前提として，2.2 節では「的」を含む日本語の派生形容詞の性質を考察する．

2.2.「的」派生形容詞

「1. はじめに」で述べたように，日本語には形容詞を派生する接辞は英語に比べて極めて少ない．「的」はその少ない中で形容詞派生接辞を代表するものである．本節では，2.1 節で提示した形容詞の性質から「的」派生形容詞の特徴を見ていくことにする．具体的には，次の問いについて考察する．

    (13) 「的」派生形容詞は性質形容詞か，それとも関係形容詞か？

すでに提示した例をから，(13) の問いには容易に答えられそうである．「的」は (6) で示したように，「な」形容詞を派生する．

---

  ⁵ 関係形容詞は形態こそ形容詞であるが，中身は名詞に等しいとすれば，性質形容詞への転用は，形態に合わせて実質も変化したものととらえることができる．一方，性質形容詞は，名実ともに形容詞であるので転用の隙がなく，関係形容詞になることはないと考えられる．

(6) a. 現実　→　現実的だ，現実的な
　　b. 文学　→　文学的だ，文学的な
　　c. 感情　→　感情的だ，感情的な

日本語には形容詞の形態をもつ関係形容詞はない，という Nagano and Shimada (2016) や Nagano (2016) の一般化と合わせて考えてみれば，(6) のデータは「的」派生形容詞は形態的に形容詞であり，よって，関係形容詞として機能することはできない，という結論を導き出すことができる．実際，Nagano and Shimada (2016) と Nagano (2016) は，「的」は性質形容詞を派生する接辞であると特徴づけ，「的」を関係形容詞の派生接辞とした Bisetto (2010) とは異なる見解を示している．

しかしながら，「的」の歴史的発達をみると，事はそう単純でもなさそうである．Nagano (2016: 47) は，夏目漱石の『吾輩は猫である』から，「的」派生表現が名詞修飾の際に「な」ではなく，「の」をとる例を引用している．

(13)　幾何学的のもの

この作品は，1905 年のものであるが，これを見ると近年まで「的」派生表現は「の」をとることができたと思われる．もともとは「的」派生表現は関係形容詞の機能を担っていたのであるが，それが性質形容詞に転用されて，現在では形態的にも「な」をとり，完全に性質形容詞に移行してしまったという可能性を Nagano (2016) は示唆している．

ここで，名詞修飾で「の」をとる表現について，その性質を少し詳しく述べておくことにする．(8c) にあるように，関係形容詞は叙述用法ができない．日本語でもそれは成り立ち，「木の」や「カシミアの」という関係形容詞の機能を持つ表現は，叙述用法にすると極めて不自然である．

(14) a.??この机は木だ．　　　　　　　　　　　　(Watanabe (2012))
　　 b.??このセーターはカシミアだ．　　　　　　　 (高橋 (2015))

しかし，「木製の」，「カシミア製の」のように，つくる，を意味する「製」という漢語形態素を付加すると，叙述用法が可能になる．

(15) a.　この机は木製だ．
　　 b.　このセーターはカシミア製だ．

同様のことは，例えば，「アメリカの」と「アメリカ人の」のペアにも見られる．

(16) a. ??この男はアメリカだ．
　　 b. 　この男はアメリカ人だ．

　島田（2004），Nagano and Shimada (2015)，Nagano (2016) では，「木製だ」，「カシミア製だ」，「アメリカ人だ」のような名詞由来の述語を，名詞述語，と呼び，「木＋製」，「アメリカ＋人」のように必ず複合語の形態統語構造をもつと観察している．そして，Nagano and Shimada (2015)，Nagano (2016) は名詞述語には「製」，「人」のように意味が希薄な名詞が主要部として含まれ，それらは Emonds (2000) などで提案されている semi-lexical category に相当するものであるとしている．この時の semi-lexical category は，「製」のように作り方であったり，「人」のように国籍であったり，分類が起こる領域・集合を規定し，その補部に「木」や「アメリカ」といったそのメンバーを選択するという働きをしている．

　さらに，Nagano and Shimada (2015) や Nagano (2016) は，Corver (2008) などにしたがい，semi-lexical category には音韻的に空なものもあると仮定して，「木の」のような関係形容詞は，空の semi-lexical category, ∅, を含んだ「木＋∅＋の」という構造であると提案している．[6]

　この名詞述語に関する分析を採用するとすれば，(13) の「幾何学的の」の「的」は接辞というよりは，semi-lexical category となる．[7] 実際，(13) は「幾何学」と semi-lexical category の「上」からなる名詞「幾何学上」を用いて次のように書きかえることができる．

(17)　幾何学上のもの

---

[6] ∅は分類が起こる領域について無指定であり，それは他の文法要素や文脈から復元して解釈されることになる．(14) や (16a) のような叙述用法では，意味の復元に必要な情報を持つ主語から遠すぎるため∅の意味が決まらず，不自然になるものと思われる．Nagano (2016) で観察されているように，数量表現が共起していたり (ia)，対照焦点が関与している場合 (ib) には叙述用法においても意味の復元が可能になり，容認されるものと思われる．
　　(i) a.　The scarf is 70% cashmere ∅. 　　　　　　　　　　　　　　　　　（島田 (2017)）
　　　 b.　His infection turned out to be bacterial ∅, not viral ∅. 　　　　　（Levi (1978)）
上記どちらの事例も関係形容詞が叙述用法で単独で用いられているわけではないことに注意する必要がある．関係形容詞は∅を限定修飾しているのであり，(8c) の性質が相変わらず見られるのである．

[7] Naya (2016) は，Emonds (2000) の枠組みで英語の名詞化接辞 -ment を取り上げ，動詞から結果名詞を派生する -ment は派生接辞ではなく，semi-lexical category であり，当該結果名詞は複合語であるという分析を提案している．本章の分析が Naya の分析とどのように関わるかについては今後検討したい．

「幾何学的の」が，「幾何学上の」と同じく，「幾何学分野の」，「幾何学関連の」という意味であるとすれば，「的」は semi-lexical category であり，領域・集合一般を表し，何らかの成員を要求する，意味が希薄な要素だと考えられる．そして，「幾何学的の」という関係形容詞は性質形容詞へと転用され，現在は「な」形容詞として機能しているのである．また，「的」も分類領域を規定し，そのメンバーを補部にとる semi-lexical category から性質形容詞を派生する接辞に変化したのである．

本節の最後として，これまで見てきたことを前提に，現在の「的」派生形容詞をもう少し詳しく見てみたい．金澤 (2008) は「的」派生形容詞をおおよそ次のように分類している．

(18) a. 属性を表す．
       （例）現実的な（政策），本質的な（問題）
    b. 類似を表す．
       （例）家族的な（雰囲気），記念碑的な（作品）
    c. 関係を表す．
       （例）経済的な（理由），音楽的な（教養）

Nagano (2016) で観察されている通り，(18a) と (18b) の「的」派生形容詞は性質形容詞である．(18a) では「的」形容詞が性質を表している．(18b) も「〜のような」という類似性を表していて，性質形容詞の代表格である．ところが，(18c) の「的」派生形容詞だけおもむきを異にしている．これらは「〜に関して，〜において」という関係形容詞が表す意味を持っているといえる．「経済上の理由」，「音楽についての教養」というように言いかえることができるからである．

実際，(8) のテストをあてはめてみると，(18c) は関係形容詞としてのふるまいを示す．例えば，(18a) や (18b) では「とても現実的な政策」，「とても家族的な雰囲気」というように程度表現の「とても」で修飾することが可能であるが，(18c) では「とても」を用いて，「*とても経済的な理由」，「*とても音楽的な教養」，のようにすることはできない．また，(18c) の形容詞は叙述用法にすると不自然になる．

(19) a. *その理由は経済的だ．（経済上のことだ，の意味）
    b. *彼の教養は音楽的だ．（音楽に関するものだ，の意味）

そして，「もの」のように音形のある semi-lexical category を補うか，「一部」や「大部分」といった数量表現と共起させると叙述用法の容認度が格段にあが

る（Nagano (2016))．

(20) a. その理由は経済的なものだ．
b. 彼の教養は音楽的なものだ．
(21) a. その理由は一部経済的だ．
b. 彼の教養は大部分音楽的だ．

これらのことから，(18c) の「的」派生形容詞は関係形容詞の性質を持っているといってよい．

ここで大きな問題が生じる．これまで，日本語には形態的に形容詞の形をした関係形容詞は存在せず，必ず「名詞＋の」の形で具現すると分析してきた．しかしながら，仮に，(18c) の「的」派生形容詞を関係形容詞としてしまうと，これまでの一般化がくずれてしまうことになる．「的」派生形容詞は「な」形容詞であり，形態的に形容詞なのである．日本語の形容詞には関係形容詞としての用法はないはずであった．

本章では，ここであらためて次のように主張する．

(22) 現代日本語の「的」派生形容詞には，一部関係形容詞も存在する．その時の「的」は英語の -en や -al と同じように関係形容詞を派生する接辞である．

Nagano and Shimada (2016) や Nagano (2016) は，日本語の「的」は関係形容詞を派生する接辞であるという Bisetto (2010) の見解を否定したが，(18c) のタイプの「的」だけは関係形容詞を派生する接辞といえるようである．[8] そして，日本語には少なくとも表面的には関係形容詞はなく，「名詞＋後置詞」の具現形がその機能を担っている，と言われてきたが，必ずしもそうではないことがわかった．(18c) のタイプの「的」派生形容詞こそ日本語で真に関係形容詞といえるものなのである．

3. 「的」派生表現の副詞用法

前節では，「的」派生形容詞に関係形容詞の用法があると主張した．本節では，そう考えることにより説明が可能になる現象について考察する．それは，金澤 (2008) などが調査した，「的」の新用法，と呼ばれる「的」派生表現の副

---

[8] 本章や Nagano and Shimada (2016), Nagano (2016) とは異なり，Bisetto (2010) は性質形容詞と関係形容詞を明確に区別・区分するわけでない．

詞用法である．本節では，この「的」の新用法を文法内に位置づけることを試みる．

3.1. 「的」の新用法：概観

まず，次の野村（1994: 282-283）の観察から見ていきたい．

(23) "2, 3年前から気になっていたいいかたに「気持ち的」というのがある．たとえば，中継で，解説者が「ここで，清原との勝負をさけたいのは，**気持ち的には**理解できるんですが，…」などといっている，あれである．"

従来の形容詞的な「的」派生表現とは異なる，「気持ち的には」のような一見奇妙に聞こえる副詞用法を，ここでは「的の新用法」と呼ぶことにする．

「的」の新用法については，言葉の乱れとされることが多く，文献でも一般にはそのような扱いがなされるのであるが，例外的に金澤（2008）は，「的」の新用法について文法的な記述を試みている．それによると，新用法の「的」は，典型的には，「なになに的に（は）＋評価述語」という構文をとるという．

次の具体例を見てみたい．これは金澤（2008: 213-214, 237-238）が報告している「2003年大学生自由作文」からの実例である．

(24) a. この家は**見た目的に**悪いなあ．
   b. A: あの歌いいよね．
      B: **メロディ的には**いいけど，詞がちょっとね．
(25) a. **あっち的には**よくても，うちらはよくないよね．
   b. **親的には**苦しい選択だったね．
   c. それって**学校的には**いいのかもしれないけど…
   d. A: お勧めメニュー出してもいいですか？
      B: **キッチン的には**OKだけど，ホールは大丈夫？

このような例をもとに，金澤（2008）は「的」の新用法の特徴として次の5つをあげている．

(26) a. 名詞修飾要素としてではなく，文に生起する．
   b. 従来の派生接辞の「的」とは異なり，基体の語種とサイズに関する制限がない．
   c. 「的に（は）」の形で文頭に生起することが多い．
   d. 「いい」「よくない」のような評価を表す述語と共起しやすい．

  e. 「的」の付加対象は属性もしくは主体である．

(26e) について補足すると，(24) の例が，属性を表す基体に「的」が付いたもの，(25) の例が，主体を表す基体に「的」が付いたもの，となる．つまり，「的」の新用法については，2種類あることになる．どちらも必ずしも「的」を使う必要はなく，「見た目が」，「メロディーが」，「あっちが」，「親が」というように，(24)，(25) とも主格の「が」が使える環境である．[9] おそらく，野村がいうように「的」の新用法が気になる表現として聞こえるのは，1つには，本来主格の「が」を用いていいところにわざわざ「的」を使っているからだと思われる．

3.2.　「的」の新用法：統語的・意味的性質

 それでは，通常の主格を用いた場合と「的」を用いた場合で何が異なるのであろうか．次の多重主語文を例にして考えてみたい．

  (27) この研究室が主任教授が健全だ．

この文では「が」格が2か所に生起しており，総記の解釈となる．そして，どちらの「が」格も「的」表現におきかえることができることが長野・島田 (2015) により観察されている．

  (28) a. この研究室が主任教授的に健全だ．
     b. この研究室的には，主任教授が健全だ．

(28a) の「主任教授的に」は，「主任教授においては，主任教授の点では」の意味である．(28b) の「この研究室的には」は，「この研究室においては，この研究室としては」という意味である．「的」表現が「が」格と交代可能だからといっても，あくまでもそれが付加詞であることは，次の対立から確かめることができる．

  (29) a. この研究室が主任教授がご健全だ．
     b. *この研究室が主任教授的にご健全だ． （長野・島田 (2015)）

「が」格は主語尊敬の述語形式と共起するが，「的」表現は共起できないのである．

---

[9] 情報構造上，主格の「が」を主題の「は」にする方がすわりがいい場合もあるが，議論の本筋には影響が出てこないので，今回は触れない．

誰がどうした，というレベルの意味においては，(27) と (28) には違いはない．筆者の直観では，(28) の「的」を用いた文の方が，対照焦点の意味が強く出てくるように感じられる．例えば，(28a) では，「学生は健全ではないのだけれども，主任教授の方は健全だ」，(28b) では，「他の研究室の基準ではそうではないかもしれないが，この研究室としては，主任教授は健全といってよい」という意味でとることができる．野村 (1994: 282-283) も (23) の「ここで，清原との勝負をさけたいのは，気持ち的には理解できるんですが，…」に関して，次のように述べている．

(30) "「気持ち的に理解できる」というのは，一方に「論理トシテハ納得デキナイ」という意味をふくんでいる．つまり，「理屈としてはわからないが，気持ちのうえでは理解できる」というわけだ．「気持ち的」といういいかたに，おちつかないところがあるのは，まさに，この点だ．"

このようなことから，長野・島田 (2015) は新用法の「的」についておおよそ次のように述べている．

(31) 「的」形は「において」「においては」「として」「としては」という解釈の付加詞の取り立てである．言いかえると，「的」は付加詞を対照焦点化する形態素である．

つまり，「的」は付加詞として機能しているものに対照焦点の意味をもたせたものといえる．3.1 節で，「的」の新用法には 2 種類あると述べたが，その 2 種類とはここでいう付加詞の種類になると考えられる．具体的には，(28a) の「的」表現と (28b) の「的」表現である．

この 2 種類の関係を見るのに，長野・島田 (2015) は Maienborn (2001) の場所の付加詞の分析を参考にしている．Maienborn は，ドイツ語をメインデータにして，場所の付加詞を統語的位置に応じて external, internal, frame-setting という 3 種類に分けている．まず，次のデータを見てみたい．

(32) a.　Eva signed the contract in Argentina.
　　 b.　Eva signed the contract on the last page.
　　 c.　In Argentina, Eva still is very popular.

(32a) の *in Argentina* は，「契約書にサインする」という事象が起こった場所を述べるもので，最も一般的な場所の付加詞の用法である．これを external modifier と呼んでいる．一方，(32b) の *on the last page* は事象を修飾して

いるのではなく，*the contract* という内項の一部を取り立てる修飾語で，「契約書の中でも特に最後のページにサインした」という読みになる．これは internal modifier と呼ばれている．最後に，(32c) における *In Argentina* は，「エバはいまだに人気がある」という命題が成立する範囲を指定する要素であり，これは frame-setting modifier と呼ばれている．

2種類の副詞的な「的」派生表現のうち，(28a) のタイプは，主語の「研究室」からその構成員である主任教授をとりたてていることから，internal modifier と考えられる．一方，(28b) のタイプは，教授が健全である，という命題が成り立つ研究室の範囲を指定しているので，frame-setting modifier といえる．このように，「的」の新用法と呼ばれる表現には，internal modifier としての用法と frame-setting modifier としての用法があるといえるのである．

3.3.「的」の新用法：関係形容詞との関係

それでは，なぜ internal modifier, frame-setting modifier として「的」が生起するのであろうか．項の意味内容から一部をとりたてる，命題が成立する範囲を指定する，というのは，領域を限定・指定するということである．これはまさしく関係形容詞を派生する semi-lexical category 由来の「的」が果たしている機能であった．

英語では，性質形容詞と関係形容詞はどちらも *-ly* をとって，副詞になることができる．そして，副詞としての意味は性質形容詞，関係形容詞としての意味がそれぞれ踏襲されるのである．Fábregas (2014: 291-294) は，叙述用法を持つ形容詞からはイベントや命題と叙述関係をもつ副詞が派生する一方，叙述用法をもたない関係形容詞からは陳述対象の領域を決定する副詞が派生するとし，これを frame adverb と呼んで区別している．以下が Fábregas (2014: 294) があげている frame adverb の *politically* を含んだ例である．

(33) Politically, this decision was wrong.

この文の意味は，発言の対象，考察の対象を政治に限れば，この決定は間違っていた，というものである．副詞 *politically* は，発言の対象，考察の対象を政治というものに限定する役割を果たしている．Fábregas も指摘している通り，これはまさしく関係形容詞 *political* が持っているのと同じ意味機能である．

形容詞とそこから派生する副詞の意味的平行性は (34) と (35) からもよくわかる．

(34) a. a grammatical error
　　 b. a grammatical sentence
(35) a. a grammatically correct sentence
　　 b. to write grammatically

(34a) と (34b) の *grammatical* はそれぞれ関係形容詞と性質形容詞である．それを副詞にしたのが (35a) と (35b) である．副詞においても，関係形容詞由来のものは「文法に関して」，性質形容詞由来のものは「文法に従うという性質をもって」というように，その意味を継承している．日本語でも「経済的には」というように関係形容詞由来の副詞表現を作ることは可能であるが，やはり，「経済に関しては，経済においては」というように，関係形容詞の意味を踏襲している．

2 節で述べたように，「的」派生形容詞のすべてが性質形容詞であるわけではなく，その中に一部関係形容詞もあるとすれば，「的」表現の副詞用法に関係形容詞と同じ範囲規定・分類機能をもったものがあったとしてもおかしくない．そして，「的」の新用法こそそれに相当するものといえるのである．「的」の新用法は，例外的に「的」が獲得した関係形容詞接辞としての働きによるものなのである．[10]

関係形容詞と「的」の新用法を関連付けるさらなる利点は，「的」の新用法に特徴的な対照焦点の解釈を説明することができるところにある．関係形容詞は，特に，意味的に希薄な要素を修飾する場合に対照焦点の解釈を引き出しやすい．注 6 で触れた例文を再掲する．

(35)　His infection turned out to be bacterial ∅, not viral ∅.
　　　　　　　　　　　　　　　　　　　　　　　　(Levi (1978))

この例文では，関係形容詞の *bacterial* と *viral* が対照されている．意味が希薄な semi-lexical category が被修飾語になっている場合，分類機能を持つ関係形容詞は，そこが目立ち，意味の対比が出やすいのである．関係形容詞がもともと対比の意味を出しやすいものであったとすれば，関係形容詞化接辞の「的」を含む副詞表現もその性質を受け継いでいるものと考えられる．

---

[10] 2 節で提示した「的」を含んだ関係形容詞，「音楽的だ」を連用形にして副詞要素にしても，やはり，「音楽に関しては，音楽においては」というように，関係形容詞の意味を踏襲したものになる．

4. まとめ

本章では,「的」を使った形容詞には性質形容詞も関係形容詞もあることを見た.そして,「的」の新用法は,関係形容詞を派生する「的」の性質がそのまま反映した副詞表現であると主張した.しかしながら,これで (26) にある「的」の新用法の5つの性質がすべて説明できたわけではない. (26c), (26d), (27e) については,関係形容詞に由来する性質として説明がつくと思われるが, (26a) と (26b) については関係形容詞の性質がどのように関係しているのか現時点では不明である.今後の研究が必要である.

参考文献

Baker, Mark (2003) *Lexical Categories: Verbs, Nouns, and Adjectives*, Cambridge University Press, Cambridge.

Bauer, Laurie, Rochelle Lieber and Ingo Plag (2013) *The Oxford Reference Guide to English Morphology*, Oxford University Press, Oxford.

Bisetto, Antonietta (2010) "Relational Adjectives Crosslinguistically," *Lingue e Linguaggio* 9, 65–85.

Corver, Norbert (2008) "On Silent Semi-lexical *Person*," *Lingue e Linguaggio* 7, 5–24.

Dixon, Robert M. W. (2014) *Making New Words: Morphological Derivation in English*, Oxford University Press, Oxford.

Emonds, Joseph (2000) *Lexicon and Grammar: The English Syntacticon*, Mouton de Gruyter, Berlin.

Fábregas, Antonio (2014) "Adjectival and Adverbial Derivation," *The Oxford Handbook of Derivational Morphology*, ed. by Rochelle Lieber and Pavol Štekauer, 276–295, Oxford University Press, Oxford.

金澤裕之 (2008)『留学生の日本語は,未来の日本語:日本語の変化のダイナミズム』ひつじ書房,東京.

Levi, Judith N. (1978) *The Syntax and Semantics of Complex Nominals*, Academic Press, New York.

Maienborn, Claudia (2001) "On the Position and Interpretation of Locative Modifiers," *Natural Language Semantics* 9, 191–240.

Nagano, Akiko (2016) "Are Relational Adjectives Possible Cross-Linguistically? The Case of Japanese," *Word Structure* 9, 42–71.

長野明子・島田雅晴 (2015)「「的」の新用法:属性叙述としての対照焦点」日本言語学会第151回大会口頭発表.

Nagano, Akiko and Masaharu Shimada (2015) "Relational Adjectives in English and Japanese and the RA vs. PP Debate," *On-line Proceedings of the 9th Mediterranean Morphology Meeting*, ed. by Jenny Audring, Nikos Koutsoukos, Francesca Masini and Ida Raffaelli, 105–133.

Nagano, Akiko and Masaharu Shimada (2016) "How Poor Japanese Is in Adjectivizing Derivational Affixes and Why," *Word-Formation across Languages*, ed. by Lívia Körtvélyessy, Pavol Štekauer and Salvador Valera, 219–240, Cambridge Scholars Publishing, Cambridge.

Naya, Ryohei (2016) "Deverbal Noun-Forming Processes in English," *English Linguistics* 33, 36–68.

Nishimaki, Kazuya (2016) *A Study on Cross-Linguistic Variations in Realization Patterns: New Proposals Based on Competition Theory*, Doctoral dissertation, University of Tsukuba.

Nishiyama, Kunio (1999) "Adjectives and the Copulas in Japanese," *Journal of East Asian Linguistics* 8, 183–222.

野村雅昭（1994）『日本語の風』大修館書店，東京.

Plag, Ingo (2003) *Word-Formation in English*, Cambridge University Press, Cambridge.

島田雅晴（2004）『動詞的虚辞に関する諸現象——普遍文法の観点からの分析——』博士論文，筑波大学.

島田雅晴（2017）「日本語に左側主要部の複合語は存在するのか」『言語についてのX章：言語を考える，言語を教える，言語で考える』，河正一・島田雅晴・金井勇人・仁科弘之（編），埼玉大学教養学部リベラル・アーツ叢書別冊2, 40–52.

島村礼子（2014）『語と句と名付け機能——日英語の「形容詞＋名詞」形を中心に——』開拓社，東京.

高橋寛（2015）「タイプ制限と同格表現」日本英文学会第87回全国大会口頭発表.

Watanabe, Akira (2012) "Direct Modification in Japanese," *Linguistic Inquiry* 43, 504–513.

第Ⅲ部
音声学・音韻論

第10章

「ダイヤモンド」と「コンクリート」のアクセント
——大阪方言における外来語の音調変化と言語構造——*

田中　真一
神戸大学

1. はじめに

　京阪式（中央式）アクセントに属する大阪方言の韻律的特徴として，式 (tone) の区別がある．本章では，とくに外来語という語種に着目し，アクセントおよび式決定の法則と変化について，コーパス・インフォーマント両面の調査をもとに論じる．

　たとえば，モーラ数と音節構造のともに等しい「ダイヤモンド」と「コンクリート」という語は，東京方言では「ダイヤモ̄ンド」と「コンクリ̄ート」のように，同一のピッチ型で発音されるのに対し，大阪方言では「ダイヤモ̄ンド」と「コンク̄リート」のように，異なるピッチ型で発音されやすい．また，大阪方言において，上記のペアは発音に世代差が見られないのに対し，「カスタネット」という語においては，「カスタネ̄ット」という型から「カスタネ̄ット」という型へと変化しているようである．なぜ大阪方言においてこのような違いが生じるのであろうか．ピッチの決定に法則性はあるのか．また，変化にはどのような要因が関係するのであろうか．

　本章では，このようないくつかの疑問を解くことをきっかけにして，大阪方言における外来語のピッチの決定されるメカニズムと変化を新たに提示する．また，これらの法則を支配する言語構造との関係について考察する．

＊ 本章は，田中 (2009, 2013) に加筆・修正を行ったものである．本研究の成果の一部は，科学研究費補助金基盤研究（C）（課題番号：16K02629），日本学術振興会「頭脳循環プログラム」，国立国語研究所共同プロジェクト「対照言語学の観点から見た日本語の音声と文法」（代表：窪薗晴夫）の助成を受けている．

2. 先行研究と問題の所在

2.1. 大阪方言の式

　大阪方言において，語頭からのピッチ形状（式）が，ピッチ下降の位置（アクセント，核）の情報とともに重要な役割をすることが知られている（和田(1942)，中井 (2002))．東京方言においては，語頭ピッチは一般にアクセント位置から予測可能である（服部(1960), McCawley (1968), Haraguchi (1977), 秋永 (1985)) のに対し，大阪方言は同じアクセント位置に対し，2つの異なる式が生起する．そのうち1つは，語頭からアクセントモーラまで高ピッチの連続する（平板式の語においては，全体が高ピッチ連続である）高起式，もう1つは，語頭からアクセント直前のモーラまで低ピッチが連続し，アクセントモーラのみが高い（平板式の場合は，末尾モーラのみ高い）低起式と呼ばれるものである（和田(1942), 上野(1997), 中井(2002)).[1]

　大阪方言における式は，和語については「類別語彙」（金田一(1974)) により語彙的に指定されており，また，複合語などの結合形については，(1)に示す「式保存の法則」（和田(1942)) により，予測可能である．[2] なお，[は高ピッチの開始部を，] はアクセントを，－は複合語における前後部の境界をそれぞれ表す．

(1)　式保存の法則（和田(1942))
　　a.　前部高起式　　[えいご　　：[えいご-じ]てん
　　　　　　　　　　　[ア]ップル　：[アップル-ジュ]ース
　　　　　　　　　　　[は]んきゅー：[はんきゅー-で]んしゃ
　　b.　前部低起式　　こく[ご　　：こくご-[じ]てん[3]
　　　　　　　　　　　オ[レ]ンジ　：オレンジ-[ジュ]ース
　　　　　　　　　　　き[ん]てつ　：きんてつ-[で]んしゃ

(1a)の複合語全体が高起式であるのは，その前部要素が高起式のためであり，(1b)の複合語が低起式であるのは，その前部要素が低起式のためというわけである．

　しかしながら，類別語彙には属さない語種であり，また，単純語で式保存の

---

[1] 語全体におけるピッチの形状から，高起式を平進式（高起平進式），低起式を上昇式（低起上昇式）と呼ぶこともある．本章では，それぞれ高起式，低起式という用語を用いる．
[2] 和語においては，語類ごとにピッチ（核と式）が語彙指定されている（和田(1942)).
[3] 近年では「こ[く]ご」という型も見受けられるが，その場合も低起式のため，複合語としては(1b)と同じピッチ型を予測する．

関与しない外来語については，どのような式がどのような法則により決定されるのか，管見の限りこれまで問題にされて来なかった．また，アクセント変化という観点おいて，この方言の外来語の音調がどのように変化しているのかについて述べられたものも，ほとんどないといってよい．

　本章は，このような背景にもとづき，次の点を明らかにする．まず，大阪方言における外来語の式が，音韻構造や形態・語用論的構造といった種々の言語構造によって予測可能であることを示す．同時に，3世代のデータを比較することにより，アクセント位置の変化は小さいのに対し，式の変化は顕著に見られ，そこに音節構造が関与することを指摘する．その上で，上記の言語理論との関わりを考察する．

2.2. 外来語アクセント規則と式

　東京方言の外来語アクセント規則として，(2) のような「−3 規則」と呼ばれる規則が提案されている（McCawley (1968)，秋永 (1985)）．(3) にそれぞれの具体例を示す．

(2) 外来語アクセント規則（−3 規則）（McCawley (1968)，秋永 (1985)）
　　a. 語末から 3 モーラ目（−3）にアクセントを置く．
　　b. そこが特殊モーラの場合，もう 1 つ前のモーラ（−4）にアクセントを置く．

(3) a. オ［レ］ンジ，ク［ラリネ］ット，チョ［コレ］ート，［ト］マト，ク［リス］マス，ク［ロコダ］イル，ア［シ］スト
　　b. ［ア］ップル，ス［フィ］ンクス，ワ［シ］ントン，グ［ラ］イダー，ロ［ケ］ーション，ア［リゲ］ーター

　本章では，大阪方言において，アクセントの位置は (2) の東京方言とそれほど大きな違いが見られず，また，先述のように世代差も比較的小さいのに対し，式には顕著な特徴が見られるとともに，世代による変化の大きいことを新たに提示する．

　さらに，大阪方言における外来語の式決定に，東京方言と同様，アクセントに付随したものと，東京方言とは異なり，それから独立したものとがあることを示し，それが単語長および (2) のアクセント規則との間に密接な関係を持つことを指摘する．

2.3. 東京方言における initial lowering と音節構造

　東京方言は，アクセントの位置によって，語全体のピッチの予測可能なこ

とが知られている（McCawley (1968), Haraguchi (1977)）.[4] 語頭にアクセントのない限り，(4a) のように語頭音節に低ピッチを与え，語頭が重音節の場合は，(4b) のように高ピッチを許容するというものである（服部 (1960), Haraguchi (1977)）．L は軽音節を，H は重音節をそれぞれ表す．

(4) 東京方言における式と音節（服部 (1960)）
 a. #L-: こ［まぎれ（細切れ） *［こまぎれ
    こ［なごな（粉々） *［こなごな
 b. #H-: ［こーばん（交番）〜 こ［ーばん
    ［こんだん（懇談）〜 こ［んだん

このことは，語頭のピッチ付与に音節量が関与することを示している．[5] このような音節量とピッチとの間の対応は，諸言語においても観察される．[6]

　本章では，大阪方言若年話者において，外来語の式と語頭音節量との間に (4) と同様の対応の見られることを新たに報告するとともに，それが多くの方言における音調変化と同様，東京方言の影響である可能性を指摘する．

3. 調査

3.1. サンプル・話者・手順

　杉藤 (1995)『大阪・東京アクセント音声辞典』より，3〜8 モーラの外来語（見出しに原語のアルファベット表記されたもの）全 2210 語を抽出した．同辞典の見出し語および東京方言アクセントの情報は，NHK 編『日本語発音アクセント辞典』(1985 年版) に準拠している．以下に単語長ごとの内訳を掲げる．

(5) 調査対象の外来語

単語長：	3μ	4μ	5μ	6μ	7μ	8μ	合計
所属語数：	638	756	412	298	87	19	2210

杉藤 (1995) には，大阪方言における 2 世代の話者各 3 名（計 6 名）のピッチ

---

 [4] 東京方言において (4) は，句レベルの現象であるが，本章では（式の分析のため）句頭に現れた語を対象とし，便宜上，語頭として扱うこととする．
 [5] この現象をもとに服部 (1960) は，日本語に音節という概念が必要であることを説いている．
 [6] 全 (2005) では，韓国釜山方言において，外来語の開始ピッチが (4) と類似した形で，語頭音節構造と対応することが報告されている．

情報が記載されている.[7]

本章では,上記2世代に加え,1990年前後生まれの若年話者3名を対象に,(5) と同一語について新たにアクセント調査を行った.それにより,3世代のアクセント変化の分析が可能となる.

(6) a. 高年3名：① 1932年 (m),② 1923年 (m),③ 1916年 (f)
    b. 中年3名：① 1964年 (f),② 1962年 (f),③ 1963年 (f)
(7) 若年3名：① 1993年 (f),② 1994年 (f),③ 1989年 (f)

(7) は全員大阪市内出身・在住の話者である.また,両親は全員関西出身であり,うち4名は大阪市内出身である.

各話者グループ中,2名以上によって選択された型を分析対象とし,3名が異なる型を示した語については,対象から除外した.

3.2. 結果

上記の結果,高年話者,中年話者,若年話者からそれぞれ,2187語,2193語,2205語のデータが得られた.表1〜3に各話者グループの結果を示す.各表において,行にモーラ数（単語長）,列に語末からのモーラを基準としたアクセント位置を表している（たとえば,−3は語末から3モーラ目の核を,0は平板アクセントを表している）.また,各セル点線部の下段には高起式と低起式の内訳を記載している.[8, 9, 10]

---

[7] 杉藤では (6a) の3名が老年話者,(6b) の3名が「若年話者」として記録されている.本章では1990年代生まれの話者を対象として加えるため,便宜上,(6b) の3名を「中年話者」と読み替え,1990年代生まれの3名を新たに (7)「若年話者」とする.

[8] 各モーラ所属語の最も左側において低起の値が「−」となっているのは,語頭アクセントにより必然的に高起のみが生起するためである.

[9] 7,8モーラいずれの語においても,−7,−8へのアクセントは皆無のため,表は−6から記載している.

[10] −1（尾高型）は高年話者に1例（マッ［チ］）見られたが,便宜上,欄には掲載せず,合計値に加算した.

第 10 章 「ダイヤモンド」と「コンクリート」のアクセント

表 1. アクセントと式（高年話者：1930 年前後生まれ）

ア位置 語長	−6	−5	−4	−3	−2	0	計
3μ	—	—	—	581: 91%	36: 6%	20: 3%	638: 100%
高起				581: 100%	0: 0%	13: 65%	594: 93%
低起				—: —	36: 100%	7: 35%	44: 7%
4μ	—	—	357: 47%	259: 34%	10: 1%	130: 17%	756: 100%
高起			357: 100%	3: 1%	0: 0%	128: 98%	488: 65%
低起			—: —	256: 99%	10: 100%	2: 2%	268: 35%
5μ	—	70: 17%	97: 24%	222: 54%	1: 0%	22: 5%	412: 100%
高起		70: 100%	4: 4%	165: 74%	1: 100%	22: 100%	262: 64%
低起		—: —	93: 96%	57: 26%	0: 0%	0: 0%	150: 36%
6μ	4: 1%	24: 9%	81: 29%	167: 60%	2: 1%	2: 1%	280: 100%
高起	4: 100%	1: 4%	45: 56%	151: 90%	1: 50%	2: 100%	204: 73%
低起	—: —	23: 96%	36: 44%	16: 10%	1: 50%	0: 0%	76: 27%
7μ	4: 5%	4: 5%	37: 44%	39: 46%	0: 0%	0: 0%	84: 100%
高起	0: 0%	3: 75%	25: 68%	33: 85%	0: 0%	0: 0%	61: 73%
低起	4: 100%	1: 25%	12: 32%	6: 15%	0: 0%	0: 0%	23: 27%
8μ	0: 0%	0: 0%	11: 61%	7: 39%	0: 0%	0: 0%	18: 100%
高起	0: 0%	0: 0%	7: 64%	7: 100%	0: 0%	0: 0%	14: 78%
低起	0: 0%	0: 0%	4: 36%	0: 0%	0: 0%	0: 0%	4: 22%
計	8: 0%	98: 4%	583: 27%	1275: 58%	49: 2%	174: 8%	2187: 100%
高起	4: 50%	74: 76%	438: 75%	940: 74%	2: 4%	165: 95%	1623: 74%
低起	4: 50%	24: 24%	145: 25%	335: 26%	47: 96%	9: 5%	564: 26%

表2. アクセントと式（中年話者：1960年代生まれ）

ア位置 語長	-6	-5	-4	-3	-2	0	計
3μ	—	—	—	585: 92%	33: 5%	20: 3%	638: 100%
高起				585: 100%	0: 0%	11: 55%	596: 93%
低起				—: —	33: 100%	9: 45%	42: 7%
4μ	—	—	364: 48%	245: 32%	7: 1%	140: 19%	756: 100%
高起			364: 100%	1: 0%	1: 14%	126: 90%	492: 65%
低起			—: —	244: 100%	6: 86%	14: 10%	264: 35%
5μ	—	94: 23%	103: 25%	184: 45%	1: 0%	30: 7%	412: 100%
高起		94: 100%	3: 3%	112: 61%	0: 0%	30: 100%	239: 58%
低起		—: —	100: 97%	72: 39%	1: 100%	0: 0%	173: 42%
6μ	13: 5%	20: 7%	90: 32%	153: 54%	2: 1%	6: 2%	284: 100%
高起	13: 100%	0: 0%	38: 42%	107: 70%	1: 50%	6: 100%	165: 58%
低起	—: —	20: 100%	52: 58%	46: 30%	1: 50%	0: 0%	119: 42%
7μ	4: 5%	5: 6%	37: 43%	40: 47%	0: 0%	0: 0%	86: 100%
高起	0: 0%	2: 40%	15: 41%	24: 60%	0: 0%	0: 0%	41: 48%
低起	4: 100%	3: 60%	22: 59%	16: 40%	0: 0%	0: 0%	45: 52%
8μ	0: 0%	0: 0%	11: 65%	6: 35%	0: 0%	0: 0%	17: 100%
高起	0: 0%	0: 0%	2: 18%	6: 100%	0: 0%	0: 0%	8: 47%
低起	0: 0%	0: 0%	9: 82%	0: 0%	0: 0%	0: 0%	9: 53%
計	17: 1%	119: 5%	605: 28%	1213: 55%	43: 2%	196: 9%	2193: 100%
高起	13: 76%	96: 81%	422: 70%	835: 69%	2: 5%	173: 88%	1541: 70%
低起	4: 24%	23: 19%	183: 30%	378: 31%	41: 95%	23: 12%	652: 30%

第10章　「ダイヤモンド」と「コンクリート」のアクセント　　　　135

表3．アクセントと式（若年話者：1990年前後生まれ）

ア位置 語長	-6	-5	-4	-3	-2	0	計
3μ				507: 79%	34: 5%	95: 15%	636: 100%
高起				507: 100%	0: 0%	77: 81%	584: 92%
低起				—：—	34: 100%	18: 19%	52: 8%
4μ			340: 45%	233: 31%	11: 1%	171: 23%	755: 100%
高起			340: 100%	0: 0%	1: 9%	165: 97%	506: 80%
低起			—：—	233: 100%	10: 91%	6: 3%	249: 20%
5μ		98: 24%	81: 20%	179: 43%	1: 0%	53: 13%	412: 100%
高起		98: 100%	1: 1%	52: 29%	1: 100%	28: 53%	180: 44%
低起		—：—	80: 99%	127: 71%	0: 0%	25: 47%	232: 56%
6μ	17: 6%	20: 7%	85: 29%	158: 53%	0: 0%	16: 5%	296: 100%
高起	17: 100%	0: 0%	20: 24%	90: 58%		11: 67%	138: 47%
低起	—：—	20: 100%	65: 76%	68: 42%		5: 33%	158: 53%
7μ	3: 3%	7: 8%	37: 43%	38: 44%	2: 2%	0: 0%	87: 100%
高起	0: 0%	2: 28%	12: 32%	23: 61%	1: 50%		38: 44%
低起	3: 100%	5: 73%	25: 68%	15: 39%	1: 50%		49: 56%
8μ	0: 0%	1: 5%	11: 58%	7: 37%	0: 0%	0: 0%	19: 100%
高起	0: 0%	0: 0%	2: 18%	6: 86%	0: 0%	0: 0%	8: 42%
低起	0: 0%	1: 100%	9: 82%	1: 14%	0: 0%	0: 0%	11: 58%
計	20: 1%	126: 6%	554: 25%	1122: 51%	48: 2%	335: 15%	2205: 100%
高起	17: 85%	100: 79%	375: 68%	678: 60%	2: 4%	281: 84%	1453: 66%
低起	3: 15%	26: 21%	179: 32%	444: 40%	46: 96%	54: 16%	752: 34%

3.2.1. アクセント

表1〜3をアクセントについて比較すると，「-3」位置へのアクセントが若年に向かうほど低くなり，「-4」より前方への核および平板式「0」の割合が若干上昇している．しかしながら，同時に，話者世代による変化は，それほど顕著ではない．

表4は，特殊モーラによる核移動（2b）を含めた「-3規則」の説明率を比較したものである．[11]

---

[11]「東京（NHK）」は，杉藤（1995）に記載された東京アクセントのデータ（『NHK発音アクセント辞典』（1985年版））による．分母が（5）の2210にならないのは，複数のアクセント型の記載された語を除外したためである．

表4. 「−3規則」の説明率と方言・話者グループ

話者	大阪高年	大阪中年	大阪若年	東京（NHK）
「−3規則」説明率	75% (1639/2187)	72% (1574/2193)	68% (1496/2205)	72% (1429/1973)

「−3規則」は相対的に高年話者で最も守られ，世代が下るにしたがって相対的に守られにくくなることが確認できる．

このような世代差は確認できるものの，それと同時に，−3規則（2）はどの話者世代においても一定の割合で認められるのも事実である．[12]

以下では，アクセント位置よりも，式に顕著な変化が生じることを報告する．

3.2.2. 式

表5は，表1〜3の合計値における高起式・低起式の生起割合を話者世代別に示したものである．

表5. 話者世代と高起／低起生起率

話者＼式	高起式	低起式
高年話者	74% (1623/2187)	26% (564/2187)
中年話者	70% (1541/2193)	30% (652/2193)
若年話者	66% (1453/2205)	34% (752/2205)

全体値においては，どの世代の話者も高起式が低起式を上回っている．[13]

同時に，そこに世代差が見られ，世代が下るとともに，低起率が上昇している．さらに注意深く観察すると，特定の言語構造において，式の変化が著しく進行していることが明らかになる．

表3から確認できるように，とくに若年話者において，5モーラ以上の語に

---

[12] 外来語の「−3規則」については，無声化モーラによる核移動も，特殊モーラによる移動（2b）と同様に扱う考え方もある（秋永（1985））．本章の分析の中心は無声化しにくいと言われている大阪方言であり，また，式について中心に分析を行うため，無声化モーラによるアクセント移動は対象に含めず，（2）の基準に従った．無声化モーラにおける核移動の方言差（東京と大阪の対照）は興味深い点であり，今後の課題としたい．

[13] なお，すべての例において，高起式／低起式の実現は厳密に守られていた．

おける低起式の生起数・率が，一貫して高起式のそれを逆転している．それに対し，高年話者は，表1に見られるように，どのモーラ数においても高起式が低起式を上回っている．このような点で，式の変化は，アクセント位置のそれより顕著といえる．

以下では，式決定の方策が世代により，特定の言語構造において大きく変化していることを示す．関連して，アクセント位置に付随する形で実現される式（東京方言と類似の式）と，アクセントとは独立した式のあることを新たに示し，とくに後者の部分において，式の変化が著しく進行していることを指摘する．

4. 分析

4.1. アクセントと式：アクセントに従属する式と独立した式

まず，式とアクセントとの対応について示す．表6は，語頭モーラを基準としたアクセント位置と式との関係を示したものである．たとえば「+1」「+2」はそれぞれ語頭・次語頭アクセントを表す．

表6．アクセント位置と高起／低起生起率

話者＼アと式	語頭ア（+1） 高起　：低起	次語頭ア（+2） 高起：低起	平板（0） 高起：低起
高年	1012　：　--- （100%）	8　：　412 （2%）（98%）	165　：　10 （94%）（6%）
中年	1056　：　--- （100%）	4　：　401 （1%）（99%）	173　：　23 （88%）（12%）
若年	962　：　--- （100%）	1　：　370 （0%）（100%）	281　：　54 （84%）（16%）
合計	3030　：　--- （100%）	13　：　1187 （1%）（99%）	619　：　87 （85%）（15%）

アクセントと式との間に，話者世代に共通して次のような対応が確認できる．

(8) a. 語頭アクセント（+1）　→ 高起
    b. 次語頭アクセント（+2）　→ 低起
                  （中井（2002），田中（2009），Mutsukawa（2009））
    c. 平板アクセント（0）　→ 高起

(8a) は論理的に当然のことであるのに対し，(8b, c) については，特徴的なことである．語頭から2モーラ目にアクセントのある場合，(8b) のように低起

が生起しやすいのは,外来語以外においても観察される,大阪方言全般の変化である(中井(2002)).しかしながら,興味深い点として,和語・漢語には「次語頭アクセント(+2)・高起」の組み合わせが一定数観察されるのに対し,外来語においては,表6のように,その組み合わせがより極端に制限されている.また,平板アクセントの語も,高い割合で高起式と対応しており,この点も外来語に特徴的といえる.[14]

(8)と,(2)の「-3規則」を合わせて考えると,単語長と式決定との関係について,次のことが明らかになる.

 (9) 式付与と単語長
  a. 4モーラ以下の語においては,アクセントによってほぼ自動的に式が指定される.
  b. 5モーラ以上の語においては,アクセントとは独立した式も生起する.

表1~3から明らかなように,4モーラ以下のほぼすべての語において,(8a-c)いずれかのアクセント位置が選択され,それによって式が指定されるのに対し,5モーラ以上の語においては「-3」位置をはじめ,(8a-c)の位置と一致する部分が小さくなる(つまり,式が指定されにくくなる).このように,アクセント規則を介して,式と単語長とが関係するわけである.

以下では,5モーラ以上の語において,式決定の世代差が顕著に見られることを,上記との関わりにおいて検証する.それと同時に,変化の方向性の予測自体も可能であることを示す.

4.2. 形態・語用論的構造と式

語頭の音連鎖と式との間に,話者世代を超えた対応関係が見られた.

5モーラ以上の語(816例)のうち,語頭2モーラの組み合わせの上位3例として,「コン」「イン」「スト」が挙げられる(この3例は,他の2モーラの組み合わせを大きく引き離していた).興味深いことに,初頭にこれらの2モーラ連続を持つ語は,どの世代の話者においても,ほぼ低起式が選択されていた.(10)は,世代を区別せず,上記の語例を示す.

---

[14] たとえば,杉藤(1995)において高年話者①(6a)の「+2」型における高起式と低起式の内訳は,名詞全体では1775(37%):3012(63%)であるのに対し,語種を外来語に絞ると,表6のように8(2%):412(98%)となる.また,高年話者①の平板名詞全体における高起・低起の内訳は,18677(66%):9677(34%)となっており,表6ほど極端な値ではない.このように,外来語においてアクセントと式の対応がより強力に作用していることが分かる.

第 10 章　「ダイヤモンド」と「コンクリート」のアクセント　　139

表 7.　語頭 2 モーラの生起数と低起率：5 モーラ以上
　　　（語頭アクセントを除く）

生起数上位＼話者	高年話者低起率	中年話者低起率	若年話者低起率
(10a) # コン - （26 語）	85%（17/20）	91%（19/21）	81%（17/21）
(10b) # イン - （22 語）	90%（17/19）	89%（16/18）	94%（15/16）
(10c) # スト - （21 語）	89%（16/18）	89%（17/19）	90%（18/20）

(10) a.　コンク [リ] ート，コント [ロ] ール，コン [ク] ール
　　　　コンプ [レ] ックス，コン [ピュ] ーター，コン [デ] ンサー
　　　　コン [ベ] アー，コン [パ] ニオン，コンビ [ネ] ーション
　　　　コント [ラ] スト，コンビ [ナ] ート
　　b.　インフル [エ] ンザ，イント [ネ] ーション，イン [テ] リア
　　　　インテリ [ゲ] ンチア，インスピ [レ] ーション
　　　　イン [タ] ーン，インフォ [メ] ーション，イン [プ] ット
　　　　イン [デ] ックス，イントロ [ダ] クション
　　c.　スト [リ] ート，スト [ラ] イク，スト [ラ] イプ
　　　　スト [レ] ート，スト [ロ] ーク，スト [ロ] ング
　　　　スト [リ] ング，スト [レ] ッチ，スト [リ] ーム
　　　　スト [リ] ップ，スト [ラ] ップ

上記のうち (10a, b) は，ともに語頭が重音節 (H) である．次節で分析するように，語頭重音節 (H) は高ピッチ，すなわち，高起式と対応しやすい．それにもかかわらず，(10a, b) の「#コン-」と「#イン-」は，低起を生産させている．このことは，形態・語用論的にこれらの音連鎖がマークされていると解釈できる．このことについて，5.1 節で考察する．

いずれにしても，上記の 2 モーラ連続が，以下で述べる音韻構造からの予測とは独立して，低起を生起させていることが明らかになった．

4.3.　語頭音節と式

分析の最後として，語頭の音節量と式との関係について示す．式決定の方策自体に大きな変化が見られ，高年話者の（音節構造に依存せず）一貫して高起

を選択する方策から,若年話者の語頭音節量に反応した式付与の方策へと変化していることを示す.

表 8～10 は,5 モーラ以上,かつ,前節までに分析した語頭(+1),次語頭(+2),平板(0)アクセントを除いた語における,語頭音節の種類と式との対応を,高年(表8),中年(表9),若年(表10)の話者別に示したものである.(11) と (12) に,それぞれ語頭が重音節(H)と軽音節(L)の例を示す.

表 8. 語頭音節と式(高年話者):5 モーラ以上
(+1,2,0, #コン-, #イン-, #スト- を除く)

式 語頭音節	高起式	低起式	合計
#H-	181:94%	12:6%	193:100%
#L-	275:80%	71:20%	346:100%
合計	456:85%	83:15%	539:100%

表 9. 語頭音節と式(中年話者):5 モーラ以上
(+1,2,0, #コン-, #イン-, #スト- を除く)

式 語頭音節	高起式	低起式	合計
#H-	133:78%	38:22%	171:100%
#L-	204:61%	132:39%	336:100%
合計	337:67%	170:33%	507:100%

表 10. 語頭音節と式(若年話者):5 モーラ以上
(+1,2,0, #コン-, #イン-, #スト- を除く)

式 語頭音節	高起式	低起式	合計
#H-	136:77%	41:23%	177:100%
#L-	106:29%	255:71%	361:100%
合計	242:45%	296:55%	538:100%

(11) 語頭重音節(#H—):高年/中年/若年 → 高起
　　　[ダイナマ]イト,[ファンファ]ーレ,[アンコ]ール,
　　　[パーセ]ント,[サイボ]ーグ,[マーマレ]ード,
　　　[ハンカチ]ーフ,[シャンデ]リア,[アンサ]ンブル,
　　　[ファンタスティ]ック,[サンドイ]ッチ,
　　　[パーソナ]リティー,[シュールレアリ]ズム,

第10章 「ダイヤモンド」と「コンクリート」のアクセント　　141

　　　　［ジャーナリ］ズム
　(12)　語頭軽音節 (#L—):
　　　　a.　高年 → 高起
　　　　　　［カスタネ］ット，［プロポ］ーズ，［プログ］ラム，
　　　　　　［マヨネ］ーズ，［エネルギ］ッシュ，［エレベ］ーター，
　　　　　　［カトリ］ック，［ヘリコ］プター，
　　　　　　［オリジナ］リティー，［トライア］ングル，
　　　　　　［プラネタリュ］ーム，［フラストレ］ーション，
　　　　　　［ドキュメ］ンタリー
　　　　b.　若年 → 低起
　　　　　　カスタ［ネ］ット，プロ［ポ］ーズ，プロ［グ］ラム，
　　　　　　マヨ［ネ］ーズ，エネル［ギ］ッシュ，エレ［ベ］ーター，
　　　　　　カト［リ］ック，ヘリ［コ］プター，
　　　　　　オリジ［ナ］リティー，トライ［ア］ングル，
　　　　　　プラネタ［リュ］ーム，フラスト［レ］ーション，
　　　　　　ドキュ［メ］ンタリー

　高年話者が音節構造，つまり (11), (12) の別にかかわらず，一貫して高い割合で高起式を選択するのに対し，若年話者は語頭重音節 (H) に対しては (11) のように高起式を，軽音節 (L) に対しては (12b) のように低起式を選択していることが分かる．語を基準とした変化の観点から見ると，初頭に重音節を持つ語（ただし，「#コン－」，「#イン－」を除く）においては，式の変化が小さく高起式が選択されやすいのに対し，軽音節を持つ語においては，高起式から低起式への変化が著しく進行しているということになる．外来語の低起化における構造的要因の中心は，語頭軽音節に求めることができるわけである．[15]

　以上をまとめると，大阪方言は，外来語の式に対し，デフォルト値（高起式）を選択する方策から，語頭の音節量を反映した式選択へと変化しているというわけである．

---

[15] 同時に確認すべき点として，語頭の音節量は式決定に，程度の差こそあれ，いずれの話者世代においても関与していることが挙げられる．高年・中年話者ともに，軽音節開始の語に対しては，低起式が相対的に多く選択されている．この点については今後の課題としたい．

5. 考察
5.1. 音連鎖（疑似形態素）と生起頻度
　4.2 節において，「#コン－」「#イン－」「#スト－」の音連鎖を先頭に持つ語に対して，一貫して低起式が選択されやすいことを明らかにした．このことは，形態・語用論的に，いくつかのことを示唆している．

　秋永（1985）や佐藤（1989）は，たとえば「－とう（党）」や「－いろ（色）」など特定の形態素を後部に持つ複合語は，平板アクセントを生起させることを指摘している．このような形態素は，とくに脱アクセント形態素（deaccenting morpheme）と呼ばれる．また，儀利古（2010）は，外来語において地名を表す「-ia#」や薬品名を表す「-in#」の音連鎖が平板アクセントと対応しやすく，これらを擬似的な形態素と解釈している．

　(13) a.　カリフォルニア，タンザニア，アルジェリア
　　　 b.　インスリン，ニコチン，アルギニン，アスパラギン

これらと類似のことが大阪方言の式についても確認できる．語頭の「#コン－」「#イン－」「#スト－」は特定の式と対応し，さらに生起頻度と関係する．特定の音連鎖が特定のピッチ型と対応するということは，それにより語の切り出しが容易に行われることが前提とされる．

　また，使用頻度の高い特定の言語構造は，音声的弱化（reduction）の現象と関連づけられる（Bybee（2001））．たとえば，英語のあいまい母音化をはじめとする母音弱化や，スペイン語の子音弱化は，使用頻度の高い語に多く観察され（Gordon（2016）），日本語においても，母音無声化は相対的に使用頻度の高い語に見られることが知られている．さらに，アクセントの現象においても，使用頻度の高い語（たとえば専門家や特定の集団においてよく使用される語）は平板化すなわち「弱化」しやすいことが知られている．(13) もそれに関連づけられると解釈でき，さらには本章で扱った低起式の生起もその一環といえる．

　語頭において低ピッチが選択されるのは，音声的な弱化と解釈できる．高ピッチによる開始はアクセント付与（ピッチ下降）の操作とともに，エネルギーを伴うのに対し，低ピッチによる開始は，相対的にそれを伴わない（音節量と対応するのはこのためである）．このように見ると，とくに「#コン－」，「#イン－」を語頭に持つ語が低起式で実現されるのは，その音連鎖により語が頻繁に想起され，発音の簡略化（弱化）の操作が行われたためと解釈できる．対象となる位置は異なるものの，語末の平板化現象と，語頭の低起化現象には，ピッチ付与において共通の動機が伴うと一般化できるわけである．

5.2. 音節量と言語接触

4.3節において，大阪方言における外来語の式の変化に，語頭の音節量が関係し，若年話者は，重音節開始の語に対して高起式を選択するのに対し，軽音節開始の語においては低起式を選択することを確認した．このことは，東京方言における開始ピッチ (4) との関係，つまり，初頭位置の重音節と軽音節がそれぞれ高ピッチ，低ピッチと対応することとの間に，共通性が見いだせる．

日本語諸方言が，東京方言の音声的な特徴によって影響を受けることは，多くの方言調査により報告されている（窪薗 (2006, 2013)，池田・玉岡 (2013)，清水 (2006)，田中 (2016)，松浦・佐藤 (2013)）．

窪薗 (2006, 2013) は，二型アクセント体系を持つ鹿児島方言におけるA型（語末2音節目のみ高く，ピッチ下降を伴う型）とB型（語末音節のみ高く，ピッチ下降を伴わない型）との交替変化に，それぞれ，東京方言の起伏式（ピッチ下降あり）と平板式（ピッチ下降なし）との対応が見られることを報告している．また，清水 (2006) は，大阪方言のアルファベット頭文字語における式保存に，以下のように，語頭音節の種類による偏りが見られることを報告し，このような式保存率の偏りが，東京方言における initial lowering に起因する可能性について報告している．

(14) アルファベット頭文字語における式保存と語頭音節
    a. 前部 H → 高起（式保存）：［シ］ー → ［シー-ディ］ー (CD)
        式保存率：78%　　　　　　　［エ］ー → ［エー-エム］(AM)
    b. 前部 L → 低起（非保存）：［エ］ム → エム-［ディ］ー (MD)
        式保存率：47%　　　　　　　［エ］フ → エフ-エ［ム］(FM)

本章で扱った外来語の式変化についても，概ね上記と平行的と見ることが可能である．(14) が式保存という，前部の入力情報（アルファベット単独形＝高起式）の参照を行うのに対し，本章で扱った外来語 (11) と (12) は単純語であり，原則として形態素による入力は参照しない．このことが低起式生起率との差になって現れていると解釈できそうである．

しかしながら，確認すべき点として，東京方言の影響を受けながらも，自方言の基本的な型（高起式と低起式の型）は守られている．このような点で，方言アクセントにおける接触と受け入れには，一貫した共通性が見られる．

5.3. 自律分節理論（Autosegmental Theory）と式変化

最後に，自律分節理論（Autosegmental Theory）から見た大阪方言における式変化について考察する．

Haraguchi (1977) によると，東京方言における initial lowering と語頭音節との関わりは次のようになる．

(15) a. 語頭にアクセントがない場合，アクセント音節（平板の場合は語末）から左側に高ピッチを拡張し，語頭音節のみに低ピッチを指定する． = (4a)
b. ただし，語頭が重音節の場合，語頭まで高ピッチを拡張する．
  = (4b)

これを大阪方言の外来語に適用すると，式変化について，次のような定式化が可能になる．

(16) 大阪方言高年話者における外来語の式付与
アクセント音節（平板の場合は語末）から語頭まで左側に高ピッチを拡張する．
(17) 大阪方言若年話者における外来語の式付与
a. アクセント音節（平板の場合は語末）から語頭まで左側に高ピッチを拡張する．
b. ただし語頭が軽音節の場合，アクセントの直前のモーラ（平板の場合は，末尾の直前のモーラ）に低ピッチを指定し，それを語頭まで拡張する．

東京方言との関係から見ると，大阪方言若年話者の式付与は，初頭に軽音節を持つ語におけるアクセント核（平板の場合は語末）から左側の，ピッチの切り替え位置のみが異なることになる．東京方言においてはそれが語頭音節であるのに対し，大阪方言若年話者においては，それはアクセントの直前のモーラということになる．東京方言とは，切り替えのポイントのみが異なるものの，語頭の音節量に反応するという，類似の方策に変化していると解釈できるわけである．

6. むすびと課題

本章は，大阪方言における外来語のアクセントの変化をもとに，言語構造とピッチ付与との関係を分析した．

大阪方言における外来語の式は，従来の高起を基本とする方策から，語頭の音節に反応する方策へと変化しており，とくに，軽音節開始（#L-）の外来語を中心に，低起式への変化が進行中であることを報告した．

また，上記の語頭音節とピッチ実現との対応は，近畿方言における他の現象や，他方言における変化の方向との共通性から見て，標準語の影響が考えられることを指摘した．

　外来語の式決定には，語頭の疑似形態素的な音連鎖も独立して関与し，使用頻度と弱化との関係が見いだせることを確認した．

　さらには，式はアクセント位置によって指定されるものと，アクセントから独立したものとに分けられ，4モーラ以下の語においては，アクセント位置によって自動的に式が決定されやすい（変化も小さい）のに対し，5モーラ以上の語においては，アクセントから独立した式が生起しやすくなることを提示し，このことが，式の変化と密接に関係することを指摘した．

　今後の課題として，他の語種との関係を整理することが挙げられる．外来語に見られた上記の変化が，他の部分でどの程度見られるのか確認する必要がある．たとえば，外来語において語頭音節構造に依存した式変化が，類別語彙や式保存の影響を受ける語においても同様に見られるかの検証が必要である．さらには，語彙全体の中での位置づけを検証し，大阪方言，日本語諸方言，諸言語における変化の動態を俯瞰することも今後の課題である．

参考文献

秋永一枝（1985）「共通語のアクセント」『日本語発音アクセント辞典』，NHK（編），日本放送協会，東京．
Bybee, Joan (2001) *Phonology and Language Use*, Cambridge University Press, Cambridge.
儀利古幹雄（2010）「日本語における語認識と平板型アクセント」神戸大学博士学位論文．
Gordon, Matthew (2016) *Phonological Typology*, Oxford University Press, Oxford.
Haraguchi, Shoshuke (1977) *The Tone Pattern of Japanese: An Autosegmental Theory of Tonology*, Kaitakusha, Tokyo.
服部四郎（1960）『言語学の方法』岩波書店，東京．
池田史子・玉岡賀津雄（2013）「山口方言の特殊モーラを含む語の産出におけるアクセント核の位置に関する世代間比較」『山口県立大学学術情報』6, 25-31.
全鎬璟（2005）「釜山方言の外来語のアクセント・パターンを決めるもの：分節音の情報と音節構造」『九州大学言語学論集』25, 143-163.
金田一春彦（1974）『国語アクセントの史的研究』塙書房，東京．
窪薗晴夫（2006）「方言アクセントの変容」『日本語学』25(8), 6-17.
窪薗晴夫（2013）「鹿児島方言におけるアクセントの変化」『日本言語学会第147回予稿

集』488-493.
松浦年男・佐藤久美子（2013）「長崎方言におけるアクセントの変化」『日本言語学会第147回予稿集』494-499.
McCawley, James. D.（1968）*The Phonological Component of a Grammar of Japanese*, Mouton, The Hauge.
Mutsukawa, Masahiko（2009）*Japanese Loanword Phonology: The Nature of Inputs and the Loanword Sublexicon*, Hituzi Syobo, Tokyo.
中井幸比古（2002）『京阪系アクセント辞典』勉誠出版，東京．
佐藤大和（1989）「複合語におけるアクセント規則と連濁規則」『日本語の音声・音韻（上）』，杉藤美代子（編），明治書院，東京．
清水泰行（2006）「近畿方言におけるアルファベット頭文字語のアクセントと式保存」『音声研究』10(3), 83-95.
杉藤美代子（1995）『大阪・東京アクセント音声辞典』（CD-ROM 版），丸善，東京．
田中真一（2009）「大阪方言外来語のアクセントと式について」『日本言語学会第138回大会予稿集』214-219.
田中真一（2013）「大阪方言における外来語アクセントの変化」『日本言語学会第147回大会予稿集』500-505.
田中真一（2016）「大阪方言複合語におけるアクセントの回避と位置算定」『音韻研究』19, 81-88.
上野善道（1997）「複合名詞から見た日本語諸方言のアクセント」『アクセント・イントネーション・リズムとポーズ』，国広哲弥・廣瀬肇・河野守夫（編），231-270，三省堂，東京．
和田實（1942）「近畿アクセントに於ける名詞の複合形態」『音声学協会会報』71, 10-13.

第 11 章

日本語話者の英語流音の認識

近藤　眞理子

早稲田大学

1. はじめに

　日本語母語話者が第二言語（L2）の音声を習得するうえで，流音 /l/ と /r/ は知覚，生成の両面で最も難しい音の 1 つである（Miyawaki et al. (1975), Yamada and Tohkura (1992), Takagi and Mann (1995), Flege at al. (1996), Aoyama et al. (2004), Aoyama and Flege (2011), 等）．とりわけ，日本の初等・中等教育のほぼすべての学校で教えられている英語の流音の習得に関する研究は大変多い．英語の多くの方言の /l/ と /r/ はどちらも接近音 [l], [ɹ] で，音響的にも調音的にも比較的近い．どちらの音素も方言や出現する音韻環境により様々な異音を持つ．例えば，多くの方言で /l/ は音節の頭（onset）では通常の歯茎音 [l] であることが多いが，音節末尾（coda）では軟口蓋化の副次調音を伴う [ɫ] が起きる場合が多く，暗い /l/ と呼ばれている．歴史的に音節末尾（coda）の /l/ は英語だけでなく，セルビアの首都がスラブ語の *Belgrad* から現代セルビア語では *Beograd* と母音化したり，英語の *talk, chalk, almond* のように無音化している例が多々見られる．また /r/ も [ɹ], [ɻ], [ɾ] やまれではあるが震え音の [r] 等，様々な異音が起きる．/l/ /r/ どちらの音素も，音節末尾に現れると母音として知覚されることもある（Cruttenden (2014)）（第 2 節参照）．
　これら /l/ と /r/ の様々な異音は実際には，日本語の発話でも出現している．日本語にはラ行の子音 /r/ があり，/r/ は通常（後部）歯茎弾き音 [ɾ] として現れる．実際の発話では [l] も起きることがあり（Arai (1999)），またふるえ音 [r] もあまり上品ではない特殊な発音として使われてはいるが，これらはすべて /r/ の異形と認識されている（Vance (2008), Labrune (2014)）．しかし，日本語には音素として /l/-/r/ の対立がなくどちらも同じ音として認識されており，また日本語の正書法では /l/ と /r/ が区別されていないため，日本語話

147

者にとって /l/ と /r/ の判別は難しい．

　実際に日本語において，/r/ は決して日本語の発話の中で発生率が低い音ではないが，不安定な存在の音である（Labrune（2014））．まず，/r/ は語頭に現れることが極端に少ない．日本語の言葉遊びの"しりとり"をしたことがあれば，そのことに気付いていると思う．また，借用語のアクセント付与において，/r/ で始まる音節は語アクセントを避ける傾向がある．借用語の語アクセント付与規則は，語末から三番目の拍を含む音節の頭が一般的であるが，その語末から三番目の拍を含む音節の頭が /r/ である場合，前後の拍にアクセントが移動する例が多々見られる．例えば，イタリア語の"tiramisu"からの借用語「ティラミス」や英語の"Norway"からの借用語「ノルウェー」は，それぞれ「ティラ¯ミス」，「ノル¯ウェー」と語末から三番目の拍にアクセントが置かれるべきところを，その拍の頭子音が /r/ であるために，「ティ¯ラミス」，「ノルウェ¯ー」（NHK 放送文化研究所，2016）とアクセントが隣接している音節に移動するほうが一般的である（ここでは日本語の語アクセントは"¯"で表し，記号の直前の拍にアクセントが置かれているとする）．

　このように日本語においては /l/ と /r/ の区別がないだけでなく，/r/ の音自体も他の子音に比べて不安定である．また，英語においては，典型的な /l/ の音（[l], [ɫ]）も /r/（[ɹ], [ɻ]）も，最も一般的な日本語の /r/（[ɾ]）とは音質がかなり異なる．したがって，/l/-/r/ と同様，日本語話者が苦手とする /b/-/v/，/s/-/θ/ のように，/b/ と /s/ だけ日本語に対応する音素があり，対の片方の /v/ と /θ/ が日本語に存在しない場合とは事情が異なる．これまでの研究の結果から，日本語話者には知覚・生成とも /l/ と /r/ の区別が困難であることは間違いないが，日本語では通常ほとんど現れない英語の [l], [ɫ], [ɹ], [ɻ] を聞いた時，これらの音を日本語の /r/ の範疇の音として認識するのか，または日本語にはない音として認識するのか，または /l/ と /r/ は異なる音と認識するのであろうか．

　日本語話者の英語音声発話コーパス（J-AESOP）の *The North Wind and the Sun* の読み上げ文の分析によると，日本語話者の英語発話の分節音レベルの間違いを見る限り，/l/ と /r/ の交替は双方向に不規則に起きているのではなく，間違いには規則性が見られる（Kondo et al.（2015））．J-AESOP の *The North Wind and the Sun* の読み上げ文中，子音の分節音で通常の発音と異なると判定されたものは 2,142 例あったが，うち /l/ が正しく発音されていないと判断された例は日本語話者の英語子音の間違いの中で一番多く 418/2,142 例みられ，そのほとんどが [ɹ] や [ɾ] 等，/r/ と判断されたものであった．一方，/r/ が正しく発音されていないと判断されたものは /l/, /ð/,

/θ/ に次いで三番目に多い 124/2,142 例あったが，それらのうちの多くは /r/ の代わりに /l/ が代用されたのではなく，弾き音 [ɾ] が代用されたものであった．上で述べた通り，弾き音 [ɾ] は日本語のラ行子音の音であるが，英語の /r/ の異音の 1 つでもあり，スコットランド方言やフィリピン英語など，英語の方言によっては [ɾ] は非常に一般的な /r/ の異音である（Wells (1982a, b), Cruttenden (2014））. すなわち，[ɾ] は必ずしも /r/ の発音として間違いとは言えない．Blumenfeld (2002) は英語母語話者の俳優が様々な英語方言及び外国語訛りの英語話者を演じるための発音の特徴を解説した著書の中で，日本語訛の英語を真似する秘訣として「/r/ はごく軽い顫動音 [r] で，日本語訛の英語で聞くのはこの音である．日本語訛の英語をごく簡単に一言でいうと，/l/ をこの軽い顫動音の /r/ で置き換えよ」と述べているが，J-AESOP コーパスの結果から判断すると正しい記述である．

日本語のラ行の子音の異音として [ɹ] は [l] と比べて殆んど起きないのに，なぜ日本語話者は英語を話すときに [ɹ] を多用し [l] はあまり用いないのであろうか．Flege et al. (1995), Guion et al. (2000), Aoyama et al. (2004), Hattori and Iverson (2009) によれば，日本語話者は英語の /l/ と /r/ の判別に問題があるものの，英語の /r/ は /l/ と比べて聞き分けができている．これらの研究は，Flege (1995) の Speech Learning Model (SLM) で提唱された"新しい範疇の音（new phonetic category）"の概念に基づき，英語の /r/ ([ɹ]) の音は /l/ ([l]) の音よりも日本語のラ行子音 [ɾ] と音質が異なるために，新しい L2 の音の範疇を形成し，/l/ よりも認識されやすいとしている．英語の [ɹ] は日本語の [ɾ] だけでなく，日本語の他の子音とも音質がかなり異なる．これは日本語話者は，英語の /i/ と /ɪ/ の判別はあまりよくできないが，/æ/ と /ʌ/ の判別はある程度できることと同じである．英語の /æ/ は日本語のどの母音とも音質がかなり異なるため，新しい範疇の音を形成し，区別できるようになるためだと考えられる（Nishi and Strange (2008), Matsumura (2014））.

これまでの日本語話者の英語の /l/ と /r/ に関する研究は，知覚を中心とする傾向が強かったが，本研究では日本語話者の発話，具体的には日本語話者が演じる"英語の物真似"と"英語訛のある日本語の物真似"における /l/ と /r/ の発音を分析し，その結果から，日本語話者には英語の /l/ と /r/ はどう聞こえているのか，どう認識されているのか，日本語話者は 2 つの音の違いを感じているのかと，英語の流音産出の関係を分析したデータを通じて考察し，流音の知覚がどう発話に影響を及ぼしているのかを考察する．

結果は Flege が提唱した SLM の L2 音声習得における新しい範疇の音 (new phonetic category) の形成との関係から考察する．

2. 英語からの借用語にみられる /l/ と /r/ の認識

　先に述べたように日本語では /l/ と /r/ は区別されず，正書法でもかき分ける方法がない．現代日本語には英語からの借用語が数多く使われているが，少なくとも英語の /l/ と /r/ は同一の分節音として現れているとは限らない．Lovins (1975) はヨーロッパ言語から日本語に入った借用語では，原語の /l/ は日本語では基本 /r/ となるが，音節核の /l/ は日本語では /r/，母音に後続する音節末尾子音の最初の /r/[1] は日本語では母音として現れると述べているが，実際には英語の /r/ は日本語に入った英語からの借用語では，/r/ が生起する語中と音節内の位置[2]によりラ行の子音 /r/ として認識されるものと，母音として認識されるものとに分かれる．英語の /l/ と /r/ が日本語における借用語中で音節の頭のとき（表1の①と③）と，音節の頭子音 (onset) の子音の連鎖中に現れるとき（②と④）は，借用語では /r/ として認識される．しかし，/l/ と /r/ が音節末と音節末尾 (coda) に現れる場合，借用語において異なる分節音として現れる．つまり，音節末の /l/ は借用語では /r/（⑤と⑦），音節末の /r/ は母音として認識される（⑧）．また先に述べたように，英語で /l/ と /r/ が母音に後続する音節末尾子音の頭にくる場合（⑥と⑨），/l/ は借用語では音節の頭で /r/ となり（⑥），/r/ は借用語の先行母音を重ねたものか，母音 /a/ として認識される（⑨）．

　このように英語の /l/ と /r/ が借用語でどの分節音として認識されるかは元の英語で /l/ と /r/ が音節のどの位置に現れるかによるが，この"音節"は (1) に示したように，日本語に入った借用語では元の英語とは異なる場合が多い．とりわけ音節末の /r/ の借用語での認識は，後続の音節の頭の音が母音か子音かによって異なる．英語では音節末の /l/ も /r/ も日本語の借用語ではその後続音節の頭の母音と共に新しい音節を構成し音節の頭子音となり，*America* は借用語では /a.me.ri.ka/, *syrup* は借用語では /si.roQ.pu/ の例のように，/r/ として認識される．表1の②と④のように，音節の頭でない場合も同様で，

---

[1] Lovins (1975) は論文中で，この条件の /r/ を "syllabic [r̩]" と述べているが，実際には "母音に後続する音節尾子音の /r/"，音節尾子音が子音の連続の場合はその最初の /r/, のことを述べていると思われる．

[2] ここでいう「音節内の位置」というのは，元となっている英単語の音節における位置ではなく，日本語に借用語として取り入れられた日本語としての単語の音節構造を考えたときのその中での位置である．/l/ も /r/ も借用語では，/CV/ が基本の日本語の音節構造に当てはまるよう音節を構成し直す必要がある場合があり，元の英語の音節構造と必ずしも同じとは限らない．

/l/ または /r/ と先行する子音の間に母音が挿入され，子音の連鎖を断ち切り，借用語では音節の頭で /r/ となる．

表 1．音節内の位置による英語の /l/ と /r/ の借用語中の認識

音節内の位置	英語	日本語		元の英語	借用語
頭子音 (Onset)	/l/	/r/	①	lamp, light	/raNpu/, /raito/
			②	slice, cloak	/suraisu/, /kurooku/
	/r/		③	wrap, room	/raQpu/, /ruumu/
			④	cream, brunch	/kuriimu/, /buraNti/
末尾子音 (Coda)	/l/	/r/	⑤	cool, tall	/kuuru/, /tooru/
			⑥	cold, pulp	/koorudo/, /parupu/
			⑦	idle, couple	/aidoru/, /kaQpuru/
	/r/	/V/	⑧	car, door, tour	/kaa/, /doa/, /tuaa/
			⑨	cart, pearl, port	/kaato/, /paaru/, /pooto/

(1) 語中の /l/ と /r/ の後続が母音の英単語の音節構造とその借用語の音節構造．"."（dot）は音節境界を表す．

	元の英語の発音	借用語
calendar	/kæl.ən.dər/	/ka.reN.daa/
jelly	/dʒel.i/	/ze.rii/
America	/ə.mer.ɪ.kə/	/a.me.ri.ka/
syrup	/sɪr.əp/	/si.roQ.pu/

英語は方言によって表 1 の⑧や⑨のように，母音が先行する音節末尾子音の頭の /r/ を発音する方言（Rhotic accent）と発音しない方言（non-Rhotic accent）があるが，Rhoric 方言の発音ではこの位置の /r/ は日本語母語話者にとっては母音と認識されるため，借用語において英語の方言の違いによる認識の違いはない．

英語の /r/ の知覚は，日本語話者だけでなく，他言語話者にとっても他の接近音と知覚上混同されることがある (Cruttenden (2014))．例えばフランス語話者は英語の音節末尾子音の /r/ を /w/ と聞き間違えることが多いと報告されている (Hallé et al (1999))．

このように英語からの借用語において /l/ と /r/ がどう表れているかを検証すると，日本語話者は完璧ではないものの，音韻環境によっては英語の /l/ と /r/ を聞き分けていることがわかる．一方，様々な研究結果から，日本語話者

は英語の /l/ と /r/ の区別ができないことも事実である．以下の2つの実験を通じて，日本語話者は英語の流音の何が聞こえているのか，どこを聞き分けているのか，いないのか，知覚が発話にどう反映されているかを検証した．

3. 実験

3.1. 実験1: 英語発話の物真似

　言語コミュニケーションの一環として，私たちは様々な理由で他の人の話し方の真似をすることがある．特定の音の発音を真似たり，イントネーションを真似たり，声色や発話スタイル，語彙の選択，話すときの身振り手振りや表情などを真似ることで，言葉の表面に現れる言語的情報以外の言語外の情報を聞き手に伝えることがある (McNeill (2015))．話し方の真似を検証することで，その話者が聞き手として他の話者のどのような話し方や発音の特徴に気づいているのかが分かる．日本語話者の英語の発話の真似を分析することで，日本語話者が英語の発音の何を正しく聞けていて，何が聞けていないのかを考察することができる．

　実験の手順は，日本語母語話者9名（男性2名，女性7名）の被験者に，ヘッドセットから聞こえてくる英語のフレーズをできるだけ聞こえた通りに真似てもらった．

　被験者9名は全員，録音当時大学の学部生である．英語のレベルは中級～上級の下で，一人を除き被験者は英語圏を含む留学経験・海外在住経験（アメリカ，イギリス，イタリア，オーストラリア，ドイツ，マレーシア）はあるが，実験時の自己英語判定では，全員英語を含む外国語はある程度できるが，基本日本語を母語とするモノリンガル話者で，英語の /l/ と /r/ の産出もある程度できるが，聞き分けは完璧にはできないと申告している．

　実験の英語のフレーズは，アメリカ人男性に英語の文20文とフィラー文10文の計30文を録音してもらったもので，各文には分析の対象となる /l/ と /r/ が語頭または語中に含まれる単語が4語ずつ含まれている（(2a) と (2b) 参照）．テスト語は /l/ と /r/ に様々な母音が後続するよう選択されている．(2a) に例が挙げられているように，英語の単語はうち10文は /l/ が含まれる単語2つが最初に現れ，/r/ を含む単語2つが後に出てくる．残りの10文は (2b) に例が挙げられているように，/r/ が含まれる単語2つが最初に現れ /l/ を含む単語2つが後に出てくる．上記2節に述べた通り，英語からの借用語では，音節末尾（Coda）では，英語の /l/ は片仮名では /r/，英語の /r/ は片仮名では先行母音を延ばした母音 /V/ または /a/ となり，/l/ と /r/ の判別が

比較的容易であることから，/l/ と /r/ が語末に起きる単語はテスト語には含まれていない．20個のフレーズはフィラー文とともにランダム化され，被験者に音声が提示された．

(2) a. I <u>l</u>ike <u>l</u>istening to <u>r</u>ock and <u>r</u>eggae music.
The sa<u>l</u>ad includes <u>l</u>ettuce, <u>r</u>adish and <u>r</u>aisins.
I have a <u>l</u>ong <u>l</u>ist of <u>R</u>ussian <u>r</u>estaurants.
The <u>l</u>emon soufflé was <u>r</u>ich and c<u>r</u>eamy.
b. The fo<u>r</u>eign p<u>r</u>ess <u>l</u>iked the <u>l</u>eader.
I had <u>r</u>aspberry, che<u>rr</u>y, <u>l</u>ime and choco<u>l</u>ate cakes.
I had c<u>r</u>abs, sh<u>r</u>imps, <u>l</u>obsters, and melon.
We bought <u>r</u>ed <u>r</u>ubies, and a <u>bl</u>ue neck<u>l</u>ace.

実験1は，ヘッドセットから流れてくる英語の発音を「できるだけ忠実に真似る」もので，聞こえてくる文はモニターに提示されないが，再生の操作は被験者が自分で行うことができる設定で，何度でも繰り返し聞き，納得・理解したうえで真似られるようにした．使われている英語の単語は現行の中学の英語の教科書 (New Horizon English Course 1-3) とその参考書から選んだ．被験者にとって既知の単語がほとんどであると推測されるため，事前の単語の知識と綴りの影響を最小限にとどめるために，実験に際し，「聞こえてくる英語は必ずしも正しく発音されているとは限らず，例えば *newspaper*/njuːzpeɪpər/ を [njuːzbeɪpər]，*garden*/gɑːrdən/ を [gɔːdən] のように，わざと間違えて発音している場合もあるが，よく聞いて，できるだけ聞こえた通りに，間違って発音されたと思った場合は，間違った通りに発音を再現する」という指示を出した．実際はすべての単語は正しく発音されている．録音した音声の流音の箇所の発音を，英語母語話者1名が/l/か/r/かその他の音か判定をした．

3.2. 実験2：英語話者の日本語の物真似

この実験は英語訛の強い日本語の真似をするもので，コンピューターのモニターに提示された日本語の文を，日本語があまり流暢でないアメリカ人が読んだらどう読むかを想像して読むものである．

実験2の手順は，モニターに提示される (3) に挙げられているような日本語のフレーズ（分析対象15文とフィラー文5文の計20文）は芝居のセリフで，被験者が「日本語がまだあまり上手でない日系アメリカ人の役をやるとしたらどう発話するか」という設定で，演技をしてもらった．録音は被験者が納得いくまで，何度でも繰り返して録音できるようにし，最後に録音したものを

データとした．実験2の日本語のテスト語も，実験1の英語の発話の物真似と同様，ラ行の音節 /ra, ri, ru, re, ro/ すべてが語頭または語中の両方に起きるものを選んだ．録音された音声データのラ行の子音が英語の /r/ に聞こえるか，/l/ に聞こえるか，または他の音に聞こえるかを，同じ英語母語話者1名が判定をした．

(3) 　来月は列車で広島と鳥取に行きます．
　　　寺と城の周りに堀を巡らせます．
　　　昼間は晴れますが，夜は曇りです．
　　　律令制と村社会の歴史について調べます．

　実験1の英語の刺激文をアメリカ英語話者で録音した理由と，実験2の英語訛の日本語の録音をしてもらう際の設定が「アメリカ人の役」と英語の方言を特定した理由は第6節の考察で述べる．

4. 実験1と2の結果

4.1. 英語の発音の真似

　英語の発音を聞いたものを真似てもらった実験1では，総計360例の英語の /l/ を真似た発音（[各フレーズ2箇所×20フレーズ×話者9名]）と353例の英語の /r/ を真似た発音（[各フレーズ2箇所×20フレーズ×話者9名]-[明らかな発音の間違いや音の抜かし7例]）のデータが集まった．分析の結果を図1と2に示す．

　図1は日本語話者9名（A-I）の英語の /l/ の真似が実際にどんな音として現れているかのグラフである．/l/ は360例のうち [ɹ] または [ɾ] と判断された例が23.61%（85/360例）で，話者F以外の8名の話者全員が，多かれ少なかれ /l/ であるべきところに /r/ の範疇の音を使っている．話者Fだけは1つも間違わず，Fの /l/ は100% /l/ の音と判断された．

　図2は話者9名（A-I）が英語の /r/ を真似た発音が実際にどんな音として現れているかを示したグラフである．/r/ が /l/ に置き換わっていた例は15.58%（55/353例）で，/l/ が /r/ に置き換わっていた例よりも少ない．話者Fだけは，/r/ の真似も他の話者の結果と異なり，英語の /r/ として [ɹ] または [ɾ] を使った例は見られなかったが，口蓋垂摩擦音の [ʁ] を使った例が5例見られ，また /r/ であるところに /l/ を使った例が85%（34/40例）であった．

　これは Kondo et al.（2015）で /l/ が /r/ の範疇の音に置き換わっていたも

第 11 章 日本語話者の英語流音の認識　　155

のが圧倒的に多かった結果とほぼ一致する．しかし Kondo et al. (2015) の結果では，/l/ を /r/ と発音した例が /r/ を /l/ と発音した例の約 3.3 倍であったのに対し，実験 1 の結果では /l/ を /r/ と発音した例が /r/ を /l/ と発音した例の約 1.5 倍であった．分析結果のその他 (other) は，/l/ の真似では歯茎弾き音の [ɾ] で，/r/ の真似では [ɾ] と口蓋垂摩擦音の [ʁ] であった．[ɾ] は日本語の /r/ のもっとも一般的な異音である．つまり [ɾ] を使った話者たちは，/l/ の代わりに /r/ を聞いたか，または英語の /r/ を正しく /r/ と認識したが，英語の接近音の [ɹ] または [ɻ] を正しく調音できず，日本語の [ɾ] で代用した可能性がある．話者 F 以外の 8 人が /r/ の代わりに [l] を使った例は 6.7%（21/313 例）と非常に低い．話者 F の結果を除いて再計算すると，/l/ の代わりに /r/ の範疇の音を使った率は 26.56%（85/320 例）となり，/r/ の代わりに /l/ を使った率（6.7%）と比較すると約 4 倍で，Kondo et al. (2015) のコーパスの分析結果に近くなる．

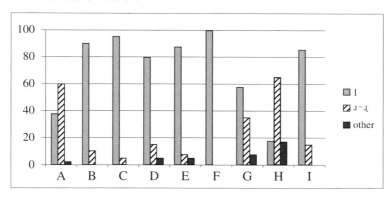

図 1: 日本語話者（A-I）がアメリカ英語の発音を真似た発話中の /l/ の実際の発音の生起率（%）

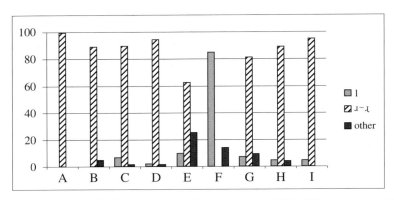

図2: 日本語話者（A-I）がアメリカ英語の発音を真似た発話中の /r/ の実際の発音の生起率（%）

話者 F の結果が他の 8 名の結果とかなり異なるのは，話者 F の外国語学習背景が影響している可能性がある．話者 F はドイツ語が堪能である．ドイツ語の /l/ は，歯茎音の明るい /l/ で，通常軟口蓋化した暗い /l/ の異音を持たず，代表的な /r/ の異音は口蓋垂摩擦音の [ʁ] であり，どちらも英語の /l/ と /r/ の一般的な音質とは異なる（Schubiger (1970))．詳細は後述する．

4.2. 英語訛の日本語の発音の真似

日本語話者（A-I）が演じた英語訛の日本語のラ行の子音がどのような音として発音されるか考察した．上記（3）に例が上がっているように，ラ行の子音 /r/ が総計 67 例含まれている 15 の日本語のフレーズの 603 例（67 例× 9 名）の /r/ を，実験 1 と 2 と同じ英語母語話者 1 名が英語の /l/, /r/ ([ɹ] または [ɻ],)，その他の音と判定した．結果を図 3 に示す．

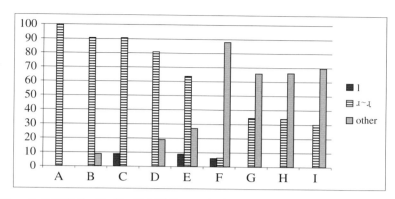

図3. 日本語話者（A-I）が英語訛の日本語の発音を真似た発話中のラ行子音 /r/ の実際の発音の生起率（%）

　英語訛のある日本語の真似では，五人の話者（A, B, C, D, E）は日本語のラ行の子音として英語の [ɹ] または [ɻ] を多用し，残りの四人の話者（F, G, H, I）はその他（other）の音を多く使っていた．どの話者も [l] はほとんど使っておらず，[l] は全体の 2.65%（16/603 例）であった．典型的な英語の [ɹ] または [ɻ] が使われた例は全体の 59.04%（356/603 例）で，38.31%（231/603 例）はその他（other）の音であった．その他の音で最も多かったのが歯茎弾き音 [ɾ]（172 例）で，6 人の話者の発話に見られた．その他の音が一番多く見られたのが話者 F の発話であるが，F の発話には [l] も [ɹ～ɻ] もほとんど見られず（どちらも 6%，4/67 例），一番多かったのが口蓋垂摩擦音の [ʁ] であった（88.05%，59/67 例）．この F の結果も上記の実験1と2の結果と同様，L2 ドイツ語の影響が強く出ていると思われる．

　この結果から，日本語話者はラ行子音の接近音 [ɹ～ɻ] を英語訛の日本語の特徴ととらえていることが窺える．3 名の話者（G, H, I）は日本語のラ行子音の歯茎弾き音 [ɾ] の生起率（それぞれ 65.67%, 65.67%, 70.15%）のほうが接近音 [ɹ～ɻ] よりも多かった（各 34.33%, 34.33%, 29.85%）が，この 3 名も接近音を 30% 程度（各 34.33%, 34.33%, 29.85%）は使っている．鶴谷（2008）によると，英語を母語とする日本語学習者は実際に日本語を話すときに [ɹ] または [ɻ] を使うことが多いとある．これは，日本語はローマ字表記でラ行の子音を L ではなく R で表記するので，英語話者は英語の /r/ の発音として最も一般的な接近音の [ɹ] または [ɻ] を用いる可能性もある．英語訛の日本語の真似をするにあたり，被験者の何人かは英語話者の日本語発話の中で，日本語話者のラ行の子音の発音と異なる音に気づいていた可能性が高い．気づ

いていた話者は英語の発音の真似と同じくラ行子音に接近音 [ɹ] を使い，気づいていない話者または気づいてはいるが接近音の調音ができない話者は，日本語のラ行の子音である弾き音 [ɾ] を使ったと推測される．

この英語話者の日本語の真似は，ほとんどの実験参加者が実験後，難しかったと回答したタスクである．アメリカ英語訛の日本語はイメージはあるものの，それをどう表現していいかわからなかったと感想を述べた参加者が多かった．実際，英語訛の日本語の演技はあまり上手ではないと感じられたものも多く，中には英語訛というよりも，普通の日本語話者の発話に聞こえるものも少なからずあった．実験のタスクとして，普通の話者にとって難しすぎた可能性があるため，追加実験3を行った．

5. 実験3：日本語の英語訛度の判定

実験2で録音した英語訛の日本語の発話を，27名の日本語母語話者が聞き，その発音から話者の母語を類推してもらった．27名の日本語話者は実験1と2には参加していない実験当時大学の学部生である．27名の被験者は実験の目的を，日本語学習者の日本語の発音を聞いて，話者の母語を推測する実験，と伝えられた．実験の解答用紙には，話者の母語の候補として，中国語，英語，フランス語，ドイツ語，イタリア語，朝鮮語，ロシア語，スペイン語の8つの言語と"わからない"の9つの選択肢が書かれており，発話音声を聞き，この9つの選択肢から選ぶよう指示された．しかし実際の発話はすべて，実験2で録音されたもので，すべて日本語母語話者の発話である．外国語訛の日本語を聞いて，話者の母語を推測することは容易ではなく，対象言語を聞いたことがあるか，その言語話者が話す日本語を聞いたことがあるか，またその言語の知識がなければ難しい．したがって，選択肢は学生が大学または中高で学習している可能性がある言語を選んだ．また，この実験では，英語以外の選択肢は重要ではないので，選択肢で言語を指定した．他に自由記述で，なぜその言語を選択したのか，話者の発音の特徴など，言語選択の決めてとなる理由を書いてもらった．

表2は全回答の中から，英語話者の日本語発話と回答された数をまとめてある．話者 A, B, C, D の4名の日本語は英語話者が発した日本語と判断した被験者が比較的多かった．一方，E, F, G, H, I の5名の日本語は，英語話者の発する日本語とはほとんど判断されなかった．英語話者の日本語との判定度の高い A, B, C, D の4名の話者の英語訛の日本語の発話では，英語の接近音の [ɹ~ɻ] の頻度が高く，80% 以上であった（図3）．英語話者との判定が非常

に低い5名のうち，特にG, H, Iの3名の英語訛の日本語では，/r/の65%以上が弾き音の[ɾ]であった．この3名は接近音の[ɹ～ɻ]も30%位産出してはいるものの，英語話者とは判定されなかった．日本語の/r/に口蓋垂摩擦音[ʁ]を多用した話者Fの発話を英語話者の発話と判断した被験者はいなかった．自由記述で書かれた英語話者と判断した理由で一番多かったのが，/r/の発音で，被験者の学生は言語学専攻ではないため"接近音"等の記述はなかったが，「ラリルレロの発音が英語っぽい」との回答が多くみられた．話者Eの発話では接近音の[ɹ]が64.18%（43/67例）使われていたが，英語話者と判定したものは一人もいなかった．ある言語の訛の真似は特定の分節音を真似るか真似ないかだけの問題ではなく，他の様々な分節音や韻律特徴も重要な要因となる．おそらく話者Eの他の音声特徴が英語話者の典型的な発音とは異なっていたのだろうと推測される．

/l/と/r/以外の英語を真似した発音の特徴としては，主なものでは，①母音[æ]の多用，②母音の弱化，③/si/を[ʃi]と発音，④無声破裂音，特に/t/の気息化，④/t/, /d/の弾き音化，⑤単語のアクセント位置の変化，⑥ストレスの置かれた母音の長母音化，などの指摘があった（実際の記述には専門用語は殆ど使われていない）．つまり，被験者たちは音声学の知識がなくても，英語の音声特徴に気づいており，英語訛の日本語のなかの「英語っぽい発音」を認識していると思われる．

表2．実験2の英語訛の日本語を真似た発話を聞き話者の母語の推測したもののうち，英語母語話者の発話と判断した被験者数（n=27）

話者	A	B	C	D	E	F	G	H	I
英語話者との回答数	18	25	10	12	0	0	2	2	0

6. 考察

実験1，2，3の結果から，日本語話者は英語の/l/と/r/の識別は完璧ではないものの，少なくともアメリカ英語の[ɹ]と[ɻ]は"英語らしい音"として認識できていると思われる．これはFlege et al. (1995), Aoyama et al. (2004)やGuion et al. (2000)等の結果と一致する．これらの研究では，日本語話者の英語の/r/（[ɹ]）の正しい知覚率は/l/よりも高い．/l/と/r/の先行研究の多くがアメリカ英語で実験を行っているが，本実験1でも英語音声はアメリカ英語話者の発話を使っており，また実験2の英語訛の日本語の物真似の実験でも「アメリカ人」と指定した．これは/r/の音を接近音[ɹ]また

は反り舌音 [ɻ] と限定するためである．アメリカ英語と日本語の子音を比較したとき，明らかな違いの1つは日本語の子音は明らかな円唇の特徴を持つものと，舌を引き込む (tongue retraction) という調音特徴があるものがないことである．筆者が進めている現在進行中の研究では，日本語の子音には舌を引き込む動きが見られないが，アメリカ英語話者の /r/ の調音は円唇を伴い，明らかに舌を引き入れる動きが観察されている．おそらく日本語話者はこの [ɻ] の音声特徴を"日本語にはない音"，"英語らしい音"として認識しているのだろうと推測される．実際に実験2の英語訛の日本語の真似で，英語話者による日本語と評価された発話の /r/ は接近音が数多く使われており，その接近音は音響的にも第三フォルマントが非常に低かった．つまり接近音 [ɻ] が新しい範疇の音 (new phonetic category) (Flege (1995)) を形成していると思われる．一方，/l/ は通常のラ行の子音として認識されるため，英語の /l/ は日本語の /r/([ɾ])，英語の /r/([ɻ]) は新しい音素 /ɻ/ となり，よって日本語のラ行の子音の異形として認識された英語の /l/ は，日本語話者の産出時には舌の引き込みの調音ができる話者は [ɻ] または [ɭ]，できない話者の発音には [ɾ] として現れるのであろう．

　母語の音と大きく異なる音が新しい範疇の音として認識されているであろうことを支持するもう1つの理由として，話者Fの実験1の結果が挙げられる．先に述べた通り，この話者は他の話者と異なり /l/ の発話の間違いがなく，/r/ の発音のほとんどは /l/ と判定された．/l/ 以外の発音は [ɾ] が一例，有声口蓋垂摩擦音 [ʁ] が5例であった．話者Fはドイツ語を流暢に話すので，英語の知覚へのドイツ語の影響が考えられる．一般的なドイツ語の /r/ は口蓋垂摩擦音 [ʁ] または口蓋垂震え音 [R] であり，/l/ とはかなり調音位置も調音法も異なるため，/l/ との判別が比較的容易である．おそらくドイツ語の /r/ は話者Fにとって新しい範疇の音を形成しているため，ドイツ語の /r/([R〜ʁ]) とは音声的に大きく異なる英語の /r/([ɻ〜ɹ]) の音は /r/ ではなく /l/ と認識したのであろう．

　日本語話者が英語の /r/([ɻ〜ɹ]) を新しい範疇の音と認識するようになった場合でも，新たな問題として接近音の [ɻ] と弾き音の [ɾ] の関係がある．[ɾ] は日本語の /r/ の典型的な音であると同時に，英語の /r/ の異音でもある．第1節に述べたように，英語の方言によっては産出の頻度が高い．[ɻ] を新しい範疇の音として認識し，/l/ を日本語の [ɾ] と認識するようになった日本語話者が，[ɾ] を多用する英語の方言を聞いた時に，[ɾ] をどう認識するのであろうか．

　アメリカ英語の場合，(4a) に示されているように，英語の [ɻ] は日本語話

者に新しい音 |ɹ| として認識されている可能性が高い（以下，日本語話者にとっての新しい範疇の音を便宜上 | | の記号を用い音声表記で表す．また日本語の /r/ は /ɾ/，スペイン語の弾き音の [ɾ] は /ɾ/，ふるえ音の [r] は /rr/ とする）．その場合，アメリカ英語の /l/ と /r/ ([ɹ]) は英語の /l/ が認識できない日本語話者にとっても 1 対 1 の関係となるので，/l/ と /r/ の判別は比較的容易であろう．これは (5a) のドイツ語の場合でも同じである．しかし，日本語の /r/ ([ɾ]) と異音を共有するスコットランド方言やフィリピン英語などの場合，(4b) に示されているように新しい音範疇が形成されたとしても，英語と日本語の音が 1 対 1 の関係とはならないため，英語の流音の音素の判別は難しいと思われる．スペイン語の場合も (5b) にあるように流音が /ʎ/–/l/–/ɾ/–/r/ と 4 つの対立があり，/l/ と /ɾ/ が日本語とは 1 対 1 の関係にならないため，/l/ と /ɾ/ の認識は容易ではない．パンジャブ語も /ɾ/–/ɭ/–/l/–/ɫ/ の 4 つの対立を持つ言語であり，日本語話者にとってパンジャブ語の流音の識別は困難だと報告されている (Shinohara et al. (2015))．

(4) アメリカ英語とスコットランド英語の流音と日本語話者にとっての新しい音範疇との関係．

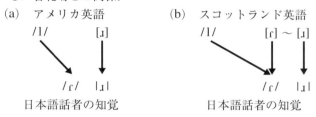

(5) ドイツ語とスペイン語の流音と日本語話者にとっての新しい音範疇との関係．

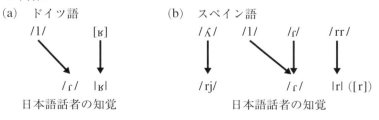

実験の結果が示すように，日本語話者の英語では，調音的に日本語のラ行の子音の [ɾ] に近い /l/ ではなく，/r/ のほうが多用される傾向がある．これは英語の [ɹ～ɻ] が新しい範疇の音として認識されているからであると推測される．

第二言語では，音声の知覚がなされていても，必ずしも正しく産出されているとは限らない．本研究では，産出のデータから，話者の知覚を類推したに過ぎないが，日本語話者は英語の /r/ は認識できていて，また [ɹ] 自体の生成ができるのであれば，それを生かした英語の音声教育につなげられるであろう．また [ɹ] を使わない英語の方言や，他の言語の流音はどう知覚され，どう生成されるのか，どのような新しい範疇の音がどう形成されるのか，さらなる検証が必要である．

参考文献

Aoyama, K. and J. E Flege (2011) "Effects of L2 Experience on Perception of English/r/and/l/by Native Japanese Speakers," *Journal of the Phonetic Society of Japan* 15(3), 5-13.

Aoyama, K., J. E. Flege, S. G. Guion, R. Akahane-Yamada and T. Yamada (2004) "Perceived Phonetic Dissimilarity and L2 Speech Learning: The Case of Japanese /r/ and English /l/ and /r/," *Journal of Phonetics* 32, 233-250.

Arai, T. (1999) "A Case Study of Spontaneous Speech in Japanese," *Proceedings of the 14th International Congress of Phonetic Sciences*, San Francisco, 615-618.

Blumenfeld, Robert (2002) *Accents: A Manual for Actors*, Limelight Editions, New York.

Cruttenden, A. (2014) *Gimson's Pronunciation of English* (8th ed.), Routledge, Abingdon.

Flege, J. E. (1995) "Second Language Speech Learning: Theory, Findings, and Problems," *Speech Perception and Linguistic Experience: Issues in Cross-language Research*, ed. by W. Strange, 233–277, York Press, Timonium, MD.

Flege, J. E., N. Takagi and Y. Mann (1995) "Japanese Adults Can Learn to Produce English/r/and/l/Accurately," *Language and Speech* 38, 25-55.

Flege, J. E., N. Takagi and Y. Mann (1996) "Lexical Familiarity and English-language Experience Affect Japanese Adults' Perception of/r/and/l/," *Journal of the Acoustical Society of America* 99, 1161-1173.

Guion, S. G., J. E. Flege, R. Akahane-Yamada and J. C. Pruitt (2000) "An Investigation of Current Models of Second Language Speech Perception: The Case of Japanese Adults' Perception of English Consonants," *Journal of the Acoustical Society of America* 107, 2711-2724.

Hallé, P., C. T. Best and A. Levitt (1999) "Phonetic vs. Phonological Influences on French Listeners' Perception of American English Approximants," *Journal of Phonetics* 27, 281-306.

Hattori, K. and P. Iverson (2009) "English /r/-/l/ Category Assimilation by Japanese Adults: Individual Differences and the Link to Identification Accuracy,"

Journal of the Acoustical Society of America 125, 469-479.

Kondo, M., H. Tsubaki and Y. Sagisaka (2015) "Segmental Variation of Japanese Speakers' English: Analysis of "the North Wind and the Sun" in AESOP Corpus," *Journal of the Phonetic Society of Japan* 19(1), 3-17.

Labrune, L. (2014) *The Phonology of Japanese*, Oxford University Press, New York.

Lovins, J. B. (1975) *Loanwords and the Phonological Structure*, Revised version of Ph.D. Thesis submitted to University of Chicago, USA in 1973. [Reproduced by the Indiana University Linguistics Club.]

Matsumura, K. (2014) *Japanese Listeners' Perception of English Vowel Pairs: /i/-/ɪ/ and /æ/-/ʌ/*, B.A. dissertation, School of International Liberal Studies, Waseda University.

McNeill, D. (2015) "Speech-gesture Mimicry in Performance: An Actor → Audience, Author → Actor, Audience → Actor Triangle," *Journal for Cultural Research* 19 (1), 15-29.

Miyawaki, K., W. Strange, R. Verbrugge, A. M. Liberman, J. Jenkins and O. Fujimura (1975) "An Effect of Linguistic Experience: The Discrimination of [r] and [l] by Native Speakers of Japanese and English," *Perception & Psychophysics* 18, 331-340.

NHK 放送文化研究所（編）（2016）『NHK 日本語アクセント新辞典』NHK 出版, 東京.

New Horizon English Course 1-3, 東京書籍, 東京.

Nishi, K. and W. Strange (2008) "Acoustic and Perceptual Similarity of Japanese and American English Vowels," *Journal of the Acoustical Society of America* 124(1), 576-588.

Schubiger, M. (1970) *Einführung in die Phonetik*, Walter de Gruyter, Berlin.

Shinohara, S., Q. Hussain and T. Ooigawa (2015) "Does Allophonic Knowledge of L1 Contribute to the Correct Discrimination of Non-native Sounds?" *Proceedings of the 18th International Congress of Phonetic Sciences*, No. 0368.

Takagi, N. and V. A. Mann (1995) "The Limits of Extended Naturalistic Exposure on the Perceptual Mastery of English/r/and/l/by Adult Japanese Learners of English," *Applied Psycholinguistics* 16, 379-405.

鶴谷千春（2008）『第二言語としての日本語の発音とリズム』溪水社, 広島.

Vance, T. J. (2008) *The Sounds of Japanese*, Cambridge University Press, Cambridge.

Wells, J. C. (1982a) *Accents of English 2: The British Isles*, Cambridge University Press, Cambridge.

Wells, J. C. (1982b) *Accents of English 3: Beyond the British Isles*, Cambridge University Press, Cambridge.

Yamada, R. A. and Y. Tohkura (1992) "The Effects of Experimental Variables on the Perception of American English /r/ and /l/ by Japanese Listeners," *Perception & Psychophysics* 52(4), 376-392.

第 12 章

r 音について

松沢　絵里
大阪芸術大学

1. はじめに

　音は母音と子音に区別される．息の流れに阻害がないものが母音，阻害があるものが子音と区別されるが，流音 /l, r/ や半母音 /j, w/ などはその中間的位置にあり，母音的性格と子音的性格をあわせもち，流音は鼻音とともに音節主音となる．/r/ は，舌の側面を息が通り発音される /l/ より，調音の変異形が大きい．以上のような特徴をそなえた r 音は，日本語ではかつて語頭にたたない音であり，英語史の中でも様々な音変化を引き起こしてきた．本章では，英語と日本語の r 音を概観し r 音が音変化においてはたしてきた役割から，その異なる機能を考察する．

2. r 音の分布

　松本（2006）の 16 章『流音のタイプとその地理的分布』では，世界の言語の流音の分布から，英語のような複式流音地域と日本語のような単式流音地域，そして流音が全くない地域を区別した．複式流音地域は，アフリカ北部からユーラシア内陸部，さらにオーストラリア大陸に広がり，世界言語の大多数をしめる．単式流音型の言語圏は上記の複式流音地域を中心部とした太平洋沿岸地域，具体的には，チュクチ・カムチャッカ諸語，ギリヤーク語，アイヌ語，日本語，朝鮮語，中国語，チベット・ビルマ語族の東方群，ミャオ・ヤオ諸語，タイ・カダイ諸語，ムンダ語を除くオーストロアジア諸語，オーストロネシア諸語の諸言語である．流音欠如型の分布層は限られた地域のみに見られ，北米東部のアルゴンキン諸語，中米のオトマンゲ，ミヘ・ソケ諸語，ニューギニア高地のパプア諸語，アフリカ南部のコイサン諸語といった，単式流音型の周辺部にのみあると観察している．さらに，この地理的分布は，一万年前まで

の太平洋沿岸部の海面が低下していた地形などから，人類が流音を音素として獲得した過程に示唆を与えるとしている．[1] Gordon（2016）の統計では，流音が 2 つの言語は 41.0%，3 つの言語が 14.5% あり，日本語のように 1 つしかない言語は 23.3% である．[2] 合計は 78.8% であるが，さらに多くの流音がある言語があり，オーストラリア諸語の Kaititj 語などは 4 つの側音を区別し，[3] アフロアジア語族の Hausa 語は重子音の /r/ 音他合計 4 つの /r/ 音を区別する．[4]

出現頻度は側音が 81.4% の言語に現れるのに対し，/r/ 音は 76.0% である．しかし，単一の流音しかない場合，それが /r/ である割合は 56.8% である．それに対し，側音は 43.2% である．2 つの流音がある場合，側音と /r/ 音がそれぞれ 1 つである場合が最も多く 83.1% を占める．側音のみは 13.8% となり /r/ 音のみは 2.3% のみである．さらに 3 つの場合は側音が 1 つで /r/ 音が 2 つあるのが 37.0%，側音が 2 つで /r/ 音が 1 つであるのは 50%．側音のみが 13% であるが /r/ 音のみの統計はない．[5] 3 つの流音がある言語では，/r/ 音は 1 つしかない言語が多数である．

3. 音節主音のスペクトログラム

常に音節主音となる母音は口腔の形により共鳴し，周波数の強くなる音波帯がいくつかありこれをフォルマントという．母音においては下から第一，第二フォルマントがその識別に重要である．鼻音は，基本的に有声であるため有声音を示すフォルマントと，鼻腔の共鳴をしめす薄い縞があらわれる．流音や /r/ 音にもまた，位置は異なるが，識別できる第一第二フォルマントがあり，閉鎖音や摩擦音とは異なり母音との類似性がある．

4. r 音の習得

英語話者の子供の場合であるが，/l, r/ は，習得が始まるのはどちらも 2 歳 8 カ月からであり，4 歳を超えてから 90% 以上の子供が /l, r/ 音を習得する．/l, r/ は，90% 以上の子供が習得する時期が 4 歳を超える子音グループ（/l, r, ʃ, ʧ, v, z, ʒ, θ, ð/）の音であるが，この中では習得の始まりは最も早い．また，

---

[1] 松本（2006: 355–356）．
[2] Gordon（2016: 49）．
[3] Ladefoged and Maddieson（1996: 185）．
[4] *Ibid.*（237–238）．
[5] Gordon（2016: 49）．

/l, r/ は [w, j] で代用される傾向がある．

/l, r/ より早く2歳までに習得が始まる音は /n, m, p, h, f, w, ŋ/ である．2歳から2歳4カ月までに習得が始まる子音は /t, k, b, g, j, d/ である．最も遅く4歳から習得が始まる音は /θ, ð/ である．なお，語頭と語末で習得できる音の年齢に差が見られる．[6]

日本語の幼児の場合は単子音のみは喃語期には発声している可能性があるが，日本語の音韻構造に従い母音を伴った音の習得の観察となる．構音する音で最も早いのは「ワ」であり1才3カ月から5カ月の間に75％の幼児が発音する．2歳6カ月ころから，カ行，ナ行，マ行，パ行，タ，テ，トを習得し，ラ行音はシ以外のサ行音とともに，最も遅い習得となり，5歳6カ月から11カ月の間に75％の幼児が習得するという調査がある．[7]

5. r 音の調音

/r/ 音の調音が，フランス語やドイツ語，イタリア語などで異なることはよく知られている．英語だけでもアウターサークルの変異形のみならず，方言を見てみればすぐに調音の違いは容易に観察され，中でも，英米の調音の違いはイントネーションの違いに加え，この /r/ 音の違いが鍵となっている．ここでは日本語と，代表的な英語の /r/ 音の調音について記述する．なお，一般的に /r/ 音の発音記号として使われている [r] は IPA ではスペイン語などの顫音（せん）(trill) を示すものである．

5.1. 日本語の r 音の調音

日本語のほとんどの方言で /r/ 音の発音は弾音，IPA 表記 [ɾ]，であるが，東京の下町方言，いわゆるべらんべえ言葉などには顫え音，また相補分布する韓国語ほど明瞭ではないが異音として [l] 音さらに，これに [d] の要素も加わったものもある．[8] 日本語の /r/ 音の発音は [d] 音に近く，歯茎音のザ行，ダ行音などとラ行音との混同により，大阪では「淀川の水」が「よろがわのみる」(/d/>[r], /z/>[r])，長崎では「戸棚の小皿のねずみ」が「とららのこららのねるみ」(/d/>[r], /n/>[r], /z/>[r]) が観察されている．[9] 杉藤 (1996)

---

[6] Crystal (1987: 240).
[7] 岡田ほか (編) (1990: 16).
[8] 土岐 (1993: 147-148).
[9] 杉藤 (1996: ii).

によれば，ザ行，ダ行，ラ行の混同は西日本の広い範囲の方言でおこるが，意味のある単語では，ラ行音との混同は，ザ行とダ行の混同よりも頻度は低い (p. 109). ただし，無意味音では割合は似ている (p. 114). 混同のもう1つの例として，中浜万次郎が振り仮名を付けたアルファベットの掛け軸の <D> がある．これには〈リィ〉という振り仮名が付けられている．万次郎の振り仮名は耳から習得した音のカタカナ表記と考えられるが，高知県もザ・ダ・ラ行音の混同が観察されている地域である．[10]

5.2. 英語の r 音の調音
5.2.1. RP: Received Pronunciation 容認発音（イギリスの標準語）

基本的には有声後部歯茎接近音の [ɹ] であり，/d/ と /p, t, k/ の後では無声音化する ([ɹ̥])．また，母音の後ろでは綴り字に <r> があっても発音上は発現しない (non-rhotic). [ʊ] は，19世紀から20世紀にかけての古い RP 話者の発音であったが，/t/ > /ʔ/ (t-glottalizing) や /θ, ð/ > /f, v/ (th-fronting) などのコックニーの発音を取り入れている新しい RP 話者が，この音，つまり円唇性のみ残した母音の発音 ([ʊ]) で r 音を発音することが観察されている．[11]

5.2.2. 標準アメリカ英語 (General American)

母音の後ろの /r/ では母音を反り舌音化して母音と一体化する [ɝ].[12] その他の位置では RP と同様である．母音間の /t/ 音は弾音化する ([ɾ]).

6. 弁別素性

音声を調音と音響音声学の研究から分析し割り出した弁別素性の束として考える方法はプラーグ学派によって提案され，ローマン・ヤコブソンらの研究 (Jakobson, Fant and Halle (1952)) から，アメリカのチョムスキーらの研究に影響を与えた．これは音を弁別素性という観点から分類することで，音を自然類に分け，さらに，SPE[13] では α 表記をすることによって，同化などの現象をわかりやすく表記することに成功した．

音節主音になる /l, r/ および日本語，英語で /r/ と交代の起こる /d, z/ の弁

---

[10] 杉藤 (1996: 65). 中学校へのアンケートで，クラスの半数以上が混同しているという結果が1校でもあった地域の1つ．
[11] Cruttenden (2008: 220–221).
[12] Giegerich (1992: 65).
[13] SPE: *Sound Pattern of English* by Chomsky and Halle (1968).

別素性が異なるものを SPE 方式で表 1 に示す。[14] 空白部は余剰的に説明される。ほかの素性は同じである：[＋CONSONANTAL]，[－SYLLABIC]，[－HIGH]，[－BACK]，[－LOW]，[＋ANTERIOR]，[＋CORONAL]，[＋VOICE]，[－NASAL]，[－ROUND]，[－GRAVE]，[－LABIAL]，[－PALATAL]。[15] 素性表示により，音の類似性と，交代が起こった時に，どこが変化したかを知ることができる。ただし，r 音の発音には上記のように様々な調音があるため，具体的な音声についてはさらに多くの素性指定が必要になる。

表 1

	l	r	d	z
SONORANT	＋	＋	－	－
VOCALIC	＋	＋	－	－
CONTINUANT	＋	＋	－	＋
STRIDENT	－	－	－	＋
DELAYED RELEASE			－	
LATERAL	＋			

7. 音節構造における r 音

7.1. 日本語の音節構造と r 音

8 世紀の日本語は現代日本語の /N/ 音〈ん〉などと同様，本来語頭には濁音および /r/ 音は立たなかった。逆に子音のない音，つまり母音で始まる音は語頭のみにあらわれるのが原則で，語中の母音連続は脱落や融合により避けられた。しかし 9 世紀になるとイ音便（カキテ＞カイテ）やウ音便（ハヤク＞ハヨウ）により母音は連続するようになった。[16] /r/ 音は，助詞などでは語頭にたっていたが，濁音と /r/ 音が他の子音と同じく語頭に立つようになったのは，5 世紀以降の漢文化，仏教を学ぶための中国語（漢語）の借入による。そして，仏教とともに伝来した悉曇学の知識により，11 世紀に五十音図が成立した。その際，サンスクリットの表記に習い，/r/ 音の五十音図における位置が決められ，清濁は補助記号による表記となった。現在では，上記のように方言による発音の差はあるが，ラ行音は外来の音であるという印象を残しつつ，他の子音と同じく，日本語の音韻構造の語頭音の 1 つとして組み込まれている：(C1)

---

[14] Hyman (1975: 242-243).
[15] 弁別素性の説明は Hyman (1975: 34-68) を参照.
[16] 高山 (2012: 10).

(C2) V (V) (C3) における，(C1)．[17]

7.2.　英語の音節構造と r 音

　英語の音節構造は日本語より複雑で，語頭では3子音，語末では4子音の連続が可能である．ただし，すべての子音が自由に現れるわけではない．語頭子音群には，順序があり r 音の現れる位置は制限される．

　英語の音節構造：(C1) (C2) (C3) V (C4) (C5) (C6) (C7)
語頭で3子音が連続する場合：C1:/s/; C2:/p t k/; C3:/r l j w/: *spring*, *scuba*．英語の流音と半母音は連続する子音と母音をつなぐ位置にある．これは日本語の拗音が子音と母音の間に入るのと似る．音節末（語末）の子音連続の制約はゆるやかだが，4子音結合の場合は最後の子音は複数形の -s [s, z] や過去形の -ed [d, t] に限られる：*twelfths*, *glimpsed*．

　英語の母音連続の回避はより明瞭な形で現れる．語源的に存在する音節末の /r/ 音は RP その他の英語では発音されないが，母音連続になる場合は発音される（連結の r）：*far away*．さらに，語源的には /r/ 音が存在しない場合でも母音連続を避けるために /r/ 音が挿入される（嵌入の r）：*an idea of it* [ən aidiəɹəv it]．RP 話者は，音節境界に声門閉鎖音 [ʔ] を入れる場合があり，この音は r 音と同様，音節境界を示す場合や，閉鎖音を強化するためなどに用いられ，嵌入の r の位置だけでなく，連結の r の位置にも現れるようになっている．[18]

8.　英語音韻史における r 音

　上記のように日本語の /r/ 音は，外来の複数の流音を受け入れる際も，日本語では唯一の流音となるラ行音として受け入れてきた．借入音として，ラ行音は確立し，日本語の一般的な音節体系にくみこまれ，実際の発音上の異形はあるものの，一般的な語頭に立つ子音の1つとして安定して機能している．

　一方，古英語の /r/ 音は，ゲルマン語の /r/ 音に由来するものと，/s/ がグリムの法則により摩擦音化した音と共に，ヴェルネルの法則により有声音化し，そのあと /r/ となったものがある（/z/>/r/）．古英語の /r/ 音はいわゆる巻き舌の /r/ であったと推定される．その後，主に，ME 以降，借入語と共

---

[17] C：子音；V：母音；( ) なくても良い音素；(C2)：/j/拗音〈ゃ〉；VV 長母音；(C3) 音節末の子音　① 促音　② 撥音（跳ねる音）．
[18] Cruttenden (2008: 178–179)．

にr音のある語はふえていった．英語音韻史の中で，こういったr音は音過程の環境として何度か出現している．ここでは中尾（1985）を参考に英語音韻史にかかわるr音を取り上げ，その位置づけを試みる．なお，具体例として，参考文献に挙げているものから以外に，14世紀初期のロンドン英語の文献である *Kyng Alisaunder* （KA）[19] と *Of Arthour and Merlin* （AM）からの例を使った．これらは同じ作者の文献とされる．KAやAMの英語はのちのRPにつながる変異形ではないが，当時の，ロンドンの発音を知る手がかりとなる文献である．

8.1． r音そのものの変化にかかわる音過程

(1) 音位転換

(i) rV > Vr / _χt: BRIGHT AM 440 OE *beorht* > *briʒt*[20]

OE期から北部では声門摩擦音 /r/ の音位転換が現れているが，12世紀にはハンバー川の南にも広がった．[21] KA，AMの例から，初期14世紀のロンドン英語には声門摩擦音の前の音位転換は完了している場合と，未完了の例両方が観察される．

(ii) r > ir, ir > ri / C_C [C, +dental]: BIRD OE *brid* > *bird*; THIRD OE *thrid* > *third*

1400年ごろ子音の後で歯音が続く /ri/ は音位転換し，/ir/ となった．/ur/も変異形として現れた．[22] これについてはKA7550にBURN OE *brinnan* > *barn*, AM 9249にBIRD pl *berdes*, AM 2549 START OE *styrtan* > *strit* の綴り字例がある．[23]

(2) r音の消失および先行する母音の反り舌音化

(i) r > φ / _{s, ʃ} : CUSS, BUST （CURSE, BURST の変異形）[24]

MEからシェイクスピアの時代にかけて，/s, ʃ/ の前の /r/ が脱落した．

(ii) r音性と非r音性, rhotic / non-rhotic

RPでは1700年ごろまでに，語末，子音の前における母音に続く /r/ 音，

---

[19] 断りがない場合，KAの例は筆者の調査による．
[20] Liedholm (1941: 160)．以下数字は当該韻文の出現行を示す．
[21] Jordan-Crook (1974: 165)．
[22] Dobson (1968: 573)．
[23] Liedholm (1941: 160)．
[24] Barber (1976, 1997: 117 and 128)．

また，音節主音をなす /r/ 音に母音がわたり音として挿入された場合，消失した（非 r 音性）．これが，米音では，消失せず，母音の反り舌音化を引き起こした（r 音性）．KA の編者スミザーズは KA 1342 WORST werst: BURST tobrest, 6954 TEACH tache: MARCH Marche, 他の中英語期のロマンスの脚韻例から，これらが後の /r/ 音消失につながる初期の例としている．[25]

8.2. r 音が環境となる音過程

（1）　母音挿入：古英語以前，東及び，北ゲルマン語の音節主音である流音の前に，西ゲルマン語は母音を発達させた：ACRE Old Icelandic（北ゲルマン語）akr/Old Frisian（西ゲルマン語）ekker.[26]

（2）　割れ：WGmc a, e, i > OE WS æ e i > ea eo io/_{h, r, l} C
3, 4 世紀ごろ OE の特に WS における前母音 と子音の続く /h, r, l/ の間に渡り音が入り，二重母音化された．

（3）　Gmc x > OE h/##_, _{l, n, r}
OE でゲルマン語の [x] は語頭および /l, n, r/ が後続するとき [h] となった．

（4）　母音後退：i > u, e > o/w_r
WS 方言以外で /r/ 音の前で母音の後退があった（Campbell (1959: 57-58))．

8.3. 音素配列の変化

（1）　頭子音結合音素配列の変化

OE h > ø/_{l, n, r}：後期古英語時代語頭の /h/ と /l, n, r/ の音連続は認められなくなり，/h/ が脱落した：RING < OE hringe.

wr > r, kn > n, gn > n/##_：1500 年ごろ，語頭の /wr/, /kn/, /gn/ は認められなくなり，それぞれの語頭音が消えた．ただし，綴り字としては残った：WRING．

（2）　母音の変化

Dobson (1968: 724ff) は /r/ 音が ME 期および ModE 期に最も母音に影響を与えた子音であり，その作用を①円唇化，②下げ，③/r/ 音の前でのわたり音 [ə] の発達の 3 つにわけて説明している．特に②下げの影響を受けた母音は多数であるが，このほか，長化 (Dobson (1968: 517ff))に加え，逆に上げ

---

[25] Smithers (1957: 127-128).
[26] 中島 (1951, 1979²: 90).

の影響も与えている（Dobson（1968: 636ff））．上げ，下げ，の変異形は特に中舌前母音の /e:, ɛ:/ のゆれと語源とのかかわりで論じられる．KA の場合は，/e:, ɛ:/ どちらであったかの正確な音価の特定は困難であるが，脚韻から中舌前母音は1つであったことが推定される．[27]

8.4. 変化を阻止した r 音

(1) OE ではすべての子音が単子音と重子音で対立しているが，3～4世紀の前 OE 期，WGmc の単子音は /j/ の前で重子音化した．しかし同じ環境で /r/ 音は重子音化しなかった（Campbell（1959: 167））．

(2) OE アングリア方言では /i/ の割れは子音が続く /r/ 音の前で阻止された．ただし，/z/ > /r/ による重子音 /rr/ の前では割れた（Campbell（1959: 59））．

(3) 開音節長化

12世紀の北部方言から2音節語の開音節の短母音が長化が始まった．これを開音節長化という．開音節長化は下げを伴う場合と，伴わない場合があるが．下げを伴う場合の完了は1500年以降となる．いずれの短母音にも例外が存在するが，例外を Bliss（1952-53: 194-198）は中位の流音または鼻音，語末の /r(C)/, /m/, /n(C)/ がある場合長化が阻止されること，また，後者の場合，つまり語末に流音または鼻音があっても，中位の唇音がある場合，多くの場合長化されると実例で示した．

9. 結び：音素的単位としての /r/ 音とプロソディとしての r 音

Firth（1948）ほかでファースが提唱したプロソディ分析は，言語を統合関係と連合関係からなる構造とし，音声を，ファースのいう音素的単位，つまり分節音とプロソディに分けて分析した．ここでいうプロソディはいわゆる韻律とは異なる．それぞれの音素的単位は，プロソディによって，構造の一部として統合関係の中で認識される．言語音は，この構造があるゆえに，音節，語，文となり，意味を担い，それを伝達することができる．こういった構造をなすすべてのものがプロソディである．語をひとくくりにするアクセントや母音調和，音節境界を示す嵌入および挿入の r がプロソディである．音素的単位とプロソディは言語により異なるため，それぞれの言語でそれぞれの音素的単位

---

[27] Matsuzawa（2004）．

とプロソディが設定される.

/r/ 音が関わる WGmc の重子音の発現を Kaminashi[28] は音節構造により説明し，例外は /r/ 音が子音であるのか，そうでないかとして説明する．これは流音が音節境界にかかわるプロソディを担っている例である．つまり，例外がおこるのは，流音が語全体の音節構造を正しくするため流動的に母音または子音の役割を任うとする説明である．

現代英語のプロソディとして，音節境界を示す嵌入あるいは挿入の r 音がある．同じ役割を果たしているのが，新しい RP の変異形の発音である声門閉鎖音である．後者は，音節を区切る，または閉鎖音を明瞭にするといったプロソディの機能のみを担い，独立した分節音ではない．それに対して，/r/ 音は一般の分節音の 1 つとして独立しており，声門閉鎖音とは異なり，他の子音と同じ機能も果たしている．嵌入の r は挿入の r と共に一般の分節音である /r/ 音とおなじ調音であるが，その役割は異なるものである．さらに，音節構造を見てみれば，英語の流音は語頭の 3 子音の C3 の位置に現れることができる子音であり，これは，日本語の音節構造の C2 の位置の拗音に対応しており，他の子音と音節構造における役割が異なる．また，IPA では反り舌音化は喉頭化や鼻音化などと同様補助記号の 1 つである．

日本語の /r/ 音は，かつては語頭に立たず，一般の分節音とは異なっていた．しかし，現在では分節音の 1 つとなり，プロソディは他の子音と変わらない．英語における /r/ 音は同一の変異形内では同じ発音でありながら上記の例のように，プロソディの異なる r 音がある．これは同じ語がそれぞれの文中の役割に応じ内容語と機能語に分かれる場合（本動詞・助動詞の WILL など）と似る．[29] 英語における r 音をすべて同じものとせず，分節音としての /r/ 音とプロソディを担う r 音を区別することで，音節境界や音変化における複雑な r 音のふるまい，その統合的役割（プロソディ）をより明示的に提示できる可能性がある．

略語

Gmc：Germanic ゲルマン語
LME：Late Middle English 後期中英語　1400-1500 年の英語
ME：Middle English 中英語　1200-1500 年の英語
ModE：Modern English 近代英語　1500 以降の英語

---

[28] Kaminashi (1996: 171-196).
[29] 小林 (2005) は音を詞と辞に分け r 音すべてを辞の音とする．

OE: Old English 古英語　500-1200 年の英語
WGmc：West Germanic 西ゲルマン語，英語が属す
WS: West Saxton 古英語時代のウエストサクソン方言

参考文献

Barber, Charles（1976, 1997）*Early Modern English*, Edinburgh University Press, Edinburgh.
Bliss, A. J.（1952-53）"Vowel-Quantity in Middle English Borrowings from Anglo-Norman," *Approaches to English Historical Linguistics*, ed. by Roger Lass, 164-189, Holt, Rinehart and Winston, New York.
Campbell, A.（1959）*Old English Grammar*, Clarendon Press, Oxford.
Chomsky, Noam and Morris Halle（1968）*Sound Patterns of English*, Harper & Row, New York, Evanston, and London.
Cruttenden, Alan（2008）*Gimson's Pronunciation of English: Seventh Edition*, Hodder Education, London.
Crystal, David（1987）*The Cambridge Encyclopedia of Language*, Cambridge University Press, Cambridge.
Dobson, E. J.（1968）*English Pronunciation 1500-1700*, 2nd ed., Clarendon Press, Oxford.
Firth, J. R.（1948）"Sound and Prosodies," *Prosodic Analysis*, ed. by F. R. Palmer, 1-26, Oxford University Press, Oxford.
Giegerich, Heinz J.（1992）*English Phonology*, Cambridge University Press, Cambridge.
Gordon, Matthew K.（2016）*Phonological Typology*, Oxford University Press, Oxford.
Hyman, Larry M.（1975）*Phonology: Theory and Analysis*, Holt Rinehart and Winston, New York.
Jakobson, Roman, C. Gunnar M. Fant and Morris Halle（1952）*Preliminaries to Speech Analysis: The Distinctive Features and their Correlates*, MIT Press, Cambridge, MA.
Jordan, Richard（1974）*Handbook of Middle English Grammar: Phonology*, trans. and rev. Eugene Joseph Crook, Mouton, The Hague and Paris.
Kaminashi, Keiko（1996）*Stress Theory and Phonology in Old and Middle English*, Liber, Tokyo.
小林正憲（2005）「流音について──RとLの言語学」『四天王寺国際仏教大学紀要』第 40 号，149-160.
Ladefoged, Peter and Ian Maddieson（1996）*The Sounds of the World's Languages*, Blackwell, Oxford and Cambridge, MA.

Liedholm, Astri (1941) *A phonological Study of the Middle English Romance Arthour and Merlin (MS Auchinleck), Inaugural Dissertation*, Almqvist & Wiksells, Uppsala.

松本克己（2006）『世界言語への視座：歴史言語学と言語類型論』三省堂，東京．

Matsuzawa, Eri (2004) "Vowels in Open Syllables in *Kyng Alisaunder*'s Rhyme Words,"『言葉と文学――池上昌教授記念論文集――』，多ヶ谷有子・菅野正彦（編），25-43，英宝社，東京．

中島文雄（1951, 1979[2]）『英語発達史』岩波書店，東京．

中尾俊夫（1985）『音韻史』大修館書店，東京．

岡田明ほか（編）（1990）『子供と言葉』萌文書林，東京．

Smithers, G. V., ed. (1952) *Kyng Alisaunder: Volume I E.E.T.S. o.s.*, No. 227, Oxford University Press, Oxford.

Smithers, G. V., ed. (1957) *Kyng Alisaunder: Volume II E.E.T.S.*, No. 237, Oxford University Press, Oxford.

杉藤美代子（1996）『日本語音声の研究3　日本語の音』和泉書院，大阪．

高山倫明（2012）『日本音韻史の研究』ひつじ書房，東京．

土岐哲（1993）「第5章：現代語の音声学・音韻論」『日本語要説』，129-167，ひつじ書房，東京．

第 13 章

音声・音韻研究における音声コーパスの利用*

北原　真冬

上智大学

1. はじめに

　この章では，近年，様々な音声コーパスが容易に入手可能になった状況に鑑み，それらを用いてどのような研究が可能であるか，具体的な例を盛り込みながら概観する．特に，英語では Buckeye コーパス（Pitt et al. (2007)），日本語では「日本語話し言葉コーパス」（国立国語研究所 (2006)）を取り上げ，必要な情報を取り出して加工する手順について説明する．そして，他のコーパスとの連携も視野に入れながら，より深い音声・音韻研究につながる手法の可能性を探る．

　本章の構成は以下の通りである．1.1 節において，コーパスを利用する側の心理的な側面について述べる．特に音声コーパス研究の効用，すなわち，コーパスがない場合と比べて，研究者の視野がどう異なってくるのか，について考える．1.2 節は，コーパスを利用する際の技術的な側面について述べる．ここでは，2 節以降で具体的な例として取り上げる情報処理的な操作の概念的な説明と，ごく簡単なプログラミングの実例の紹介を行う．2 節は Buckeye コーパスの紹介と分析の具体例，3 節は日本語話し言葉コーパスの紹介と分析の具体例をそれぞれ示す．最後に 4 節は，全体のまとめと展望を行う．

1.1. 音声コーパス研究の魅力

　音声コーパスを使う動機は様々なものがありうるが，利用者の立場から素朴に考えると，自ら音声データを収集する手間が大きく省ける，という点はとて

---

　* 本章で報告する分析等は，法政大学文学部・田嶋圭一教授および大東文化大学外国語学部・米山聖子教授との共同研究の成果である．また，筆者を含む 3 名への科学研究費（課題番号 16K02646, 15K02492, 26370508, 25370443, 23520474）の援助を受けた．ここに記して感謝する．

も重要である．そもそも，日常生活の中でフッと耳に残った何らかの音声の断片を取り出して分析したいと思っても，それはもうそこにはおらず，再び出会うのは難しい．文字と異なり，音声は瞬時に消え去ってしまうため，何かに気づいてから録音しようとしても間に合わない．もちろんインターネット上の動画や録音であれば，すぐに何度でも再生できるし，テレビやラジオであっても，再放送がある場合や，学術利用目的でのちに公開されることもある（NHK (2017)）．しかし，「フッと耳に残った」ものが，今まで聞いたことのない音声的な特徴であったとして，類例を探すのは極めて困難である．ネット上で検索しようにも，その特徴に何か名前がついていなければ手が出ない．たとえ名前があったとしても，それを状態の良い音声として保持している動画や録音にたどり着くことは，とても難しい．

そこにコーパスがあれば，はるかに戦略的な検索が可能になる．例えば，3節で見るように，日本語において有声と無声の子音の前で母音の長さが違うかどうか，という疑問に対し，即座に子音環境ごとに直前の母音の長さを取り出すことができる．そしてコーパスの中で何らかの方向性が見えたならば，刺激となる単語セットなどを選定し，もっと狙いを絞った音声データを自ら録音・収集することができる．

つまり，コーパスを予備実験として用いて，本実験の精度を上げることが可能になる．また，実験における統制群としての役割を担わせる場合もありうる．3節で見るデータは日本語母語話者の日本語における発音を対象としているが，それを日本人英語学習者の英語の発音，さらに2節で見る英語母語話者の発音と比較することで，英語発音における学習や経験の効果を，少ない手間で定量的に扱うことができる．

1.2. 音声コーパス研究に必要な技術とは

コーパスはその性質上必然的に，個人が行う小規模な音声実験とは桁違いのスケールを持つ．手作業・目視でひとつひとつの項目を処理していては，何か解釈可能な結果を引き出すことはまず不可能である．しかし，いくらかのプログラミングスキルがあれば，音声コーパスを十分利用することができる．

プログラミングは多くの場合，パッと見ただけでは判りにくい独特の記法で書かれた人工言語によってなされ，数学と外国語をミックスしたような抽象的思考と記法への慣れを学習者に強く要求する．さらに，初心者から見ると多様なプログラミング言語が乱立していて，どこから手をつけたらよいかすら分かりにくい．

本章で取り扱う音声コーパスにおいて必要な言語はただ1つ，Praat

(Boersma & Weenink (2017)) のスクリプト言語だけである．Praat は無償でダウンロードできる上，Mac, Windows, Linux など多くのプラットフォームに対応し，バージョンアップも頻繁に行われる，事実上の標準音声分析ソフトウェアである．

筆者を含む研究グループでは Praat に関する初の包括的な日本語の解説書を執筆中であり，2017 年秋には刊行の予定である．音声分析ソフトウェアとしての機能の詳細はそちらに譲り，ここではスクリプト機能について極めて簡単に説明する．以下の枠内に示すのは，2 節で紹介する Buckeye コーパスから「dx」で表記される弾音を検索し，それを含む単語と，弾音自体の持続時間を表示するスクリプトである．

この中で，最も重要なのは検索条件などを定める if 節と繰り返しの作業を行わせる for 文である．このスクリプトの大まかな流れは以下のようになっている：

- 最初の for 文（一重のアンダーライン部）によって各単語を調べ，そのラベルと，始端と終端の時刻を記録する．
- 2 番目の for 文（二重のアンダーライン部）によって各分節音を調べ，「dx」があったら（波線アンダーラインの if 節），その始端と終端を記録する．
- 単語の始端と終端の中に収まっている時（破線アンダーラインの if 節）だけ，「dx」の長さを計算し，単語ラベルと共に画面に表示する．

```
### get duration of dx in Buckeye corpus
Read from file: "s0101a.TextGrid"
w = Get number of intervals: 1
for i to w
 word$ = Get label of interval: 1, i
 if index_regex (word$,"[a-zA-Z]")> 0
  wstart = Get starting point: 1, i
  wend = Get end point: 1, i
  s = Get number of intervals: 2
  for j to s
   seg$ = Get label of interval: 2, j
   if index_regex (seg$,"dx")> 0
    sstart = Get starting point: 2, j
    send = Get end point: 2, j
    if sstart >= wstart && send <=wend
     sdur = send - sstart
```

```
      appendInfoLine: word$, tab$, seg$, tab$, sdur
     endif ; if sstart
    endif ; if index_regex (seg$)
   endfor ; for j to s
  endif ; if index_regex (word$)
 endfor ; for i to w
```

つまり，for 文は「順番に調べる」作業を行い，if 節は「～があったら」という条件をかけて出力や流れを制御している．どれほど大きなコーパスであっても，どれほど複雑なアノテーションが施されてあったにしても，基本的にはこの2種類の構文を押さえておけば，必要な情報を抽出することはできるはずである．

このスクリプトによって得られる出力は以下の通りである．最初は単語，次がターゲットである「dx」という分節音，最後がその分節音の持続時間（秒）である．

```
thirty;      dx    0.020144999999999413
title;       dx    0.03237000000000023
dodd;        dx    0.01762899999999945
created;     dx    0.026443999999997914
   :          :            :
```

ここで，単語については，次の単語も同時に表示し，持続時間ではなく，分節音の始端時刻を表示させることもすぐにできる．

```
word$ = Get label of interval: 1, i
```

の次に，

```
nextWord$ = Get label of interval: 1, i+1
```

と入れ，

```
appendInfoLine: word$, tab$, seg$, tab$, sdur
```

の部分を

```
appendInfoLine: word$, tab$, nextWord$, tab$, seg$,
tab$, sstart
```

書き換えればよい．このように，基本の検索表示スクリプトの変数を少し変更するだけで，必要な情報をすぐに取り出すことができるのがスクリプトのメリットである．

2. Buckeye コーパス

Buckeye コーパスは米国オハイオ州立大学のコンピューターサイエンス工学部 Eric Fosler-Lussier，心理学部 Mark Pitt，言語学部 Elizabeth Hume と Keith Johnson をリーダーとするチームによって作成された自然発話コーパスである．オハイオ州コロンバス在住の成人男女40名を対象としたインタビュー形式で，およそ30万語分の発話が収録されている．音声データは，まず自動認識処理によってラベル付けが与えられたのち，専門の訓練を受けた音声学者がそれを手で修正した．非商用目的の利用ならば，無料で http://buckeyecorpus.osu.edu からダウンロードが可能である．

2.1. Buckeye コーパスの構造

Buckeye コーパスは各話者の録音が数個のセッションに分けられており，sXXYYZ という形式のフォルダに各セッションが収められている．ここで XX は話者番号，YY はセッション番号，Z はセッション記号であり，例えば s0101a は話者番号 01，セッション 01 の a という意味である．各フォルダは以下の6種類のファイルを含んでいる．しかし，主たるファイルは Praat のファイル形式である TextGrid であり，そこに書き込まれている情報の利用がコーパス利用の要となる．

表 1: Buckeye コーパスの内容

名称	内容
s0101a.TextGrid	単語，分節音，コメントの3層から成る Praat 用 TextGrid ファイル
s0101a.words	TextGrid ファイルの単語層のみを取り出したもの
s0101a.phones	TextGrid ファイルの分節音層のみを取り出したもの
s0101a.log	TextGrid ファイルのコメント層のみを取り出したもの
s0101a.txt	書き起こしの英文テキスト
s0101a.wav	音声ファイル

Praat のサウンドエディターで wav ファイルと TextGrid ファイルを開くと

図1のような画面表示となる．1番上のパネルは音声波形，2番目はスペクトログラム，その下のテキストの入った枠は，表1に示した，単語層，分節音層，コメント層が順番に並んでいる．

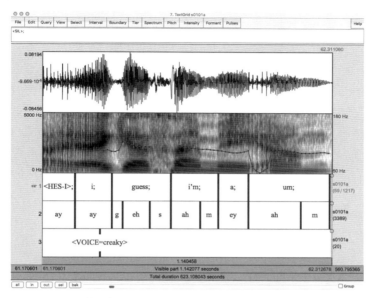

図1: Buckeye コーパスを Praat で開いたところ

単語層はすべて小文字を用いているが，基本的に英単語のスペルそのままであり，語末にセミコロンが付されている．分節音層は DARPA phonetic alphabet に準拠した音声表記であり，IPA などの特殊フォントを用いていない．これは，プログラムで処理する上では極めて便利である．また，コメント層に入る言葉も範囲を限った上でよく定義されているので利用しやすい．もちろん使用されている記号，コメントなどの一覧は付属するマニュアルにすべて記載されている．

2.2. 歯茎弾音の生起

本節では，Buckeye コーパスにおける歯茎弾音 (alveolar flap) の生起についての調査を分析の具体例として示す．歯茎弾音は北米の英語において，/t/, /d/ が強勢のある母音と次の母音に挟まれた時に生起する．例えば，*better*, *rider* のように語中で起こるだけでなく，*get up*, *need it* のように単語間でも起こる．この歯茎弾音はコーパスの分節音層において「dx」と表記さ

れているため，これを TextGrid 内で検索し，その検索結果に時間軸上で対応する部分の単語層と音声を特定すればよい．

具体例として，コーパス全体で *about it* という連鎖は 40 人全員の発話の中で 192 回生起し，そのうちの 129 回が「dx」と記述されていた．したがって，弾音化率は 67.2% と求められる．Kitahara et al. (2014) では，コーパス内で 5 回以上生起し，かつ，少なくとも 1 回は弾音化を起こしているすべての項目について，弾音化率を求めた．その結果，単語間では全体平均で 38.4%，単語内では全体平均で 48.6% という値を得た．先ほどの *about it* の 67.2% と比べるといささか低い数値になり，弾音化が決して義務的なプロセスではなく，語彙項目や連語によって変異があることがわかる．

筆者を含む研究グループでは，これに基づき，帰国子女を含む様々なグループの日本人英語学習者の弾音化と比較することで，英語学習における非音素的な特徴の役割の解明につなげようとしている．その際，コーパスの探索は実験のベースラインを与えてくれるという意味で極めて重要である．いわゆる実験室発音 (lab speech) ではない，自発的な会話の音声データを，容易に検索して任意の音声現象について環境ごとの出現率が得られるので，それを元により特定的な条件や狙いを定めた単語群についての発話産出実験や知覚実験をデザインすることができる．

さらに，英語学習者の定型文の発話を収録したコーパス (Minematsu et al. (2002)) も併せて利用すれば，実験のターゲットをより細かく定めることもできる．筆者たちの分析では，この学習者コーパスに収録されている平均的な日本人大学生の英語発音において /t/, /d/ の異音としての弾音はほとんど生起しないことが分かった．そこで，留学経験のない大学生に対してわざわざ産出実験を行うことは避け，1 学期以上の北米英語圏滞在経験を持つ留学経験者について実験を行った．

一方，コーパスからは知ることは出来ない音声・音韻の認知的側面を明らかにするものが知覚実験である．弾音の産出は得意でない学習者でも，弾音とそうでない音の区別はできるかもしれない．そこで，筆者らの弾音に関する研究では，留学経験を持たない一般的な大学生に対する同定課題や単語判断課題をまず行った．その結果，国内のみの英語学習でも，弾音を含む同定課題においては一定の成功率を得ることが分かった (Kitahara et al. (2016))．現在は対象を留学経験者や英語上級者にも拡張してさらに実験を進めている．

2.3. Buckeye コーパスで可能なこと

前節では Buckeye コーパスを利用した弾音化の研究について少し詳しく述

べてきたが，コーパスを利用した研究の糸口は，アイデア次第でいろいろと生み出すことができる．そのいくつかを，以下に箇条書きにする．

- 母音の弱化（vowel reduction）について
    - 単語層から代名詞，前置詞など機能語のみを拾い出し，その位置の母音の音声表記，フォルマント，持続時間，ピッチを抽出する．
    - 弱化していない通常の母音のサンプルを集め，やはりフォルマント，持続時間，ピッチを抽出する．
    - 両者を比較して自発音声における母音空間の動的（dynamic）な側面について考察する．
- 有声子音の無声化について
    - 単語層から末尾が有声阻害音とされているのものをすべて拾い出し，その位置の音声表記と Voice report（Praat における有声性の判断基準となる情報）を抽出する．
    - 直前の母音の持続時間，ピッチ，Voice report も抽出する．
    - 両者の間の関係を統計的に検証する．
- 核アクセント（nuclear accent）のふるまいについて
    - 核アクセント（通常は音調グループ内の最後の内容語に付与される）について，それが属する音節の特徴点（例えば，音節初頭子音の終端）から，核のピッチ屈曲点までの時間（tonal alignment）を測定する．
    - 話速，ピッチレンジ，平均ピッチ，音調グループの持つ平均音節数，などとの関係を統計的に検証する．
- 末部延長（final lengthening）について
    - 各音調グループの「平均音節長＝全体の持続時間÷音節数」をまず求める．
    - 個別の音節の持続時間と平均音節長の偏差を，その音節の音調グループ内の位置の関数として捉える．

実は，これらは，今までにも個別的な実験において既によく行われてきたトピックである．しかし，それを大規模な自発音声データに対して効率的に行った研究はまだ少ない．さらに，それらをベースラインにして多言語間の比較や英語学習者の発話データとの比較に持ち込むような研究は，まだまだ未開拓の部分が多い．これからの発展が期待される．

3. 日本語話し言葉コーパス

日本語話し言葉コーパス (Corpus of Spoken Japanese: CSJ) は，国立国語研究所，情報通信機構，東京工業大学の3者が共同で開発した，大規模な自発音声のデータと豊富なアノテーションを持つコーパスである．Buckeye コーパスに比べると，形態・統語情報，音声・韻律情報などが極めて注意深く綿密に用意されており，前節で述べた音調や末部延長も，すぐに調べることができる．そのデザインや構造については，付属のマニュアル文書だけでなく，小磯（編）(2015) においても俯瞰的に取り上げられている．コーパスそのものについての詳細はそれらに譲り，ここでは，北原・米山 (2014) において論じた，母音の持続時間に関する後続子音の有声性の影響についての分析を一例として，CSJ の具体的な利用法を紹介する．

英語の母音が有声子音の前では無声子音の前よりも約50%も持続時間が長いことは，これまでに多くの実験によって確かめられている (House (1961), Mack (1982))．しかし，英語学習者がその特性を正しく実現できていないことは，平均的な大学生に英語を教えた経験があれば，多くの人が実感していることであろう．とは言え，有声子音の前で母音が長くなるのは，調音的に見て

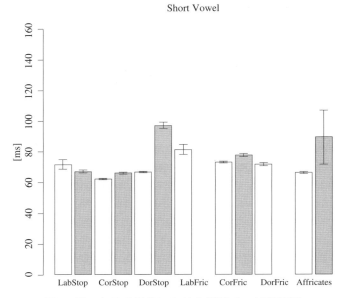

図 2: 様々な子音環境における短母音の持続時間

自然な同化プロセスであり，日本語の発話においても英語ほどではないにしても，似たような傾向が見出せるかどうかは，調査に値する．

北原・米山 (2014) では，まず日本人乳幼児の発話データベース (Amano et al. (2008)) の分析において，後続子音の有声性による母音長への影響が見られることを示した．つまり，調音的に自然なプロセスが乳幼児の発話においては現れていたのである．ところが成人になると，後続子音の影響は弱まり，短母音の長さにほとんど差がない場合も多いことが CSJ の分析から分かった．図2において，白いバーは無声子音が後続する場合の母音長，グレーのバーは有声子音が後続する場合の母音長で，「白・グレー」の順で同じ調音点・調音法の子音環境がペアになるように示してある（欠けている有声両唇摩擦音や軟口蓋摩擦音は，日本語の音素目録にそもそも存在しない）．有声軟口蓋閉鎖音や破擦音環境では，確かに有声子音が直前の母音長を増大させるが，それ以外では有声子音は無声子音の時と同等，あるいは逆転する場合（両唇閉鎖音）もあることが分かる．つまり，日本語話者は，乳幼児の時にはあった後続子音の影響が，成人になるまでの間のどこかで減じており，英語らしい 50% も長い母音を有声音の前で発音することからは，遠ざかっていることになる．

ここでの CSJ の利用法は，Buckeye コーパスの場合と基本的には変わらず，コーパス内にあるアノテーションのみを用いている．1.2節で見たような TextGrid に対する Praat スクリプトを多少改変して用いれば，任意の分節音についての持続時間やその周辺のラベルを抽出することはそれほど難しくない．

4. まとめと展望

音声コーパスに限らない電子化された言語資源は，近年非常にありふれたものとなってきた．Google や Yahoo! などの検索エンジンは日常生活に溶け込み，もはやそれがない時代を想像することすら難しいが，それらの検索が対象としているのは，ウェブ上に存在する電子化された膨大なテキストデータである．ウェブ上だけでなく，様々な用途・目的に沿って作られたテキストコーパスも数多い．また，Python や Ruby というプログラミング言語の普及によって，それらの大規模テキストデータを計算機上で扱い，研究を行う手法も一般化してきている（浅尾・李 (2013)，石田・金 (2012)，荻野・田野村 (2011a, 2011b, 2012)）．

しかしながら，音声コーパスはテキストと音声データが一体となったものであり，その分析には，単にテキストデータを扱うのとは異なる魅力がある一方

で，その魅力を感じ取るためには多少のスキルが必要である．本章ではそれらをなるべく実感してもらえるように，英語と日本語から代表的な大規模音声コーパスを取り上げ，どのような視点でそれを分析するかについて具体例に基づいて紹介した．

　音声コーパスの利用は，そこに含まれる情報の分析だけにとどまらず，研究プロジェクト全体のデザインに対しても大きなインパクトを与えうる．今や，ふと思いついた音声学・音韻論的な疑問は，実験参加者を募って録音をしてみるよりも前に，コーパスの中で探してみる方が早い．そして，複数のコーパスの間での比較対照や，1つのコーパスの中での様々な相関関係の抽出によって，予想を覆すような結果が出てくることも少なくない．今後は，多くの音声・音韻研究者に必須の武器としてコーパスがますます利用されていくようになるであろう．

参考文献

Amano, Shigeaki, Tadahisa Kondo and Kazumi Kato (2008) "Development of NTT Infant Speech Database," *Technical Report of IEICE* 108(59), 29–34.

浅尾仁彦・李在鎬 (2013)『言語研究のためのプログラミング入門：Pythonを活用したテキスト処理』開拓社，東京．

Boersma, Paul and David Weenink (2017) *Praat: doing phonetics by computer* [Computer program]. Version 6.0.29, retrieved 24 May 2017 from http://www.praat.org/

House, Arthur. S. (1961) "On Vowel Duration in English," *Journal of the Acoustical Society of America* 33, 1174–1178.

石田基広・金明哲 (2012)『コーパスとテキストマイニング』共立出版，東京．

北原真冬・米山聖子 (2014)「後続子音による母音長の変化：幼児・成人の日本語コーパス分析と成人の英語学習データ」*JELS* 31, 44–48.

Kitahara, Mafuyu, Keiichi Tajima and Kiyoko Yoneyama (2014) "Production of a Non-phonemic Variant in a Second Language: Acoustic Analysis of Japanese Speakers' Production of American English Flap," 第168回アメリカ音響学会大会ポスター発表, 2014年10月，インディアナポリス，アメリカ．

Kitahara, Mafuyu, Keiichi Tajima and Kiyoko Yoneyama (2016) "Perception of American English Alveolar Stops and Flaps by Japanese Learners of English: Does Allophonic Variation Matter?" 第5回日米音響学会ジョイントミーティング口頭発表, 2016年12月，ホノルル，アメリカ．

小磯花絵（編）(2015)『話し言葉コーパス：設計と構築』朝倉書店，東京．

国立国語研究所 (2006)『日本語話し言葉コーパスの構築法』国立国語研究所報告 124.

Mack, Molly (1982) "Voicing-dependent Vowel Duration in English and French:

Monolingual and Bilingual Production," *Journal of the Acoustical Society of America* 71(1), 173-178.

Minematsu, Nobuaki, Yoshihiro Tomiyama, Kei Yoshimoto, Katsumasa Shimizu, Seiichi Nakagawa, Masatake Dantsuji and Shozo Makino (2002) "English Speech Database Read by Japanese Learners for CALL System Development," *Proceedings of the International Conference of Language Resources and Evaluation*, 896-903.

NHK（2017）『NHK アーカイブス学術利用トライアル』http://www.nhk.or.jp/archives/academic/

荻野綱男・田野村忠温（編）（2011a, 2011b, 2012）『講座 IT と日本語研究』4, 5, 6 巻，明治書院，東京．

Pitt, Mark A., Laura Dilley, Keith, Johnson, Scott Kiesling, William Raymond, Elizabeth Hume and Eric Fosler-Lussier (2007) "Buckeye Corpus of Conversational Speech (2nd release)," [www.buckeyecorpus.osu.edu], Department of Psychology, Ohio State University (Distributor), Columbus, OH.

第 14 章

並列構造のコンビ名におけるメンバー名の並び順について[*]

小川　晋史

熊本県立大学

1. はじめに

　お笑い芸人あるいは漫才師と呼ばれる人がコンビを組んだ場合のコンビ名のなかには，メンバー名（姓や名）を並べて作られたものが存在している．例えば，「品川庄司」は品川祐と庄司智春をメンバーとするコンビであり，「おぎやはぎ」は小木博明と矢作兼をメンバーとするコンビである．メンバー名を並べたコンビ名を形成する場合には，言語外の要因，例えば「ボケが先（＝前部要素）でツッコミが後（＝後部要素）」，あるいは「先輩が先」などという要因による語形成ルールは存在していないようである．このようなコンビ名は要素が並列的に配置された構造を持っているわけなので，「品川庄司」は「庄司品川」でも良かったのではないか，「おぎやはぎ」は「やはぎおぎ」でも良かったのではないかという疑問が浮かぶ．そのメンバー名の並び順にどのような要因が関係しているのか，本章はそれを分析しようとするものである．とりわけ，前部要素が関係する要因について本章では分析してみたい．
　本章の分析には (i) 実在するコンビ名の調査，(ii) 文字ベースでのアンケート調査，(iii) 音を聞かせてのアンケート調査，以上 3 つの調査の結果を用いる．

2. 実在するコンビ名の調査

　本章のために行った調査は 3 つあるが，まずは実在するコンビ名についての調査を行ったので，その内容について述べる．

---

[*] 調査票を作成する段階で，松浦年男氏と熊谷学而氏に，また，被調査者を集める段階で，平子達也氏と瀧口いずみ氏に大変お世話になった．ここに記して御礼申し上げる．本章の内容は科学研究費補助金（基盤研究（A））「日本語諸方言のプロソディーとプロソディー体系の類型」（研究代表者：窪薗晴夫）の補助を受けた研究成果の一部である．また，小川（2016）で口頭発表した内容に加筆修正したものである．会場でコメントを下さった方々に感謝したい．

2.1. 調査内容

『2013年度版 タレント名鑑』（VIPタイムズ社（2013））および芸能事務所のホームページ（参考URL一覧を参照）からメンバー名を並べて作られたコンビ名を探した．メンバー名を並べて作られたコンビ名とは以下の（1）のようなものであるが，（1a）のようなシンプルにメンバー名を並べた例のみならず，屋号などが最初に来る（1b）のような例もデータに含めた．

(1) a. 品川庄司（メンバー：品川祐，庄司智春）
 　　 ⌣⌣⌣⌣
 　　 コンビ名
 b. 海原 やすよともこ（メンバー：海原やすよ，海原ともこ）
 　　 ⌣⌣
 　　 屋号など　コンビ名

これは「屋号など」のメンバーに共通する部分が（2）のように独立したアクセント単位として発音され，本章で言う「コンビ名」とは音韻的に切り離されることが通常であるためである．本章では（1a）と（1b）における「コンビ名」を同じに扱う．

(2)　うな]ばら　{やすよと]もこ　　　　　]：アクセント核

2.2. 調査結果と分析

結果，52組のコンビ名が集まった．付録に一覧を示す．付録の表は，左からコンビ名・前部要素・後部要素・前部要素単独のアクセント・後部要素単独のアクセント・コンビ名全体のアクセント・要素の長さの組み合わせ，を示している．アクセント（核）については，「＋」が有核（「−3型」のみ観察された）を意味しており，「−」が無核を意味している．これは動画サイトYouTubeにおける本人たちの自己紹介動画やテレビ番組におけるナレーターの発音を参考にして記した．アクセントを調べることができなかったコンビが9組[1]あった．また，3組（「宮田陽・昇」「なすなかにし」「三吾・美ユル」）については例外的にコンビ名が2つのアクセント単位に分かれるものであった．

ここでのアクセントについては方言の統一が厳密には図られていないという問題や，前部要素・後部要素およびコンビ名全体の全てが無核で発音されている場合にコンビ名が本当に一語化しているのかがアクセントからは判定しづら

---

[1] 暁照夫・光夫（暁照雄・光雄），さゆみ・ひかり，昭和のいる・こいる，大吾・小吾，辻イト子・まがる，浜根・杉本，ほせいとよだ，松島ひで夫・ひで丸，宮川青丸・とん子，の9組．

いという問題があるのだが，東京方言に近い共通語としてアクセントを解釈してみると，大きな傾向が観察されたので報告しておきたい．単独で発音した場合に前部要素が有核で後部要素が無核という組み合わせから成るコンビ名が極めて少なかったのである．すなわち，単独で有核と無核になるメンバー1名ずつでコンビ名を作るときには，前部要素が単独で無核の要素，後部要素が単独で有核の要素となるようなメンバー名の順番を無標として配置していると考えられる．逆に，前部要素が有核で後部要素が無核の組み合わせが有標であるというのはコンビ名だけに限ったものではなく，最近だと陳（2017）において四字漢語の非融合アクセント（(例）王位継承）が起こりやすい環境だと報告されている．そうなると，一番大きな問題というのは前部要素と後部要素が単独で同じアクセント型（有核 or 無核）になる場合にどのようなメンバー名の順番になるのかということになってくる．3節以降では特に，前部要素と後部要素がともに有核の場合についての調査を行った．分析に際しては2つの要因に着目したので3節でその要因について述べ，4節以降で具体的な調査内容について述べる．

3. 注目する2つの要因

　本章で注目する要因と呼べるものは2つある．1つは Labrune（2006）が指摘したもので，日本語における外来複合語の短縮形（例：ポケモン），エコーワード（例：めちゃくちゃ）および対立語（例：白黒）といった2つの要素からなる non-headed 複合語について，ア行（ゼロ子音）で始まる要素は前部要素になりやすくて後部要素にはなりにくい．[2] また，カ行で始まる要素は後部要素の語頭に表れやすいというものである．本章では特に前部要素が関係する「前部要素の語頭にア行（ゼロ子音）が来やすい」という点に注目し「音素要因」と呼ぶことにする．

　もう1つは，擬似複合語の研究（窪薗・小川（2005），など）で指摘されているもので，形態的に単純語である語であっても5モーラ以上の長さの語では音韻的な切れ目が挿入される．そして，切れ目の挿入位置は語を半分にする位置を原則とするが，語が奇数モーラからなっていたり特殊拍が関係したりして語を半分にできない場合は，前部要素が長くなる位置になるというものである．すなわち，7モーラ語であれば前部要素が4モーラで後部要素が3モーラ

---

　[2] これが，語境界における母音連続（hiatus）を避けるというのが一因となっているかも知れないということは Labrune（2006）でも述べられているが，Labrune（2006）においてはもう少し広い観点（音力階層）の一部として主張がなされている．

になることが予測される．擬似複合語はもともと形態的に単純語であるため，音韻的切れ目によって分けられた各要素の関係は並列的といえる．これと類似して，要素を並列的に配置するコンビ名の場合も，「前部要素を長くしようとする」要因が存在するのではないかと考えた．これを本章では「長さ要因」と呼ぶことにする．

ここまでに述べた2つの要因に着目して本章ではコンビ名の分析を行う．まとめると以下となる．

(3) 前部要素に関する2つの要因と構成されるコンビ名の予測
「音素要因」：前部要素には語頭が母音（ゼロ子音）で始まる要素が来ることが予測される．
「長さ要因」：前部要素の長さ（モーラ長）は後部要素と同じか，後部要素よりも長くなることが予測される．

これらに着目して4節以降の調査結果を分析してみたい．[3]

4. 文字ベースでのアンケート調査

本節ではコンビ名について文字ベースでのアンケート調査を実施した結果を示す．

4.1. 調査内容

実施したアンケートとは以下のように，「2名のメンバーがコンビを組んだ場合にどちらのコンビ名が良いか」を2択で判断してもらうものである．音声は使用せず，紙に書かれている内容から判断してもらった．

---

[3] 紙幅の都合もあって割愛するが，実在するコンビ名にこの2つの要因を当てはめてみると，少なくとも両要因が予測する方向と逆の結果にはならなかった．

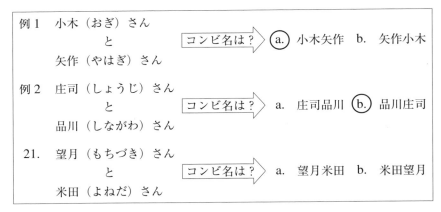

図1 アンケートで示した内容（説明のための例と分析対象の設問）

アンケート全体として実施した設問数は 50 コンビ分だが，本章で論じる内容に関係するのはこのうちの 13 コンビ分である．[4] 被調査者に提示する際には様々なコンビ名が混じるようにランダマイズしてアンケート票を作成した．そして，調査のために提示した 50 コンビ分のメンバー名[5] は，東京方言におけるメンバー名単独の発音で「−3」型（語末から 3 モーラ目にアクセント核）のアクセントを持つのに限定した．[6] 図1で示した「望月（もちづき）」と「米田（よねだ）」のように「−3」型のものだけである．これはアクセントの影響を排除するためである．また，Labrune (2006) では後部要素に /k/ で始まる要素が来やすいという報告もなされているため，カ行音で始まる名前は本章の調査では使用していない．さらに，馴染みがある名字かどうかで判断に影響が出ないように，アンケートで使用したメンバー名は原則として『全国名字ランキング ベスト 4500』（インターネットサイト「名字由来 net」）で 400 位以内[7] に入るものとした．被調査者は東京周辺（東京都・神奈川県・埼玉県・千葉県）出身の 19 歳から 22 歳の男女 10 名である．

---

[4] 本章の分析対象でないコンビ名の例としては，外来語のメンバー名を用いたものや，6 節で少し触れるが，鼻音が関係するものなどがある．
[5] 一般に名字と判断されるものだけを使用した．
[6] 東京方言話者 2 名（30 代，40 代）に確認した．
[7] 400 位以内というのは，同サイトにおいて，およそ全国に約 5 万 1500 人以上がいる名字であるとされている．

4.2. 調査結果と分析

調査結果を以下の表1から表4で示す．

メンバー名の組み合わせ	被調査者（A-J）とアンケートの回答										合致率
	A	B	C	D	E	F	G	H	I	J	
清水（しみず）　荒木（あらき）	○	○	○	○	○	○	○	×	×	○	80%(8/10)
田村（たむら）　大野（おおの）	○	○	×	○	×	○	×	○	○	○	60%(6/10)
山口（やまぐち）　秋山（あきやま）	○	×	○	○	×	○	×	○	○	×	40%(4/10)
杉本（すぎもと）　奥村（おくむら）	×	×	○	○	○	○	○	○	○	○	70%(7/10)
										計	**63%(25/40)**

表1　「音素要因」を満たし得る場合

メンバー名の組み合わせ	被調査者（A-J）とアンケートの回答										合致率
	A	B	C	D	E	F	G	H	I	J	
早川（はやかわ）　柴田（しばた）	○	×	○	○	×	○	○	×	○	×	60%(6/10)
望月（もちづき）　米田（よねだ）	○	×	×	×	×	×	×	×	×	×	10%(1/10)
白石（しらいし）　武藤（むとう）	○	×	○	×	○	×	○	×	×	×	40%(4/10)
徳永（とくなが）　吉野（よしの）	○	○	×	○	×	○	×	○	×	○	60%(6/10)
篠原（しのはら）　田代（たしろ）	○	○	×	○	×	○	×	○	○	○	60%(6/10)
										計	**46%(23/50)**

表2　「長さ要因」を満たし得る場合

メンバー名の組み合わせ	被調査者（A-J）とアンケートの回答										合致率
	A	B	C	D	E	F	G	H	I	J	
岡崎（おかざき）　渡部（わたべ）	◎	◎	×	◎	◎	◎	◎	◎	◎	◎	90%(9/10)
榎本（えのもと）　成田（なりた）	◎	×	◎	◎	◎	◎	◎	×	◎	◎	80%(8/10)
										計	**85%(17/20)**

表3　「音素要因」と「長さ要因」を同時に満たし得る場合

メンバー名の組み合わせ	被調査者（A-J）とアンケートの回答										合致率
	A	B	C	D	E	F	G	H	I	J	
上野（うえの）　高橋（たかはし）	長	長	音	長	音	長	音	長	音	長	音40%：長60%
荻野（おぎの）　谷口（たにぐち）	長	音	長	音	音	長	音	長	音	長	音50%：長50%
										計	**音45%(9/20)：長55%(11/20)**

表4　「音素要因」と「長さ要因」のどちらかしか満たし得ない場合

　まず，表1は音素要因について見るためのものである．例えば「清水」と「荒木」というメンバー名でコンビ名を作る場合に「清水荒木」では音素要因を

満たさないが,「荒木清水」であれば母音で始まる要素が前部に来るので,音素要因を満たす.要因を満たした回答だった場合には「○」を,要因を満たさない回答だった場合には「×」を記している.同様に,表2は長さ要因を見るためのもので例えば「早川柴田」であれば,前部要素が長く,長さ要因を満たすので「○」,逆に「柴田早川」であれば「×」となる.表3は両要因を同時に満たせる状況である.例えば「岡崎渡部」であれば,前部要素が母音で始まり,前部要素のほうが後部要素よりも長いので両要因を同時に満たすことになる.両要因が満たされるので,表では「◎」で示した.「渡部岡崎」ではどちらの要因も満たさないということになり「×」である.表4は音素要因か長さ要因のどちらか一方しか満たせないという場合である.例えば「上野高橋」は音素要因を満たすが長さ要因を満たさないというコンビ名であり,「高橋上野」であれば音素要因を満たさない代わりに長さ要因を満たすといった具合である.音素要因を満たす回答だった場合,表中では「音」,長さ要因を満たす回答だった場合,「長」でそれぞれ示している.なお,表中の「合致率」は「○」または「◎」の割合である.

　4つの表から見えてくるのは,表3のように両要因を満たすコンビ名は高い割合で選択されるということである.この調査のチャンスレベルは50%であるから表3の85%というのは突出して高い.それから,表1と表2の合致率を比べた場合に,表1のほうが表2より高い (63% > 43%) ので,音素要因のほうが長さ要因よりも強く働くというような主張はできない.表4では両要因が"直接対決している"(=どちらか一方しか満たせない)わけだが,むしろ長さ要因を満たすコンビ名のほうが選ばれているからである (音45% < 長55%).しかしこれも,チャンスレベルの50%程度であるので,結局のところ本章で注目している2つの要因について,どちらか一方の要因だけでは,コンビ名におけるメンバー名の並び順を決定づけるものではないということになる.ただ,両要因を同時に満たすメンバー名の並び順が選択されやすいということだけは確実に言える.

5. 音を聞かせてのアンケート調査

　4節で示したアンケートに加えてもう1つ別のアンケート調査を実施した.メンバー名の発音を聞かせたうえで,並び順を選んでもらうものである.

5.1. 調査内容

　「2名のメンバーがコンビを組んだ場合にどちらのコンビ名が良いか」を2択で判断してもらうという点は文字ベースのアンケートと同じで,被調査者に

渡した調査票の内容も基本的には同じであるが，被調査者にはメンバー名とコンビ名が「−3」型のアクセントで発音された音声（30代男性による録音）を聞いたうえで調査票に回答してもらった．調査の回答の流れは以下のようになる．

(4) 調査の流れ

  メンバー名の音声が流れる（前後の順番を変えて2回ずつ）
  ♪ もち］づき　　よ］ねだ　　よ］ねだ　　もち］づき
      ↓
  続けてコンビ名の候補の音声が流れる（2回ずつ）
  ♪ もちづきよ］ねだ　よねだもち］づき
  ♪ もちづきよ］ねだ　よねだもち］づき
      ↓
  被調査者は音声が流れない10秒間のうちに調査票に回答する．

　被調査者は4節のアンケート調査と同じく東京周辺（東京都・神奈川県・埼玉県・千葉県）出身の19歳から22歳の男女10名であるが，4節の被調査者とは別で，重なっている者はいない．また，この音声を聞かせての調査においては，アンケート全体として実施した設問数は38コンビ分である．文字だけの調査より集中力が必要なため，設問数を減らして実施した．1人あたりの調査実施時間（＝録音された音声の時間）は20分間である．

5.2. 調査結果と分析

　調査結果を以下の表5から表8で示す．メンバー名の組み合わせは先に表1から表4で示した13ペアと同じである．「○」などの記号の意味も同様．

メンバー名の組み合わせ	被調査者（K-T）とアンケートの回答										合致率
	K	L	M	N	O	P	Q	R	S	T	
清水（しみず）　荒木（あらき）	○	×	×	○	○	○	×	○	○	×	60%(6/10)
田村（たむら）　大野（おおの）	○	×	○	○	×	○	○	○	○	○	70%(7/10)
山口（やまぐち）　秋山（あきやま）	×	×	○	○	○	○	○	×	○	×	50%(5/10)
杉本（すぎもと）　奥村（おくむら）	○	×	○	○	×	×	○	○	○	○	70%(7/10)
										計	**63% (25/40)**

表5　「音素要因」を満たし得る場合

	被調査者（K-T）とアンケートの回答										
メンバー名の組み合わせ	K	L	M	N	O	P	Q	R	S	T	合致率
早川（はやかわ）柴田（しばた）	×	×	○	×	○	○	○	×	×	○	40%(4/10)
望月（もちづき）米田（よねだ）	×	×	○	×	×	×	○	×	×	×	20%(2/10)
白石（しらいし）武藤（むとう）	○	○	○	×	○	×	○	○	×	○	70%(7/10)
徳永（とくなが）吉野（よしの）	○	○	○	○	○	×	×	○	×	○	60%(6/10)
篠原（しのはら）田代（たしろ）	×	○	○	○	○	×	○	×	○	×	60%(6/10)
										計	50%(25/50)

表6 「長さ要因」を満たし得る場合

	被調査者（K-T）とアンケートの回答										
メンバー名の組み合わせ	K	L	M	N	O	P	Q	R	S	T	合致率
岡崎（おかざき）渡部（わたべ）	×	×	◎	×	◎	◎	◎	◎	◎	◎	70%(7/10)
榎本（えのもと）成田（なりた）	×	×	◎	◎	◎	◎	◎	×	◎	◎	70%(7/10)
										計	70%(14/20)

表7 「音素要因」と「長さ要因」を同時に満たし得る場合

	被調査者（K-T）とアンケートの回答										
メンバー名の組み合わせ	K	L	M	N	O	P	Q	R	S	T	合致率
上野（うえの）　高橋（たかはし）	音	音	長	音	音	長	長	音	長	音	音60%:長40%
荻野（おぎの）　谷口（たにぐち）	長	音	音	音	長	音	音	音	音	長	音60%:長40%
										計	音60%(12/20):長40%(8/20)

表8 「音素要因」と「長さ要因」のどちらかしか満たし得ない場合

全体として，文字ベースでの調査と同じような結果となった．4つの表の中でもっとも合致率が高いのは，表7の両要因が満たせる場合である．表5と表6を見て，音素要因と長さ要因では音素要因のほうが強そうに見える点も同じだが，要因が直接対決する表8における6：4という比率からは断定的なことは言い難い．

6. まとめと今後の課題

本章においてはメンバー名を並べて作られるコンビ名において，メンバー名の並び順（前か後か）がどのように決定されているのかについて考えた．複数の調査の結果が示唆しているのは，メンバー名の並び順が何か1つの強力な

要因ではなく，複合的な要因で決定されているということである．今回特に注目した音素要因と長さ要因の2つについて言えば，音素要因のほうが単独でやや力を持っているようにも見えるが，断定的なことは言いにくい水準であった．確実なことは2つの要因が"協力する"場合，すなわち両要因が同時に満たせるようなコンビ名が選択される割合が高いということである．[8] 4節の表1から表4と，5節の表5から表8の結果をグラフにまとめておく．

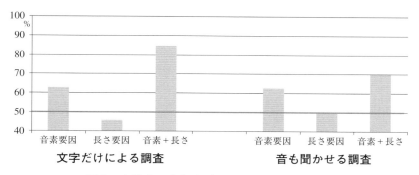

図2　合致率のまとめ（チャンスレベル50％）

今後の課題としては，まず後部要素が関係するのかということがある．本章では前部要素が関係する要因を中心に見たが，後部要素に関しての考察が欠けている．音素あるいは分節音の面に関しても，本章で「音素要因」と呼んだのは母音についてだけである．並列的な複合語が作られる場合に，鼻音が要素の並び順に関係しているという論考が近く出る（p.c. 熊谷学而氏）とも聞いており，音の種類について幅広く検討しなければならない．

さらに，アクセントに関する面も研究を進めなければならない．本章の調査では実在するコンビ名（付録参照）で最も数の多かった，前部単独・後部単独・コンビ名の全てが「−3」型アクセントの場合に固定して調査を行ったが，平板型（無核）も含めて考えていかなければならない．そして，そもそもコンビ名の中には「な]すなか]にし」のように1単位にまとまらない例も実在している．どのような場合に一語化する（＝複合語アクセント規則が適用される）のかしないのか，という問題は以前から（窪薗（1995），など）研究があるが，本章で扱ったコンビ名にも関わってくる内容である．構成要素の長さの組み合

---

[8] 実在のコンビ名には「クワバタオハラ」や「おぎやはぎ」のように，どちらか一方の要因しか満たせない例はあったが，両要因を同時に満たせる可能性のあるメンバー名の組み合わせを持つコンビ名は無かった．

わせ，さらには世代差など[9]まで考慮すると，並列構造のコンビ名におけるメンバー名の並び順がどのように決定されるのか，課題は山積みである．

参考文献

陳曦（2017）「後部要素が状態や動作をあらわす4字漢語のアクセントの自然度評価——「融合→非融合」と「非融合→融合」の比較——」日本音韻論学会 2017 年度春季研究発表会（於：慶応義塾大学）発表資料，2017 年 6 月 23 日．

窪薗晴夫（1995）『語形成と音韻構造』くろしお出版，東京．

窪薗晴夫・小川晋史（2005）「「ストライキ」はなぜ「スト」か？——短縮と単語分節のメカニズム」『現代形態論の潮流』，155-174，くろしお出版，東京．

Labrune, Laurence (2006) "Patterns of Phonemic Preferences in Japanese Non-headed Binary Compounds: What *waa-puro*, *are-kore* and *mecha-kucha* Have in Common,"『言語研究』第 129 号，3-41．

小川晋史（2016）「品川庄司はなぜ庄司品川でないのか？——メンバー名を並べて作られたコンビ名の分析——」日本音韻論学会 2016 年度春季研究発表会，於：首都大学東京・秋葉原サテライトキャンパス，2016 年 6 月 24 日．

VIP タイムズ社（2013）『2013 年度版 タレント名鑑』株式会社 VIP タイムズ社，東京．

参考 URL

「松竹芸能株式会社　タレント一覧」
　　http://www.shochikugeino.co.jp/talents/　2016/3/27 last access
　　（※タレント，ベテラン漫才，若手お笑い，のみ参照した）
「プロダクション人力舎」
　　http://www.p-jinriki.com/talent/　2016/3/27 last access
「ホリプロ　タレントキャスティング　お笑い／バラエティー」
　　http://www.horipro.co.jp/　2016/3/27 last access
「漫才協会　会員一覧」
　　http://www.manzaikyokai.org/profile/　2016/3/27 last access
"You Tube"
　　https://www.youtube.com/　2016/3/31 last access
「吉本興業株式会社　芸人顔検索」
　　http://search.yoshimoto.co.jp/gojuon.html　2016/3/27 last access

---

[9] 研究発表をした際に「(オール)阪神巨人」が昔は一語化しない「は]んしんきょ]じん」だったのではないかという指摘を頂いた．また，本章で扱ったコンビ名のアクセントが"業界"の特殊なアクセントかもしれないという可能性についても指摘を頂いた．いずれも，検討する余地があるだろう．

第 14 章 並列構造のコンビ名におけるメンバー名の並び順について

「ワタナベエンターテインメント」
　http://www.watanabepro.co.jp/artist/500/　2016/3/29 last access
「名字由来 net　全国名字ランキング ベスト 4500」
　https://myoji-yurai.net/prefectureRanking.htm　2016/11/5 last access

付録

コンビ名	前部要素	後部要素	前ア	後ア	コンビ名ア	要素の長さ
東京丸・京平	きょうまる	きょうへい	−	−	−	4-4
今いくよ・くるよ	いくよ	くるよ	−	−	−	3-3
海原さおり・しおり	さおり	しおり	−	−	−	3-3
おぼん・こぼん	おぼん	こぼん	−	−	−	3-3
かつみ・さゆり	かつみ	さゆり	−	−	−	3-3
酒井くにお・とおる	くにお	とおる	−	−	−	3-3
博多華丸・大吉	はなまる	だいきち	−	−	−	4-4
広海 深海	ひろみ	ふかみ	−	−	−	3-3
ますだおかだ	ますだ	おかだ	−	−	−	3-3
若井やるき・たまる	やるき	たまる	−	−	−	3-3
おぎやはぎ	おぎ	やはぎ	−	−	+	2-3
まえだまえだ	まえだ	まえだ	−	−	+	3-3
海原やすよともこ	やすよ	ともこ	−	+	+	3-3
大木こだまひびき	こだま	ひびき	−	+	+	3-3
けいいちけいじ	けいいち	けいじ	−	+	+	4-3
品川庄司	しながわ	しょうじ	−	+	+	4-3
つばさ・きよし	つばさ	きよし	−	+	+	3-3
風藤松原	ふうとう	まつばら	−	+	+	4-4
堀江辻本	ほりえ	つじもと	−	+	+	3-4
矢野・兵動	やの	ひょうどう	−	+	+	2-5
青空球児・好児	きゅうじ	こうじ	+	+	+	4-3
青空一風・千風	いっぷう	せんぷう	+	+	+	4-4
青空一歩・三歩	いっぽ	さんぽ	+	+	+	3-3
青空ピー介・プー子	ぴーすけ	ぷーこ	+	+	+	4-3
東京太・ゆめ子	きょうた	ゆめこ	+	+	+	3-3
海原はるか・かなた	はるか	かなた	+	+	+	3-3
オール阪神・巨人	はんしん	きょじん	+	+	+	4-3
おかけんた・ゆうた	けんた	ゆうた	+	+	+	3-3
クワバタオハラ	くわばた	おはら	+	+	+	4-3
幸助・福助	こうすけ	ふくすけ	+	+	+	4-4
すず風にゃん子・金魚	にゃんこ	きんぎょ	+	+	+	3-3

立川センター・オーバー	センター	オーバー	+	+	+	4-4
中田カウス・ボタン	カウス	ボタン	+	+	+	3-3
新山ひでや・やすこ	ひでや	やすこ	+	+	+	3-3
パックン・マックン	パックン	マックン	+	+	+	4-4
春風こうた・ふくた	こうた	ふくた	+	+	+	3-3
宮川大助・花子	だいすけ	はなこ	+	+	+	4-3
ゆう太だい介	ゆうた	だいすけ	+	+	+	3-4
横山たかし・ひろし	たかし	ひろし	+	+	+	3-3
横山ともや・みちや	ともや	みちや	+	+	+	3-3
三吾・美ユル	さんご	みゆる	+	−	2単位	3-3
なすなかにし	なす	なかにし	?	+	2単位	2-4
宮田陽・昇	よう	しょう	+	+	2単位	2-2
暁照夫・光夫（暁照雄・光雄）						3-3
さゆみ・ひかり						3-3
昭和のいる・こいる						3-3
大吾・小吾		？（アクセント不明）				3-3
辻イト子・まがる						3-3
浜根・杉本						3-4
ほせいとよだ						3-3
松島ひで夫・ひで丸						3-3
宮川青丸・とん子						4-3

第15章

基本フットの解明と英語の音声変化に関する実証研究[*]

神谷　厚徳

岩手県立大学

1. 序論

　日本人英語学習者が英語のリスニングを苦手とする要因のひとつとして，文字を通して学んだ音と実際に発話される音があまりにも乖離し，その結果，しばしば全く別の音や単語として聞こえることが挙げられる．このように異なった音として聞こえるのは，英語は単語ごとに発話されるというより，あるフット（音の塊）単位の発話時間を可能な限り一定に調整しながら発話される傾向があるためである（Pike (1945)）．発話時間を一定に保とうとするこの現象は"等時性"と呼ばれ，英語のリズムを生み出していると考えられている（Abercrombie (1967))．しかし，このようにフット単位の発話時間を一定に保とうとするためには，時には，単語の読み上げ速度を変えるだけでは不十分であり，結果として，母音の弱化・脱落・同化・連結などの音声変化が生じると考えられている．すなわち，英語の音声変化は，英語のリズムを生み出すために生じるといえる．筆者は，英語母語話者の心理には，英語リズムの基準となるフット（以下，便宜上，基本フットと呼ぶ）が存在し，英語母語話者は常に基本フットの長さに合わせるように発話しており，そしてこの基本フットを保つために，基本フットの長さを閾値として音声変化が生じ始めるのではないかという仮説を立てている．本章では，英語母語話者への2種類の音声実験を実施することで，これらの仮説について検証していく．

---

　[*] 本章のもとになった研究は，科学研究費補助金（基盤研究 (C)）「英語音声変化が生じる発話環境の解明と音声変化習得データベースの構築」（課題番号 17K02834）によって可能になったことを謝す．

2. 等時性とフットに関する先行研究

英語は発話時に強勢の生起が等間隔に繰り返される言語であるという知見は，Abercrombie（1964）によると18世紀後半に生まれたが，これが言語学者の間で注目されるようになるのはPike（1945）以降である．その後，Abercrombie（1967）が等時性の生じる強勢間を「フット」（Foot）と名付けたことで，言語である英語のリズム構造が音楽におけるリズム構造同様に理論的に説明されるようになった．彼の提唱するフットの概念は，「1つの強勢音節で始まり，それで終わるか，あるいは引き続き不定数（2～4）の弱音節が後続する連続体」というものであり，下記（1）のようにフットの境界は語や文法的境界と必ずしも一致するわけではないという点が興味深い．

(1) 　| Wálk | dówn the | páth to the | énd of the ca | nál. |
(Roach (2009: 135))

一方で，英語におけるフットレベルの等時性に実験音声学の立場から反論を唱える研究者も少なくない．例えば，古くはClasse（1939）がいる．彼は当時の最新機器であるkymographを利用して，録音した英語発話のフット長を正確に測定し，「等時性を得ることができるのは限られた発話条件下のみである」と間接的に等時性の存在を否定したのである．その後，音声分析機器の技術は飛躍的に向上するわけだが，この助けを借りて，Shen and Peterson（1962）は上述の等時性を完全否定するに至る．彼らが英語母語話者の発話（散文）における各フットの長さを測定したところ，極めて不均一であることが分かったのである．この実験報告は多くの音声学者の関心を呼び，その後，英語の産出面（発話）に焦点をあてた類似実験が多数報告されてきた．それらの研究結果はいずれも，フットごとの長さにおいてばらつきがかなり見られることを理由に，等時性はあくまで主観的な聴覚印象に基づくものである（言い換えれば，生成された英語の発話に物理的等時性は存在しない）と結論付けている（Bolinger（1965），Nakatani, O'Connor and Aston（1981），etc.）．

以上述べたように英語フットの等時性が実験音声学の研究成果によって否定されたことにより，英語の等時性は物理的に看取されるものではなく，心理的なものであると考えられるようになった．たしかに，英語の各フットを完全に等間隔に発話することは現実的に不可能であり，また知覚実験においては，人工的に等間隔とした英語発話は，不自然で違和感を覚える英語となることが報告されている．しかしその一方で等時性に関する知覚実験では（Lehiste（1977），Donovan and Darwin（1979），Benguerel and D'Arcy（1986）），英

語母語話者は，ばらつきの見られる実際の物理的フット長を知覚の際にはずっと等間隔に認知しているというのである．特に Lehiste は，フット長の認知が発話レベルと知覚レベルで異なる可能性に言及し，フットの等時性研究に一石を投じた．彼女によると，聴き手が発話時間差を識別するには 30ms. から 100ms. の長さが必要であり，30ms. 以下の時間差を識別することはできない，言い換えれば，フット間の差が 100ms. 以下の発話ではそれらのフットが等長として知覚される可能性があるということである．つまり，心理的に存在する等時性が物理的に歪められて生成されてしまうのは至って自然な現象なのである．

3. 音声実験 1（基本フットの解明）

このような背景を踏まえ，筆者は基本フットという概念を提唱し，新たな視点から等時性に関する検証を行ってきた．基本フットとは，実体としては比喩的に「ゴム製のビート」のようなものであり，ある程度の伸縮性を備えていると思われる（大高・神谷（2013））．複数の音節から成るタイプのフットでいえば，もっとも出現頻度の高い 2 音節（強勢音節プラス弱音節）分に相当する長さである（Kamiya（2010））．これまでの研究を経て，筆者は，各フットの発話時間は，この基本フットと足並みを揃えるように発話される傾向があると推測しており，本章では，英語母語話者への音声実験を通して，この基本フットの長さを浮き彫りにしていく．

3.1. 実験の概要

本実験は，様々な速度に設定されたメトロノーム音を用いて，英語母語話者がどの程度正確に各速度のメトロノーム音に合わせて英文を発話することができるのか検証したものである．英語母語話者の心理に基本フットが存在するならば，基本フットの長さ（つまり基本フットの長さに設定された速度のメトロノーム音）に沿った発話において，最も等時性が看取されると予想される．筆者は，英語母語話者の心理に基本フットが存在するならば，メトロノーム音の速度がどのような数値であっても，実際に発話された英文の発話時間を測定してみると，各フットの数値は基本フットに近づくと予想している．なお，本実験で採用した実験材料は，2 音節もしくは 3 音節からなる英文であり，英語発話で最も頻出するフットから構成されたものである（Fukushima（1989））．

3.2. 実験方法

30 名の被験者（英語母語話者）に 500ms. に設定したメトロノーム音を記憶

させ，その後すぐ，英文："/JEFF will/GO to the/DENtist on/FRIday./"の各フットを，記憶した500ms. のメトロノーム音に合わせて発話するように依頼した（各フットを500ms. の間隔で読み上げることになる）．同様の手法で他の速度（300ms., 400ms., 600ms., 750ms., 1000ms., 1200ms., 1500ms.）についても実施し，パソコンに直接録音した．録音した音声はSugi-Speech Analyzerという音声分析可視化ソフトを用い，音圧及びサウンドスペクトログラムを基に各フットの発話時間を測定した．本実験では，無作為に500ms., 1500ms., 600ms., 1200ms., 400ms., 750ms., 1000ms., 300ms. の速度の順で録音を行った．なお，本実験で採用した英文は4つのフットから構成されているが，フットの発話時間にはポーズも含まれており，最後のフット（Friday）はこのポーズの時間を測定することが困難であるため分析対象外とした．

3.3. 実験結果の分析・考察

　本実験では，英語母語話者の心理に基本フットが存在するという仮説を検証するため，メトロノーム音を用いて様々な速度における各フットの発話時間を測定した．筆者の仮説に基づくと，例えば，もし基本フットが500ms. であったならば，400ms. のメトロノーム音に沿った発話は測定値において500ms. に近づくことになる．

　表1は，英語母語話者のデータを各速度に分類し，それぞれのデータ90（3つのフット×30名の被験者）の「発話時間」の平均値，「設定速度との発話時間差」の平均値および発話時間の「標準偏差」をそれぞれ求めたものである．被験者は300ms. の速度の実験においては，300ms. の速度を記憶して各フットを発話したわけであるが，実際の「発話時間」の平均値は416.2ms. であり，平均116.2ms. も長く発話していたことが明らかになった．同様に600ms. の速度では，実際の「発話時間」の平均値は580.3ms. で，平均19.7ms. 短く発話していたことが伺える．このように各速度を考察すると，500ms. の速度の「発話時間」（平均）は510.4ms.，「設定速度との発話時間差」（平均）は10.4ms. と若干長く発話されているものの，提示された速度すなわち500ms. を最も正確に記憶し，この500ms. の速度で発話していたことが判明した．他方，「標準偏差」に目を向けると，400ms. の速度が最も低い値を示している．これは400ms. の速度の発話が最も一定の間隔で発話していたことを意味し，最も等時性が保たれていた発話といえる．また，本実験で採用した英文は2音節フットと3音節フットからなるが，実際の発話では1音節フットも考慮に入れる必要がある．実際，この3種類のフットで殆どの会話が成り立って

第15章　基本フットの解明と英語の音声変化に関する実証研究　　205

おり（Fukushima（1989））, 4音節フットを認めない研究者もいる（Uldall（1971））. さらに，Halliday（1985: 272）は英語フットの発話時間を測定し，音節数が増す毎にフットの発話時間の相対比も増すことを明らかにしている.

　　フット内の音節数：　1　2　　3　　4
　　発話時間の相対比：　1　1.2　1.4　1.6

(Halliday（1985: 272））

　つまり実際の発話では，発話時間が最も短い1音節フットについても考慮する必要があると考えられる. この点を踏まえて本実験結果を再度考察すると，設定された速度に沿って最も忠実に発話していたのは500ms. であったが，400ms. の標準偏差が最も低い値であったこと，本実験材料の英文に1音節フットが含まれていなかったことを鑑み，500ms. の速度の発話時間は510.4ms. であったが，基本フットはこの数値よりも若干低い数値であることが予想される. 一方で，300ms. の速度をみると，既に述べたように発話時間平均値が416.2ms. であり，大幅に設定された速度を超えて発話していたことが明らかである. すなわち，基本フットとして捉えるには300ms. は短すぎるため，基本フットは400ms.～500ms. ということになろう.

設定速度	データ数	発話時間（平均）	設定速度との発話時間差（平均）	標準偏差
300ms.	90	416.2ms.	+116.2ms.	91.7ms.
400ms.	90	420.7ms.	+20.7ms.	39.8ms.
500ms.	90	510.4ms.	+10.4ms.	44.8ms.
600ms.	90	580.3ms.	-19.7ms.	46.5ms.
750ms.	90	708.9ms.	-41.1ms.	74.3ms.
1000ms.	90	900.8ms.	-99.2ms.	108.3ms.
1200ms.	90	1063.8ms.	-136.2ms.	101.1ms.
1500ms	90	1254.5ms.	-245.5ms.	172.1ms.

表1：英語母語話者の実験結果

　この数値はこれまでの先行研究とも類似している. 例えば，河野（2007）によると，普通に話される英語の強勢間は0.4～0.7秒（Abe（1967）），0.2～0.6秒（Shen and Peterson（1962）），0.3～0.6秒（Allen（1972））である. つまり本研究の基本フット（400ms.～500ms.）はいずれの先行研究においても数値内にある. もちろん本研究で明らかにした基本フットは，被験者の平均的な数値を基に導き出しており，絶対的・普遍的な数値ではない. 早口で話をする人もいる一方でゆっくりと話をする人もいることを考えると，この基本フットは

人によって（あるいは感情などによっても）かなりのばらつきがあるものと考えられるが，リズム単位で発話されるため，基本的には等時性をもっており，英語母語話者は心理的にこの基本フットの長さに各フットを合わせて発話しようとするのである．

4. 音声実験2（音声変化が生じる発話速度と基本フットの関連性について）

　上記の音声実験1では，英語母語話者の心理には英語のリズム単位となる基本フットが存在し，それは400ms.〜500ms.であることを明らかにした．これを踏まえ，本実験では，「音声変化が生じやすい境界となる発話速度が存在し，この速度は基本フット（400ms.〜500ms.）と一致する」という仮説について検証していく．端的に述べれば，この基本フット（400ms.〜500ms.）よりも速い発話速度では非常に高い確率で音声変化が生じ，一方，これよりも遅い発話速度では，音声変化が生じにくいという推測である．もちろん実際の英語は様々な速度で発話されており，また個人差も激しいため，それは平均的・基本的な数値であり，絶対的なものではないことはいうまでもない．

4.1. 実験の概要

　本実験は，英語母語話者を被験者とし，様々な発話速度に沿って英文を朗読してもらった際に，音声変化が生じ始める閾値となる発話速度が存在するのか考察するものである．

　一言で音声変化といっても，様々なレベル（音素，音節，語，語間など）において，様々な現象（母音の弱化，脱落，同化，連結など）が生じ得る．また，それぞれの現象が複合的に絡み合って生じる音声変化も存在する．さらに，発話速度のみでなく，発話状況（たとえば，演説，会話，朗読など），そして喜怒哀楽といった話者の心理状況，国籍，年代，性別，出身地域，職業なども影響すると考えられる．しかし，このような要素全てを包括する実験は現実的に難しいため，ある限られた集団を対象に限られた現象について考察していく手法が妥当と思われる．

　本実験では，アメリカ人成人を被験者とし，様々な発話速度に沿って英文を朗読してもらう．そして，英文朗読の発話音声に生じる音声変化（本実験では同化，連結，複合的な音声変化の3種類）について考察していく．

4.2. 実験方法

　本研究では，22名のアメリカ人成人（男性18名，女性4名）を対象に，英

第15章　基本フットの解明と英語の音声変化に関する実証研究　　　207

文朗読という形で実験を行った．まず，彼らに静かな個室で，300ms. にセットされたメトロノーム音を聞かせ，300ms. の速度を記憶させた．その後すぐ，メトロノームを使わず，記憶した300ms. に沿って可能な限り自然に下記の3つの英文を読み上げてもらった．[1]

英文1：" I want to turn off the radio."
英文2：" I'm going to meet you soon."
英文3：" Come and join us."

朗読された音声はマイクロフォンを通して直接パソコンに録音し，聴覚印象のみでなく音声分析ソフトを用いて，英文の下線部において音声変化が生じたか否かを客観的に判別した．

同化の考察では，英文2の "meet you" が分析対象であり，ここでは "meet you" が [ˈmiːtʃuː] のように同化を伴った発話となったか否かによって判断した．連結の考察では，英文1および英文3の "turn off", "come and", "join us" が分析対象である．連結については，単語を単独に発音せずに単語間が滑らかにつながって，1語のように発音されていたかによって判断した．そして，複合的な音声変化の考察では，英文1および英文2の "want to", "going to" が分析対象である．複合的な音声変化については，ひとつの音声変化（たとえば脱落のみ）が生じても，最終的な複合変化，たとえば "want to" であれば [wɑnə] と発音されていない限り，複合的な音声変化は生じなかったと見なした．分析の過程において判断が困難なケースも幾つかみられたが，それらについてはアメリカ人英語教員（英語教育学を専門）の意見を踏まえながら決定した．

同様の手法で，様々な速度における音声変化を検証した．本実験では，8種類の発話速度（300ms., 400ms., 500ms., 600ms., 750ms., 1000ms., 1200ms., 1500ms.）を採用した．

4.3. 実験結果

下記の表2は，各速度における音声変化の発生数（被験者数）をまとめたものである．（　）内の数は，その速度を境界として音声変化が生じ始めた数を

---

[1] 本実験では300ms. の速度に沿った発話を依頼したが，各単語を300ms. で読み上げるよう指示したわけではない．しかし，もし被験者が300ms. 毎に単語を読み上げたとすると，この発話速度は200wpm (words per minute). となる．同様の計算では，400ms. では発話速度が150wpm となる．なお，英語母語話者が自然なスピードと感じる英語教材の発話速度は160wpm〜190wpm である (Rivers (1981))．

表している．たとえば，300ms. の速度では，22名の被験者のうち5名の被験者の"want to"において音声変化が確認されており，その内の2名については，300ms. の速度になって初めて音声変化を伴った発話となったことを示している．同様に，300ms. の"turn off"では，22名の被験者全ての発話で音声変化が生じているが，300ms. の速度から音声変化が生じ始めた被験者は0名であり，多くの被験者（17名）は500ms. の速度から音声変化が生じ始めたことが読み取れる．つまり，"turn off"については，確かに300ms. において音声変化が生じてはいるが，音声変化が生じ始める境界となる値は500ms. なのである．このように表2をみると，全体として，速度が速くなると音声変化が生じ始め，特に，400ms. もしくは500ms. を境に音声変化の発生数が急増することに気付く．やはり，筆者の仮説通り，基本フット（400ms.～500ms.）を境に音声変化が生じ始めるのである．

	300ms.	400ms.	500ms.	600ms.	750ms.	1000ms.	1200ms.	1500ms.
want to	5(2)	3(1)	2(1)	1(1)	0(0)	0(0)	0(0)	0(0)
turn off	22(0)	22(3)	19(17)	2(2)	0(0)	0(0)	0(0)	0(0)
going to	2(2)	0(0)	0(0)	0(0)	0(0)	0(0)	0(0)	0(0)
meet you	20(2)	18(4)	14(6)	8(1)	7(0)	7(0)	7(0)	7(7)
come and	9(1)	8(3)	5(4)	1(1)	0(0)	0(0)	0(0)	0(0)
join us	14(1)	13(6)	7(6)	1(1)	0(0)	0(0)	0(0)	0(0)

表2：各速度における音声変化の発生数

一方で，表2から読み取れるように，全体としては基本フット（400ms.～500ms.）を閾値として音声変化が生じ始めるといえるわけであるが，個々の比較をすると，それぞれ音声変化が生じる発生数に差が見られる．以下では，それぞれの音声変化について考察を加えていく．

4.4. 実験の考察

本章では，便宜上，実験結果を音声変化ごとに分類し，同化（meet you），連結（turn off, come and, join us），複合的な音声変化（want to, going to）のそれぞれについて考察を加えていく．

4.4.1. 同化（meet you）

ほとんどの被験者の発話で同化が確認され，300ms. の速度では22名中20名の発話において，"meet you"が [ˈmiːtʃuː] と発音されていた．一方，残り

2名の被験者は，いかに発話速度が速くなろうとも "meet you" を同化させて発話することはなかった．また，同化を伴って発話した20名について詳しくみると，その内の7名は1500ms.の遅い発話速度であっても同化が確認されており，速度に関係なく常に "meet you" [ˈmiːtʃuː] と発音していたことが読み取れる．この理由は "meet you" が日常会話において使用頻度が高く，7名の被験者がこれを確立同化として捉えているためと考えられる．一方で，残りの13名の被験者は発話速度が速くなると，"meet you" [ˈmiːt juː] から同化を伴った "meet you" [ˈmiːtʃuː] の発音へと変化していた．この13名は "meet you" を偶発同化として捉えていたということである．それでは，どの程度の速度から13名の被験者の発話に同化が生じ始めるのであろうか？ 表2によると，"meet you" の同化が生じ始めた発話速度は，300ms.（2名），400ms.（4名），500ms.（6名），600ms.（1名）であった．600ms.以下の発話速度になると同化が生じる可能性があるといえるが，特に500ms.以下の速い発話速度になると，"meet you" の発音が同化を伴った [ˈmiːtʃuː] へと変化し始めるのである．つまり多くの被験者が基本フット（400ms.〜500ms.）を境界として同化を伴った発話へと変化していることがわかる．"meet you" に関しては，偶発同化として捉えている被験者のほうが多いわけであるが，基本フット（400ms.〜500ms.）においては，通常，確立同化としてであれ偶発同化としてであれ，同化を伴うということである．

4.4.2. 連結 (turn off)

本実験では，速い発話速度において22名の被験者全員が，"turn off" を連結させて "turnoff" と発話した．その一方で，750ms.以上に遅い速度となると，"turn off" を連結させた被験者は皆無であった．これは，遅い速度においては，"turn off" を連結させて発話することが不自然であり，"turn off" の連結は，完全に発話速度によって左右されることを意味している．

連結が生じ始めた速度をみると，300ms.（0名），400ms.（3名），500ms.（17名），600ms.（2名）であった．22名中17名までもが500ms.の速度を境界として連結を伴った発話へと変化しており，"turn off" に関しては，連結を引き起こす速度が被験者間でかなり一致していることがわかる．この500ms.という速度は基本フット（400ms.〜500ms.）と一致しており，この結果は，アメリカ人英語話者が自然な英語発話においては非常に高い確率で "turn off" を連結させて発話することを示唆している．

4.4.3. 連結 (come and)

　"come and" では，22名中9名が連結を伴った発話をしていたが，残りの13名はどの速度においても "come" と "and" を別の単語としてはっきりと発話していた．この9名の内訳をみると，連結を伴った発話へと変化した速度が，600ms. (1名)，500ms. (3名)，400ms. (4名)，300ms. (1名) である．やはり，基本フット (400ms.〜500ms.) 前後で連結が生じる傾向があり，それ以上に遅い発話速度となると，この9名の被験者も "come" と "and" を，はっきりと別の単語として発話した．一方，残りの13名の被験者に関しては，いかに発話速度が速くなろうとも "come and" を連結させて発話することはなかった．この理由は，本実験が文字を示しながらの音声実験であったため，被験者は文字に忠実に朗読しようとし，結果として "come" と "and" が常に別の単語として発話されたためと考えられる．それでは，なぜ同じ連結でありながら "come and" よりも "turn off" のほうが連結の発生率が高くなったのであろうか？ ひとつには，"turn off" は句動詞であり，2語から成り立つ別々の単語ではあるが，アメリカ人英語話者の心理では2音節からなる1単語として捉えていた可能性があると考えられる．一方，"come and" は例文 "Come and join us." のように頻繁に使用される決まり文句とはいえ，"come" と "and" は完全に別の単語として認識されているため，このような実験結果になったものと考えられる．さらに，"turn off" は n- 連結[2] であるため，頻繁に生じる音声変化であることがもう1つの大きな理由であると考えられる．つまり "come and" 以上に "turn off" のほうが日常会話で頻繁に連結を伴った発話となっているのであろう．これらのことが影響して，"come and" を連結させて発話した被験者は "turn off" よりも少なかったと考えらえる．

4.4.4. 連結 (join us)

　"join us" では22名中14名が連結を伴った発話をしており，残りの8名は発話速度にかかわらず "join" と "us" を別の単語として発話していた．"join us" を連結させて発話した14名を詳しく見ると，それぞれ連結を伴った発話へと変化した速度が600ms. (1名)，500ms. (6名)，400ms. (6名)，300ms. (1名) であった．これまで同様，基本フット (400ms.〜500ms.) が境界線となる傾向があり，それ以上に速い発話速度では常に連結を伴った発話となるよ

---

[2] n- 連結とは先行単語の語末が /n/ で後続単語の語頭が母音の場合に生じる連結であり，an apple [ənæpl] のように2つの単語間は /nV/ と発音される．n- 連結は英語母語話者の会話で日常的に用いられるため，特に重要な連結である．

うである．残りの8名の被験者に関しては，やはり本実験の性質上，文字を中心に捉えたため，たとえ速度が異なろうとも，常に"join"と"us"を別の単語として発話したものと考えられる．"join us"も句動詞ではなく，それぞれ別の単語であるため，文字の提示が実験結果に多大な影響を及ぼしたのであろう．

一方で，本例文"Come and join us."の"come and"と"join us"の結果を比較すると，"come and"では9名の被験者が，"join us"では14名の被験者が，それぞれ連結を伴って発話をしていた．両者とも句動詞ではなく2単語から成り立っているにもかかわらず，なぜ実験結果にこのような差が生じたのであろうか？　やはり，"join us"がn-連結であることが影響したのであろう．"join us"も"come and"も句動詞ではないため，両者とも"turn off"と比較すると連結の発生頻度は低くなるが，"join us"のほうが"come and"よりも高い数値になったのは"join us"がn-連結を伴っているためと考えられる．これらをまとめると以下の表になる．

	句動詞	n-連結
turn off	○	○
join us	×	○
come and	×	×

表3：連結が生じる要因

4.4.5. 複合的な音声変化（want to）

"want to"では，ほとんどの被験者が音声変化をさせずに発話していた．22名中5名の発話において音声変化が確認できたが，それも300ms.～600ms.においてのみであり，遅い発話速度においては音声変化が生じることはなかった．アメリカ英語の口語では特に頻繁に使用されるといわれている"wanna" [wɑnə] が本実験においては，あまり生じなかった理由として，"wanna"が書き言葉としては非標準の扱いを受けていることが大きく影響していると考えられる．被験者は心理上，標準の"want to"と非標準の"wanna"を使い分けており，文字として"want to"をみると，被験者はたとえ発話速度が速くなろうとも"want to" [wɑnttuː] を [wɑnə] とは発音しなかったものと考えられる．特に，今回のように，英文朗読という音声実験ではこのようなことが多大に影響したものと思われる．

この結果からいえることは，アメリカ人英語話者は英文朗読において，発話速度の変化のみによって"want to"を [wɑnə] と発音することはないというこ

とである．この結果は，日本人英語学習者が安易に [wɑnə] と発音することが危険であることを示唆している．発話速度が速くなると "want to" が [wɑnə] と発音されるのではなく，英語母語話者は場面状況に応じて使い分けているのである．日本人英語学習者は，基本的に "want to" について，[wɑnə] ではなく [wɑnttu:] と発音したほうが無難であろう．

4.4.6. 複合的な音声変化（going to）

"going to" では，ほとんどの被験者が音声変化をさせずに発話した．本実験では，22 名中 2 名の被験者のみが "going to" を [gənə] と発音したが，それも最も発話速度の速い 300ms. のみであり，その他の速度においては "going to" [gouiŋtu:] と文字通りに発音していた．"wanna" 同様，アメリカ英語の会話で頻出する "gonna" [gənə] の出現率が低かったのは，やはり "gonna" が書き言葉では非標準と考えられているからであろう．さらに，"going to" [gouiŋtu:] はフォーマルな発話，"gonna" [gənə] はカジュアルな発話ともいわれており，音声実験というある一定程度の緊張感を伴った発話状況を考慮すると，なお一層，被験者が "going to" [gouiŋtu:] というフォーマルな発話を意識的もしくは無意識的に選択したものと考えられる．自然な会話では "going to" [gouiŋtu:] よりも "gonna" [gənə] が一般的であるとまでいわれている中で "gonna" [gənə] がほとんど出現しなかったのは，上記のように "going to" [gouiŋtu:] と "gonna" [gənə] を使い分けていると考えるのが妥当であろう．恐らく，本実験において反対に，"I'm gonna meet you soon." という例文を提示していれば，たとえ発話速度が遅くとも "gonna" [gouiŋtu:] と読み上げることはなかったと推測される．このような理由から，被験者は 300ms. や 400ms. といった速い発話速度においても，"going to" を [gənə] と読み上げることがなかったといえるであろう．

5. 結論

本章では，英語母語話者への音声実験を通して，英語母語話者の心理に存在すると推測される基本フットを究明することを目指してきた．この基本フットが英語のリズム単位となり，等時性を生み出すと考えられるからである．実験を介して，基本フットの長さは 400ms.〜500ms. であることを明らかにし，また，基本フットの数値を境界に英語の音声変化が生じ易くなるという仮説についても検証を行ってきた．もちろん一言で音声変化といっても，同化，連結など様々な変化があり，それらが生じる頻度は異なることを本稿でも具体的に

指摘してきた．しかし重要なことは，全体として，音声変化が生じ始める発話速度は基本フット（400ms.～500ms.）とほぼ一致するということである．つまり，筆者の仮説通り，基本フット（400ms.～500ms.）を閾値として，音声変化が生じ始める傾向があるといえるのである．

ただし，本実験は自然発話ではなく，英文朗読という形式で進めたものであり，この結果が普遍的なものとは限らないことは指摘しておく必要があろう．また，国籍，性別，年代などによっても実験結果が異なる可能性もあるため，さらに多くの実験結果を得ていくことが今後の課題といえる．

参考文献

Abe, Isamu (1967) "English Sentence Rhythm and Synchronism," *The Phonetic Society of Japan* 125, 9-11.

Abercrombie, David (1964) "Syllable Quantity and Enclitics in English," *In Honour of Daniel Jones: Papers Contributed on the Occasion of His Eightieth Birthday 12 September 1961*, ed. by D. Abercrombie, D. B. Fry, P. A. D. MacCarthy, N. C. Scott and J. L. M. Trim, 216-222, Longman, London.

Abercrombie, David (1967) *Elements of General Phonetics*, Edinburgh University Press, Edinburgh.

Allen, George (1972) "The location of Rhythmic Stress Beats in English: An Experimental Study I & II," *Language and Speech* 15, 72-100, 179-195.

Benguerel, André-Pierre and Janet D'Arcy (1986) "Time-warping and the Perception of Rhythm in Speech," *Journal of Phonetics* 14, 231-246.

Bolinger, Dwight (1965) "Pitch Accent and Sentence Rhythm," *Forms of English: Accent, Morpheme, Order*, ed. by I. Abe and T. Kanekiyo, Hakuousha, Tokyo.

Classe, André (1939) *The Rhythm of English Prose*, Basil Blackwell, Oxford.

Donovan, Andrew and C. J. Darwin (1979) "The Perceived Rhythm of Speech," *Proceedings of the Ninth International Congress of Phonetic Sciences* 2, 268-274, Copenhagen Institute of Phonetics.

Fukushima, Akitoshi (1989) "Is Stress-timed Rhythm Retained Throughout an Utterance? —A Preliminary Study on the Domain of Isochronism in English—," *The Journal of Konan University* 73, 50-65.

Halliday, M. A. K. (1985) *An Introduction to Functional Grammar*, Edward Arnold, London.

Kamiya, Atsunori (2010) *An Acoustic Study of Isochronal Feet in English Speech*, Doctoral dissertation, Kwansei Gakuin University.

河野守夫（編）（2007）『ことばと認知のしくみ』三省堂，東京．

Lehiste, Ilse (1977) "Isochrony Reconsidered," *Journal of Phonetics* 5, 253-263.

Nakatani, Lloyd, Kathleen O'Connor and Carletta Aston (1981) "Prosodic Aspects of American English Speech Rhythm," *Phonetica* 38, 84-106.

大高博美・神谷厚徳 (2013)「英語のリズムにおけるフットの等時性――等時性仮説の真偽検証――」『言語と文化』第16号, 17-23.

Pike, Kenneth (1945) *The Intonation of American English,* University of Michigan Press, Ann Arbor, MI.

Rivers, Wilga (1981) *Teaching Foreign-Language Skills*, 2nd ed., University of Chicago Press, Chicago.

Roach, Peter (2009) *English Phonetics and Phonology: Apractical Course*, 4th ed., Cambridge University Press, Cambridge.

Shen, Yao and Giles Peterson (1962) "Isochronism in English," *Studies in Linguistics, Occasional papers* 9, 1-36. Dept. of Anthropology and Linguistics, University of Buffalo, Buffalo, NY.

Uldall, Elizabeth (1971) "Isochronous Stresses in R.P," *Hammerich-Jakobson-Zwirner*, 205-210.

第 IV 部
意味論・語用論

第 16 章

言語使用の観点から見た移動表現の類型論
—— 日本語・英語・イタリア語話者の主体／客体移動表現 ——*

吉成　祐子

岐阜大学

1. はじめに

　移動表現の類型論は，移動概念（移動の経路，様態等）をどのような言語形式を用いて表出するのか，その特徴によって言語を分類するものであり（松本 (2017), Slobin (2000), Talmy (1985)），数多くの言語がこの類型論に基づき検証されてきた．1 つの言語を詳細に記述するものや複数言語を比較分析するものもあれば，第一言語（母語）だけでなく第二言語を対象とするものなど，様々な観点から研究が進められている．また分析方法も，内省によるものからコーパス・データを用いるもの，絵や映像を使った言語実験を行うものなど，多岐に渡っている．しかし，言語使用の観点から移動表現の類型論を考察している研究はあるものの，検証の方法や手順の検討はまだ十分とは言えない．移動表現の類型論では，移動概念が一般的にどのように表出されるのか，その傾向をもとに分類を試みているが，言語使用を研究対象とするならば，話者の言語化傾向を測るための明確な分析基準や，分析対象とする場面の詳細な設定といった統制等が必要である．

　事態を描写する際に用いられる言語表現には唯一の正しい表現というものはなく，様々な表現が可能である．しかし，その中にも母語話者が共通して好んで用いる言語表現というものがある．そのような言語化傾向は，使用頻度の高さを基準とした「好まれる言い回し」という観点から分析することができる．また，言語使用を対象とする語用論の立場からいえば，場面や事態を構成する要素が異なれば，それに関わる言語表現も異なる可能性がある．言語使用レベ

---

　* 本研究は，国立国語研究所共同研究『空間移動表現の類型論と日本語：ダイクシスに焦点を当てた通言語的実験研究』，JSPS 科研費 (16K02808, 15H03260) の助成を受けて行われている．

ルでの移動表現の類型論を議論する場合，この点を考慮し，移動経路の種類や様態の種類を区別した場面での言語化傾向を比較検証すべきである．

本章では，移動概念を統制した移動事象場面のビデオ映像を用いて言語産出実験を行い，移動表現の類型が同じとされる日本語とイタリア語，異なる英語の3言語について，主体及び客体（使役）移動表現を取り上げて分析する．移動表現の類型論に基づき，移動事象タイプの違いや移動事象場面を構成する移動概念の違いによって，どのような表現パターンが用いられるのか，各言語話者の言語化傾向を明らかにする．

2. 先行研究

2.1. 移動表現の言語類型論

移動事象の描写では，移動する主体がどこをどのように移動するのかといった情報を言語表現にする．移動物（Figure），移動の様態（Manner），移動の経路（Path），移動に関わる参照物（Ground）等の意味概念を様々な形式で言語化するのだが，その表出方法は言語によって異なる．例えば，同じ移動事象を言語化するのに，日本語では主動詞で移動の経路を表すのに対し（(1a)），英語では主動詞で移動の様態を表す（(1b)）．

(1) a. 男の人が　歩いて　　部屋-に　　入った．
　　　　 Figure　 Manner Ground-Path Path
　　b. The man　walked　into　the room.
　　　　 Figure　 Manner   Path Ground

言語によって異なる移動概念の表出パターンを類型論的に考察したものの中で，タルミーの研究（Talmy (1985, 2000)）がよく知られている．日本語のように，移動の経路が動詞で表される言語を「動詞枠付け言語（verb-framed languages）」（以下，V言語），英語のように，動詞に付随する要素で経路が表される言語を「付随要素枠付け言語（satellite-framed languages）」（以下，S言語）と呼んでいる．この分類に対し，松本 (2017) は，使用される用語の曖昧さを指摘し，タルミーの言う「動詞」は文の主要部（head）としての動詞であり，経路を表す動詞語幹以外の形式すべてを非主要部（nonhead）または主要部外（head-external）の要素として区別すべきだとしている（松本 (2017: 7)）．

タルミーの類型論において，経路概念がどの位置で表されるのかが重要な役割を果たしているが，その他の移動概念も言語類型に関わる重要な要素となっ

ている．移動の様態の表出頻度に注目して移動表現の類型を考察しているものや（秋田・松本・小原（2010），Berman and Slobin（1994），Slobin（1996, 2000）），タルミーの類型論では経路概念の一部とされている直示経路（ダイクシス）に焦点を当てて分析しているものもある（古賀（2017），吉成（2014），Yoshinari（2015））．松本（2017）は，ダイクシス概念の表出方法が通常の経路表現と異なる振る舞いをする言語が多いことを例をあげて説明し，経路概念の中でも話者の位置との関係を表す直示経路を，非直示経路とは区別して扱うべきだと主張している（松本（2017: 14））．

以上の点を考慮し，本章では，直示経路を「ダイクシス（Deixis）」，非直示経路を「経路（Path）」と区別して分析する．そして「様態（Manner）」を加えた3つの移動概念が，どのような言語形式で表されるのかという表出位置，どのくらい表されるのかという表出頻度に注目して分析を行う．ただしこれは言語化された移動表現の分析で注目する移動概念であって，描写対象となる移動事象場面にダイクシスは含めない．移動事象の基本的な設定として，まず，話者が中立の立場から移動事象を認知し，どのように言語化するのかを検証するためである．

2.2. 各言語の特徴

本章で取り上げる3言語（英語，日本語，イタリア語）の移動表現の特徴をまとめておく．移動表現研究では，これまで移動物そのものを主語で表す主体移動表現が議論の中心となっていたが，ここでは，使役者（Causer）によって引き起こされる移動事象，つまり移動物が目的語で表される客体（使役）移動事象を描写する表現も取り上げる．移動事象のタイプによって，異なるパターンを取る言語もあるからだ（Choi and Bowerman（1991），吉成（2017））．

2.2.1. 英語

英語は典型的なS言語の特徴を持つ言語で，主体（(1b)），客体（(2)）移動表現ともに，経路は主要部外の要素（前置詞句）で表される．そして主要部（主動詞）では，移動の様態や使役手段（Means）を表出している．

(2) He kicked the ball into the goal.
  Causer Means Figure(Object) Path Ground
  「彼はゴールにボールを蹴った．」

2.2.2. 日本語

日本語では，主体（(1a)），客体（(3)）移動表現ともに，経路は主要部で表され，様態や使役手段は主要部外（分詞形）で表される．主要部での経路の表出には，複合動詞（e.g. 蹴り入れた）や，複雑述語（e.g. 走って入った）といった動詞の複合形が用いられることが多い．

(3) 彼は　　ボールを　　　　蹴って，ゴール-に　　入れた．
　　Causer Figure(Object)　Means　Ground-Path Path

また，経路は主要部外の要素である格助詞でも表出される．ただし，動詞「入る」「入れる」に含まれるような INTO 経路を表す格助詞はない．「ゴールに」のような格助詞が示すのは着点 TO であり，閉じられた空間である中への移動を意味する「境界越え（boundary crossing）」の概念は含まれていない．一方で，「中に」のような位置名詞と格助詞の組み合わせで INTO 経路を主要部外の要素で表すことはできる．ただし，「?部屋の中に歩いた」のように，様態動詞との共起では違和感があり，「歩いて部屋の中に入った」のように経路動詞を主動詞としたほうが自然である．なお，「部屋の中に入った」と表現する場合，INTO 経路が 2 カ所で表されることになるが，Sinha and Kuteva (1995) が指摘しているように，同じ移動概念を複数位置で表すことは数多くの言語で見られる現象である．

日本語の移動表現で特徴的なのは，ダイクシスの表出頻度が他の経路に比べて高く，話者の領域が移動事象と関わらない場面でも，(4) のように，ダイクシスを表す表現を用いることである（吉成（2014））．その表出位置は複雑述語の後項，つまり主要部の位置で表される．[1]

(4) 男の人が　歩いて　部屋-に　　　入って-{いった／きた}．
　　Figure　　Manner Ground-Path Path-Deixis

2.2.3. イタリア語

イタリア語は日本語同様，V 言語とされるが，様態移動動詞の数が多いことや（Wienold and Schwarze (2002)），主要部外の要素で経路を表す場合も多いこと，さらに客体移動表現においては主要部外で経路概念を表すことが基本パターンとなっていることから，混合型の言語であると指摘されている（吉

---

[1] 日本語の動詞の複合形においては，項構造の観点から後項動詞が主要部であると考えられるが，複雑述語の場合，例外も存在する．本章では松本 (2017) に従い，最終動詞を主要部として議論を進める．詳しくは松本 (2017: 251) を参照されたい．

成 (2017)).

　主体移動表現の場合，主動詞には経路動詞だけでなく ((5a)), 直示動詞や (5b), 様態移動動詞を用いて表現することも可能である ((5c)).

(5) a. *Gianni è entrato in casa correndo.*
　　　 John is entered into house running
　 b. *Gianni è andato in casa correndo.*
　　　 John is gone into house running
　 c. *Gianni è corso in casa.*
　　　 John is run into house
　　「ジョンは走って家に入った.」

イタリア語で (5b, c) のような表現が可能なのは，位置関係を表す前置詞句で経路を表すことができるからであるが，経路を表す副詞との共起も可能である．特に，直示動詞 *andare/venire* 'go/come' と経路を表す副詞との組み合わせは，経路動詞同様，頻繁に用いられる表現となっている．例えば，上方向への移動を表すのに，経路動詞 *salire* 'ascend' だけでなく，*andare su* 'go up' のような表現が用いられる．ただし，様態移動動詞を主要部に置く場合には制約がある．イタリア語の *in casa* が「家（の中）に」という着点の読みができるのは，(5a, b) のような経路動詞あるいは直示動詞と共起した場合で，(5c) のように，様態によっては共起可能な場合もあるが，(6) のように *camminare* 'walk' などの一部の様態移動動詞との共起では，「家の中で歩いた」のような動作を行う場所の読みしかできない．[2]

(6) *Gianni ha camminato in casa.*
　　 John has walked in house
　　「*ジョンは家に歩いて入った.」「ジョンは家（の中）で歩いた.」

　客体移動に関しては，主体移動のような制約はなく，(7) のように，経路を主要部外の要素だけで表す表現を取るのが一般的となっている.

(7) *Gianni ha calciato il pallone in rete.*
　　 John has kicked the ball into goal
　　「ジョンはボールをゴールに蹴った.」

---

[2] 共起制限に関わる様態移動動詞の種類に関しては，詳しくは吉成 (2017: 199-202) を参照のこと．

以上，本章で取り上げる3言語は，移動表現の類型論では，S言語（英語），V言語（日本語，イタリア語）にわかれるが，客体移動表現も考慮すると，どちらのパターンも取る言語（イタリア語）があることがわかる．

3. 実験方法と分析手順

3.1. 使用データについて

分析に使用するデータは国立国語研究所共同研究『空間移動表現の類型論と日本語：ダイクシスに焦点を当てた通言語的実験研究』（代表：松本曜）で収集されたものの一部で，移動の経路や様態等を組み合わせた移動事象52場面のビデオ映像（各2～8秒）をコンピューターで見て，口頭で各場面を描写する実験により得られたものである．発話は録音され，それを文字化し，一定の基準に従ってコーディングされている．

本章では，プロジェクトで得られた様々な言語のデータより，日本語（J-L1）・英語（E-L1）・イタリア語（I-L1）の各母語話者グループの各言語での移動表現データを取り上げる．[3] 各グループ15名分のデータを分析対象としており，参加者は日本，アメリカ，イタリアそれぞれの国で生活する大学生・大学院生や一般社会人である．対象とした移動表現データは，主体移動6場面と，客体移動2場面である．主体移動は2種類の経路（INTO, UP）と3種類の様態（WALK, RUN, SKIP）を，使役移動は2種類の経路（INTO, UP）と使役手段（KICK）の要素を組み合わせて構成された場面となっている．話者が中立の位置で各移動事象場面を見ている状況を設定している．INTO場面は主体／客体移動共に，休憩所の外から中への移動物（人／蹴られたボール）の移動，UP場面の主体移動は，階段の下から上への人の移動，客体移動は石垣の下から上への，蹴られたボールの移動となっている．

3.2. コーディング方法

各言語を比較分析するため，各移動概念（経路 Path，様態 Manner，ダイクシス Deixis）が文中で表現された頻度と言語形式に着目してコーディングしている．例えば，経路がINTO，様態がRUNで設定された場面を描写した各言語の表現を見ると，日本語（8a）では，複雑述語の主要部でダイクシスを，非主要部で経路を，そして分詞形で様態を表しており，各移動概念がそれぞれ

---

[3] 各言語の担当者は，E-L1 が秋田喜美・松本曜・眞野美穂，J-L1 が古賀裕章・吉成祐子，I-L1 がファビアーナ・アンドレアーニ・吉成祐子である．

1 ずつ表出されたと数える．なお，格助詞「に」も経路を表してはいるが，着点 TO を表すものであり，本実験で設定された INTO 経路を示すものではないことから，数に含めていない．英語（8b）では，主要部の動詞で様態 1，前置詞で経路 1 を数え，イタリア語（8c）では，主要部の動詞 entrare 'enter' と前置詞 dentro 'into' で経路 2，動詞の分詞形 correndo 'running' で様態 1 と数える．

(8) a. 男の人が　走って　　休憩所-に　入って-いった．
　　　　　　　　Manner　　　　　　　Path-Deixis
　　b. He runs　　into　the　pavilion.
　　　　Manner　Path
　　c. *Il　ragazzo entra　dentro　il　gazebo corredo.*
　　　　The boy　　enters into　　the pavilion running
　　　　　　　　　　Path　Path　　　　　　　　　Manner

4. 結果と考察

4.1. 主体移動表現の言語化傾向

4.1.1. 各移動概念の言及率

本章で取り上げる各場面は，様態（WALK / RUN / SKIP）と経路（INTO / UP）の移動概念を組み合わせたものとなっているが，各場面で設定された移動概念が表現されているかどうかを確認しておく．同じ移動概念が複数箇所で表されることもあるが，その場合も言及は 1 と数え，設定された移動概念を話者が無視せずに言及していることを表す各移動概念の言及率を求めた．

その結果，経路概念に関してはほぼ 100％ の言及率で，経路はどんな場合でも言及されていることがわかった．一方，様態に関しては，様態の種類によって言及率が異なり，RUN，SKIP の言及率はどの言語グループもほぼ 100％ であったのに対し，WALK 言及率は J-L1 と I-L1 で極端に低かった（J-L1: 36.7%, I-L1: 23.3%, E-L1: 90.0%）．WALK 概念の言及が少ない傾向は，いくつかの言語でも指摘されており（吉成他 (2016)），WALK 概念の特殊性が考えられる．

4.1.2. 経路が表される位置

次に，言語類型の分類を決める上で重要な，経路概念が表される位置（言語形式）と頻度（表出回数）に注目する．経路の種類（INTO / UP）によって表出

パターンが異なるため，経路別にその概念を表す位置と頻度をまとめたものが表 1-1（INTO 場面）と 1-2（UP 場面）である．経路概念の表出位置で重要なのは，主要部かそれ以外かである．主要部外の位置は，動詞関連要素と名詞関連要素の 2 つに分けられる．動詞関連要素とは，主に「入ってきた」のような動詞の複合形における非主要部の動詞（前項動詞），動詞の分詞形，副詞等があげられる．一方の名詞関連要素とは，「部屋の中に」のような位置名詞や，"into the room" のような前置詞を指す．経路概念を表すそれぞれの言語形式の数を対象としているため，「部屋の中に歩いて入った」のように複数位置で表されている場合もそれぞれの位置で数を数えている．

なお，各言語グループの参加者は 15 名で，3 場面の結果をまとめているため，表内の各項目の最大値は 45 であり，合計の項目で 45 を超える場合は，複数位置でその経路概念を表していることになる．[4]

表 1-1　INTO 場面における経路概念の位置別 表出頻度

	主要部	主要部外		合計
		動詞関連	名詞関連	
J-L1	4	32	32	68
I-L1	24	1	41	66
E-L1	0	1	36	37

表 1-2　UP 場面における経路概念の位置別 表出頻度

	主要部	主要部外		合計
		動詞関連	名詞関連	
J-L1	15	29	2	46
I-L1	37	6	1	44
E-L1	1	0	44	45

E-L1 は経路の種類が何であれ，主要部外の名詞関連要素で経路を表す S 言語のパターンを保持していることがわかる．一方，I-L1 と J-L1 は，経路の種類によって表出の傾向が異なる．どちらも INTO 場面では名詞関連要素での表出が多く，経路表出の合計数が UP 場面よりも多くなっている．I-L1 を見ると，UP 場面では主要部で経路概念を表す典型的な V 言語のパターンを取っ

---

[4] 前置詞句での経路概念表出の場合，"from the outside to the inside" のように 2 つの前置詞句の使用も見られるが，INTO 経路を表しているという観点から，この表現で名詞関連要素 1 と数えている．そのため，合計以外の項目で最大値 45 を超えることはない．

ているが，INTO 場面では数を見る限り，名詞関連要素で INTO 経路を表していることが多い．主要部よりも多いということは，(9) のように，主要部で様態移動動詞，あるいは直示動詞を用いていることになる．

(9) Il   mio amico è   {corso/andato} nel   gazebo.
    The my friend was {run/gone}   into.the pavilion
    「私の友達が休憩所に {走った／行った}．」

I-L1 と異なり，J-L1 は経路の種類に関わらず，動詞関連要素で経路が表されることが多い．主要部での経路表出が少ないということは，S 言語の表現パターンの使用が多い可能性を示しているが，日本語の動詞関連要素とは「<u>入ってきた</u>」のような複合形の動詞の前項をさすことが多いため，その可能性は低い．主要部ではどのような移動概念が表出されているのかを次節で確認する．

4.1.3. 主要部で表される移動概念

主要部で表される移動概念の比率を表したものが図 1 である．これを見ると，言語グループ毎にパターンが異なることがわかる．

図 1　言語グループ別 主要部で表される移動概念（主体移動）

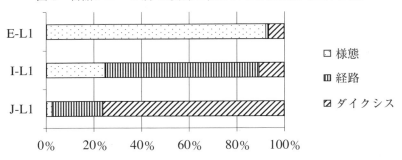

E-L1 は主要部で様態を表出することがほとんどで (92.3%)，ここでも典型的な S 言語であることが確認された．また I-L1 は主要部で経路を表す場合が最も多く (64.9%)，V 言語の特徴を示していることがわかる．4.1.2 節において，INTO 場面では主要部外の要素である前置詞句で経路を表すことが多いことがわかったが（表 1-1），共起する主動詞を見てみると，ほとんどが経路動詞であり，次に直示動詞の共起が多く，様態移動動詞は少ない上に，そのほとんどが RUN を表す動詞であった．

注目すべきは J-L1 のダイクシス表出割合の高さである (75.6%)．本章で分

析の対象とした場面は，すべて話者の位置を中立においたものであったにも関わらず，話者に向かう移動や，話者から遠ざかる移動を表す直示動詞が用いられていた．他言語グループではダイクシスの表出がほとんど見られなかったことからも，日本語話者には，話者を事象の中に置いて事態を認知し，言語化する傾向があると考えられる．

4.2. 客体移動表現の言語化傾向

4.1節では3つの言語グループの移動概念表出の傾向に注目し，英語話者 (E-L1) は S 言語の典型的なパターンを，イタリア語話者 (I-L1) は V 言語の典型的なパターンを，日本語話者 (J-L1) は V 言語でもダイクシスを多く表出する，イタリア語とは異なった傾向があることが明らかにされた．次に，客体移動事象の描写においても同様の類型を示すのかを検証する．

まず，設定された使役手段 (KICK) と経路 (INTO/UP) の移動概念が表出されているかを示す言及率を確認すると，I-L1 の INTO 場面でのみ使役手段が93.3%であったが，その他はすべて 100% の言及率であった．

次に，経路の表出位置と頻度をまとめたものが，表2である．経路の種類によって表出傾向が変わることはなく，経路は主要部外の名詞関連要素で表されることがどの言語も多いことがわかった．各言語グループの参加者は15名で2場面の結果をまとめているため，各項目の最大値は30となる．合計数を見ると，客体移動では，J-L1 以外，複数位置で経路が表されることはほぼないことがわかる．注目すべきは，主要部で経路を表出する数が少ない I-L1 と，主要部で経路を表出する数が多い J-L1 である．どちらも主体移動と異なる表出傾向が見られるが，これについては次節で詳述する．

表2 KICK 場面における経路概念の位置別 表出頻度

	主要部	主要部外		合計
		動詞関連	名詞関連	
J-L1	20	3	22	45
I-L1	5	0	28	33
E-L1	0	1	28	29

次に，客体移動の主要部で表される移動概念を図2で確認する．図2を見ると，E-L1 は主要部で使役手段を表し (100%)，I-L1 も使役手段を表す比率が高い (84.8%)．一方，J-L1 は経路を表すことが最も多い (66.7%)．

図 2 言語グループ別 主要部で表される移動概念（客体移動）

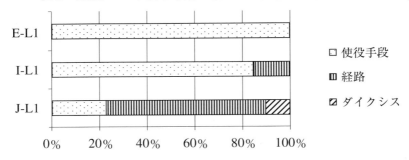

表現例を見てみると，E-L1 では，"He kicked the ball into the pavilion." のように，すべて主要部で使役手段を，主要部外で経路を表すパターンを取っていた．I-L1 も，(10a, b) のように，英語と同様のパターンを取るのが主流であり，主要部で経路を表す主体移動表現とは異なる傾向が見られた．

(10) a. *Il ragazzo calcia la palla dentro il gazebo.*
The boy kicks the ball into the pavilion
「男の子がゴールへボールを蹴る．」
b. *Il ragazzo calcia la palla al di là del muro.*
The boy kicks the ball over of.the wall
「男の子が壁を超えてボールを蹴る．」

J-L1 の客体移動表現は，主要部で経路が表出されることが多いが，ほぼすべてが複合形の動詞（「蹴り入れた」「蹴り上げた」のような複合動詞，「蹴って入れた」のような複雑述語）で表される．主要部で使役手段が表されることもあったが，その場合，「休憩所の中に蹴った」「石垣の上へ蹴った」のように，単独で動詞が用いられていた．複合形は経路を主要部で表す複合動詞や複雑述語に限られ，主体移動で見られたダイクシスを表す「〜ていく／くる」という補助動詞が用いられることはほぼなかった（INTO 場面の 4 例のみ有り）．このように，移動事象タイプによって表現パターンが異なるのはなぜだろうか．

4.3. 主体／客体移動表現の比較

各言語の主体／客体移動表現を比較してみると，それぞれの言語で独自の特徴が見られた．英語の場合，移動事象の種類にかかわらず，経路は主要部外要素である前置詞句で表され，主要部では様態や使役手段を表出する表現パターンが取られていた．E-L1 の数値データからも，その使用傾向に個人差がほぼ

ないことがわかった．つまり，英語話者は言語使用のレベルでも，常にS言語の表現パターンを用いることが確認できた．

　日本語の場合，客体移動表現と比較したことで，主体移動表現でのダイクシス表出頻度の高さが特徴的であることがわかった．UP場面では，参照物 (Ground) が石垣と階段という違いがあるものの，客体移動では全く言及されていなかったダイクシス概念が，主体移動では64.4%も表出されていた．INTO場面は主体移動も客体移動も参照物は休憩所，そして話者の位置ともなるカメラの設置場所も同じであったにも関わらず，ダイクシスの表出が客体移動では26.7%であったのに対し，主体移動では84.4%であった．

　話者が中立の立場で事象を見ているにも関わらず主体移動表現でダイクシスを表出する理由を，主体／客体移動という事象タイプの違いを踏まえて考えてみると，移動物 (Figure) の性質の違いに気づく．主体移動では自らの意志を持った「人」が移動するが，客体移動では使役者によって移動させられる「ボール」が移動する．この移動物の性質の違いがダイクシス概念表出とどのように関連するのかについては，その他の客体移動場面での検証や，主体移動も含め，その他の経路概念（OUTやDOWN等）との比較も行わなければならない．とはいえ，話者の領域に関わらない移動事象の描写においてダイクシス表現が用いられるのは，話者があえて事象の中に自らを置いて事態をとらえているからであり，主体移動での使用の多さは，話者と同じく意志を持った主体である移動物とのインタラクションや空間の共有といった観点が関わっている可能性も考えられる．[5]

　主体移動と客体移動の表現パターンの比較で注目されるのはイタリア語である．主体移動ではV言語の特徴を見せていたが，客体移動ではS言語のパターンをとることが多かった．この要因としては，第一に，経路を表す使役動詞が日本語のように豊富ではないことがあげられる（吉成 (2017)）．イタリア語には，日本語の「入れる」のような汎用的に用いられる動詞がなく，また本実験で提示されるUP場面を適切に表す使役経路動詞もない．そのため，主要部で経路を表すとすれば，(11a, b) のように，使役構文（fare 'do' + 動詞の原形）を用いたりするしかない（4例のみ有り）．このような語彙の制限は言語使用にも影響を与えていると言えよう．

---

[5] 本章ではダイクシスの種類については触れなかったが，INTO場面とUP場面ではダイクシスの種類によって表出の頻度にも違いが見られた．UP場面では話者から遠ざかる「〜ていく」の表現しか用いられず，INTO場面では話者に向かう「〜てくる」の表現のほうが2倍くらい多かった．この解明についても今後の課題としたい．

(11) a. *Il mio amico con un calcio ha <u>fatto passare</u>*
 The my friend with a kicking has *done pass*
 il pallone oltre il muro.
 the ball otherside the wall
 「私の友達が蹴って，ボールを壁の向こうに越えさせた.」
 b. *Il ragazzo ha <u>fatto entrare</u> il pallone dentro il gazebo.*
 The boy has done enter the ball into the pavilion
 「男の子がボールを休憩所に入れさせた.」

　第二に，イタリア語では，INTOのような複雑な移動概念を表出する手段として，英語同様，主要部外でも1つの語で表すことができるという特徴があげられる．吉成他 (2016) で指摘しているように，INTO経路は内と外の境界を超えて移動する経路であり，〈中の方向へ移動し〉，〈中の位置に到達する〉という，2つの概念を含むものである．日本語では「休憩所にボールを蹴った」という表現において，ニ格で表されるのは休憩所への方向や，休憩所までの着点であって，休憩所の内側へと境界を越えて移動したことを表すには至らない．境界越えを明示するには，「休憩所にボールを蹴り入れた」のように，主要部で経路を表出することが必要になる．これに対しイタリア語では，英語の前置詞 into 同様，内外の境界越えを表す INTO 経路を *dentro* や *in* といった前置詞を用いて表すことができる．つまり，日本語に比べ，より簡単に INTO 経路を主要部外の要素で表すことが，S言語パターンの使用を容易にしているのではないだろうか．さらに客体移動の場合，主体移動とは異なり，使役手段を表す動詞と着点句との共起制限もない．制約がないのであれば，経済性の点から考えても，多くの移動概念を簡単に表せるほうが使用されやすいだろう．以上のようなイタリア語の言語的特徴が要因となって，本来の類型パターンとは異なるS言語の表現パターンが多く用いられる傾向が見られたと考えられる．

5. おわりに

　本章では，移動概念（経路・様態）を統制した主体／客体移動場面を口頭で描写する課題によって得られた移動表現を取り上げ，類型を同じくするもの，異なるものの3言語を比較分析することにより，移動表現の類型を言語使用の観点から検証を試みた．使用頻度を分析基準として，各言語話者がそれぞれ共通して持つ言語化傾向を探った結果，英語のように，類型が予測する典型的な表現パターンを常に取る言語もあれば，イタリア語や日本語のように，主

体/客体といった移動事象の種類や，経路や様態といった移動概念の種類によって，表現パターンが変わる言語もあることが明らかにされた．類型の典型的な表現パターンを保持する場合もあれば，異なる類型の表現パターンを取る場合もあるが，類型を逸脱する表現パターンの使用は，それぞれの言語が持つ語彙的・文法的制約との関わりや，言語使用レベルでの利便性が起因しているのではないかと考察された．

まだ多くの課題を残してはいるが，移動表現の類型を言語使用における言語化傾向に着目して分析する必要性や手法を提示できたのではないだろうか．今後，多言語の比較や，言語化に影響を与える要因を明らかにするため，統計分析も含めたさらなる検証を進めていきたい．

参考文献

秋田喜美・松本曜・小原京子（2010）「移動表現の類型論における直示的経路表現と様態語彙レパートリー」『レキシコン・フォーラム5』，1-25，ひつじ書房，東京．

Berman, Ruth A. and Dan I. Slobin (1994) *Relating Events in Narrative: A Crosslinguistic Developmental Study*, Lawrence Erlbaum, Hillsdale NJ.

Choi, Soojung and Melissa Bowerman (1991) "Learning to Express Motion Events in English and Korean: The Influence of Language-specific Lexicalization Patterns," *Cognition* 41, 83-121.

古賀裕章（2017）「日英独露語の自律移動表現：対訳コーパスを用いた比較研究」『移動表現の類型論』，松本曜（編），くろしお出版，東京．

松本曜（2017）「移動表現の類型に関する課題」「日本語における移動事象表現のタイプと経路表現」『移動表現の類型論』，松本曜（編），くろしお出版，東京．

Sinha, Chris and Tania Kuteva (1995) "Distributed Spatial Semantics," *Nordic Journal of Linguistics* 18, 167-199.

Slobin, Dan I. (1996) "From 'thought and language' to 'thinking of speaking'," *Rethinking Linguistic Relativity*, ed. by John J. Gumperz and Stephen C. Levinson, 70-96, Cambridge University Press, Cambridge.

Slobin, Dan I. (2000) "Verbalized Events: A Dynamic Approach to Linguistic Relativity and Determinism," *Evidence for Linguistic Relativity*, ed. by Susanne Niemeier and René Dirven, 107-138, John Benjamins, Amsterdam/Philadelphia.

Talmy, Leonard (1985) "Lexicalization Patterns: Semantic Structure in Lexical Forms," *Language Typology and Syntactic Description, Vol. 3: Grammatical Categories and the Lexicon*, ed. by Timothy Shopen, 57-149, Cambridge University Press, Cambridge.

Talmy, Leonard (2000) *Toward a Cognitive Semantics*, MIT Press, Cambridge, MA.

Wienold, Götz and Christoph Schwarze (2002) "The Lexicalization of Movement Concepts in French, Italian, Japanese and Korean: Towards a Realistic Typology," *Arbeitspaper* 112 (Fachbereich Sprachwissenschaft der Universität Konstanz), 1-32.
吉成祐子 (2014)「日本語らしい表現を検証する方法の提案: 日本語母語話者と学習者の移動事象記述の比較より」*Journal CAJLE* 15, 21-40.
Yoshinari, Yuko (2015) "Describing Motion Events in Japanese L2 Acquisition: How to Express Deictic Information," *New Horizons in the Study of Motion: Bringing Together Applied and Theoretical Perspectives*, ed. by Iraide Ibarretxe-Antuñano and Alberto Hijazo Gascón, 32-63, Cambridge Scholars Publishing, Cambridge.
吉成祐子 (2017)「イタリア語の移動表現」『移動表現の類型論』, 松本曜 (編), くろしお出版, 東京.
吉成祐子・眞野美穂・江口清子・松本曜 (2016)「第二言語における移動事象の言語化: 日本語話者が用いる英語とハンガリー語の研究」*Studies in Language Sciences* 15, 142-174, 開拓社, 東京.

第 17 章

従属節からの語用論的標識化
── 発話動詞関連の懸垂分詞構文がたどる新たな構文への道 ──

早瀬　尚子

大阪大学

1. はじめに

　英語には従属節タイプの表現が語用論的標識としての役割を果たしているものがある．語用論的標識とは，統語的，語彙的，音韻論的な言語装置で，命題内容の意味論的意味に対しては役割を果たさないものの，その発話の解釈に関して重要な役割を果たすもの（Fraser（2009: 892））である．分詞節に関しては，分詞構文，特にその主語が主節の主語と不一致である懸垂分詞構文[1]由来のものにその傾向が見られる．

(1) a.　Granted that he is clever, he is not so responsible.
　　b.　**Granted**, he is a teacher.
(2) a.　Speaking of yesterday's election, it is a shame that …
　　b.　**Speaking of {which/that}**, it is a shame.

本章では分詞由来の表現に焦点を当て，その語用論的標識の成立プロセスについて考察を加えたい．特に，構文の具体化である construct に相当する表現が新たな意味を持つこと，そのプロセスに類似した点がみられることに着目し，より広い視点から Traugott and Trousdale (2013) の「構文化」の一例として捉え直す可能性を探る．

---

[1] 懸垂分詞構文は，Declerck (1991) などでは首尾一貫性がないため使うことは避けるべきとされている．しかしこの表現が使用される状況には偏りがあり，言語表現としても文脈や場面としても，この構文特有に見られる明確で積極的な動機づけが存在する（早瀬 (2009), Hayase (2011)）．またこの懸垂分詞を元に considering や moving on などの語用論的・談話的標識表現が生まれている（Hayase (2014)）．本論文で取り上げる speaking of which や granted も，この一連の事例に倣うものである．

2. 構文化理論

　意味変化の分野ではこれまで文法化や語彙化といった現象が扱われてきた．文法化とは，語彙概念的な意味カテゴリーに属していたものが文法機能的カテゴリーに変化していくもので，元は古英語において「知る」の意味を表す本動詞であった cunnan が，今では can として助動詞化した例や，元は名詞で「わずかな時間」を表していた while（例：for a while）が，文と文とを結びつける接続詞となった例などが挙げられる．しかしこの変化は当初の主張とは異なり必ず一方向的というわけではなく，ifs and buts など接続詞が（複数形の）名詞として用いられたり，"I've finished preparing the food. Ish. I just need to make the sauce." に見られるように，接辞の -ish が語として用いられ「〜っぽい，〜のようだ」という意味を表すなど，文法化とは逆方向の脱文法化と目される現象も見散される．また，in front of や by way of, be going to や used to など，複数の語が1つの語彙的意味に相当するものを形成する「語彙化」という現象もある．さらには，同時性を表す while が対比の意味も表すようになる現象 (He was just watching TV while I was doing all the dishes.) は「語用論化」，つまりその場の推論を意味の中に取り込む変化である．しかし話者の推論を取り込む点では助動詞 can, be going to の推量的意味や ish のモーダル的使用もこの語用論化の中に含まれることになる．このように，変化の方向性をとらえようとする概念同士が，互いの線引きが難しかったり，相矛盾したり，2つ以上の概念にまたがっていたりした．

　これらを，構文文法理論（Goldberg (1995, 2006)）の発想を取り込んで総合的にとらえなおそうと提案されたのが「構文化（Constructionalization）」という概念である（Traugott and Trousdale (2013)）．この発想のもとでは，すべての意味変化は新しい意味と形式のペアが成立するプロセスであり，その際の変化や結果的に得られる形式は1つの方向に定まるものではなく，複数の方向性が関わることもある，と考える．Traugott and Trousdale (2013) は，この構文化およびその前後に起きる現象について，次のようにまとめている．

(3) a. Pre-Constructionalization Constructional Changes（構文化前での構文変化）：語用論的含意の拡大と意味化
　　b. Constructionalization（構文化）
　　c. Post-Constructionalization Constructional Changes（構文化後での構文変化）：共起要素（コロケーション）の拡大，形態音韻論縮約

構文化は (3a)-(3c) のように進むと仮定されている．当初キャンセル可能な

第 17 章　従属節からの語用論的標識化　　233

文脈含意であったものが意味化されることで新たな構文が生じ，その後に形式面での変化が続く，というのが「構文変化−構文化」の流れの一般的パターンである．

　この構文化という考え方を踏まえ，次節以降では懸垂分詞表現が見せる意味変化の事例を検討する．具体的には，第 3 節で現在分詞由来の speaking of which（早瀬（2017））および第 4 節で過去分詞由来の granted（早瀬（2015））をそれぞれ取り上げ，懸垂分詞構文の一部として用いられている段階から，単独で独立した使用を見せるまでの，変化のプロセスを概観したい．そして，続く第 5 節で，その変化プロセスに見られる類似性が，元となる懸垂分詞構文の性質に由来するものであることを見る．

3.　speaking of which の場合[2]

　speaking を用いた懸垂分詞は，speaking of X（〜について話をすると）という話題導入の表現として高頻度で用いられる．

(4)　**Speaking of** the future of books, there's news today that Google plans to start selling books.　　　　　　　　　　　　　　（COCA）

このうち，X のスロットに関係代名詞 which を用いた speaking of which という表現形式がある．この表現は COHA での調査によれば 19 世紀半ばに 1, 2 例散発的に見られた後，20 世紀後半から急激に頻出するようになり，次第に新たな語用論的標識として機能するようになっている．本節ではこの変化を概観する．

　(5) は (4) の speaking of X 構文の具体例（construct）に相当する．

(5)　"Maybe it's not my voice. Maybe it's my mother's."
　　　"**Speaking of which**, I saw her yesterday at Oak Haven."

(5a) では which が指示する先行詞が具体的かつ明示的に存在し（my mother），それを受けての発言ではその先行詞を新しい話題として導入し，話を続けている．speaking of X が見せる「X について語ると」という意味がそのまま前方照応の代名詞 which に受け継がれており，(4) と同じ構文の具体化と考えてよい．しかし次の例は「噂をすれば」という意味で使われる，中間的橋渡し的な意味である．

---

　[2] 本節の議論の詳細は早瀬（2017）を参照のこと．

(6) Sue is always excited about an extra mouth to feed. {**Speaking of which**,/##Speaking of Sue,} here she comes." Sure enough, Sue was barreling toward them, her lively green eyes riveted on Tristan, her squarish frame nearly humming with energy.

(Shirlee McCoy 2008 *The Guardian's Mission*)

このタイプの用例は，主節に here s/he comes など先行文脈で話に上っていた関連する登場人物などが目の前に登場する，という提示文がパターンとして頻発する．その人にまつわる話をしていたところ，「噂をすれば」当の本人が実際にやってきた，という場面での使用例である．その点では，先の (5) と同じく which が Sue を指している例と思われるかもしれないが，実は speaking of Sue だとこの意味は表せない．つまり which の先行詞が指示するのは，Sue そのものというより Sue にまつわる話題を出していたという事実であり，もう少し漠然とした先行内容である．更なる違いとして，speaking の解釈がこれまでと異なっていることも挙げられる．先の例では speaking の意味が「〜について話をすると，話をするなら」という非現実相 (irrealis)，つまり if 節などに相当する仮定条件を表していた．しかし (6) では，「〜について話していたら，ほらその人が・ものが登場したよ」という状況で使われており，speaking は現実相 (realis) を語っている．このように，speaking of which はこれから語ることを導入するだけでなく，すでに語っていたことを踏まえての新しい話題導入として用いられるようになる．

次の例では，which が照応するべき先行詞相当の要素が存在しない．

(7) a. RIDGE: Unfortunately, I promised the accountants we'd only use this system for business purposes. BROOKE: Oh. Darn those bean counters. They're always spoiling our fun. RIDGE: "**Speaking of which**, I better go. It's kind of late here," (…)

(2001: SOAP)

b. COOP: Yes, yes, that. You should be put in charge of special projects. You get things done. **Speaking of which**, here is your key. Ashlee: What are you doing with my key? COOP: Um, confession time. I borrowed it. ASHLEE: Stole it. COOP: No … because, no, I, well, borderline, okay. (2007: SOAP)

c. REVA: (…) I mean, I know it's the kid that's on trial, but Mr. Spaulding really seems to be the one that they're going after. GRACE: Don't you worry about Mr. Spaulding. Oh, **speaking**

of which, I have to get back. It was nice talking to you.

(2008: SOAP)

(7) では which の指示対象が先行文脈に特に見当たらない．それと相関するように，後に展開される話題は which の先行詞と何ら関係がない．(7a) では相手の発話を受けた発話の冒頭で speaking of which を用いているが，前後の脈絡はない．(7b) では，speaking of which をきっかけに，唐突に相手の部屋の鍵を渡している．また (7c) では，speaking of which で新しい話題を導入するというより，むしろ話を終わらせようとしている．つまり (7) の例は，speaking of X 構文の一例としての [speaking of [which]] という構造ではなく，むしろ [speaking of which] 全体で 1 つのチャンクとして機能する構造をとっていると考えられる．そして意味の側面においても，「which（の指示対象）について語る」という意味から，「ところで」「さて」と全体でそれまでの話題を終わらせる機能へと変化していると言える．

　speaking of which 全体がチャンクとして機能していることを示す形式面での現象として，文中での生起位置が自由になることが挙げられる．

(8) a. Oh, **speaking of which**. We look forward to each year's new Christmas albums about the way we look forward to the new cat books. (1994: COCA)
b. TRAVIS: (…) General Zinni, nice to have you on the program. ZINNI: Thank you, Tavis, appreciate it. TRAVIS: Glad to have you here. Up next on this program, a unique look at Afghanistan, **speaking of which**. Stay with us. (2006: COCA)
c. BEN: Uh, actually it was just a false alarm. JENNIFER: Oh, I mean, I'm sure when you're involved in transplant surgery you must get emergency calls all day long. (Cell-phone-ringing) BEN: **Speaking of which**. JENNIFER: And there you go. (Both-laugh) BEN: I don't know. Should I ignore it?

(2011: SOAP)

(8) ではすべて speaking of which が単独で使用されており，元の懸垂分詞節としての位置づけからは脱している．(8a) のように次の文に先駆けた位置に独立表現として生起したり (8b) のように文末だったり，(8c) のようにそれ単独で発言が終わったり，というように，他から独立した単位としての使用例が見られる．これは speaking of which がいわば形式・意味の両面で副詞的な

位置づけを獲得したこと，つまり新しい意味と形式のペアとして構文化したことを裏付ける現象と考えられる．

類例として talking of which も挙げられる．

(9) a. … **Talking of which,** we haven't been introduced.　REVA: Oh, I am so sorry.　　　　　　　　　　　　　　　　(2005: SOAP)
    b. … **Talking of which,** I need to get back to work.　Nice to see you.　　　　　　　　　　　　　　　　　　　(2010: SOAP)

talking of which は，speaking of which からの類推とも考えられ，近年になって用例が増加しており，Google 検索ではかなりのヒット数を見せる．speaking of which よりも，SNS など相手に読まれることを想定した場面でよく使用されているようである．そして (9) のように，speaking of which と似た，話題転換の機能も見せている．

さらに，この speaking of which からの変化例として，which が削除された speaking of という表現形式も確認される（山内 (2015)）．先述のように，which の代名詞としての役割および存在意義が希薄になると，which そのものが脱落しても不思議ではない．実際，COHA や COCA などの大規模コーパスでも 1990 年以降に観察例が出現しており，20 世紀末以降に発生した形式と推定される．

(10)　MOZZIE: Our days here are numbered.　Providing we find a way to start selling off the art without altering the feds.　NEAL: Yeah, **speaking of** ϕ, Peter and Diana are up to something.　MOZZIE: Feds? Up to something? Quelle surprise.
　　　　　　　　　　　　　　　　　　　　（山内 (2015)，太字は筆者）
　　　（「あと少しでここからいなくなる．FBI に気付かれずにお宝を売る方法を見つけたらな．」「ああ．そういえば，ピーターとダイアナは何か企んでるよ」）

山内 (2015) の指摘にあるように，(10) では先行文脈の「お宝を売る方法」を受けて，それに類する何かよい方法を企んでいると考えられる．このため，speaking of が漠然と先行文脈を受け，それに関連する話題へと転換させる，speaking of which と類似の働きが見て取れる．

speaking of には山内 (2015) が指摘する以外の用例もあり，いずれも speaking of which の多様性と平行している．

(11) a. "I've ordered an Italian white wine. Crisp, light, and not too fruity, according to the waiter who was. Fruity, that is. **Speaking of**, here he comes." Gillian sat down across from her.

(2001: COCA)

b. Bones came over, touching my face. "I heal instantly, luv. You don't." Even though I knew what he said was true, I couldn't help but feel his back to reassure myself that his skin was smooth, no more shredded flesh from the bullets. "**Speaking of**, there are dozens of injured people here you need to heal. You can get to my scratch later."

(2009: COCA)

(11a) の speaking of は，それまで話題にしていた「(白ワインの味を fruity と評した) ちょっとなよなよした (= fruity) ウェイター」が今まさに登場する状況で，「ほら，噂をすれば (来たよ)」と告げている例で，(5) や (8c) の例と同じ意味機能をもつ．また (11b) では，彼が「自分の傷はすぐ治る」と言いつつ，speaking of の後続内容はその前の部分とつながりがなく，「他に治療が必要な人がたくさんいるから自分は後回しでいい」と新しい内容を提示しており，(8c) や (11a) と同じ機能をもっている．いずれも speaking of が話題転換の役割を果たしている例だと言って良い．

このように，speaking of は，speaking of which が表す意味とほぼ重なっており，形式だけが変化した例と現時点ではとらえられる．意味あるいは形式いずれかの側面のみに見られる変化については「構文変化」としてとらえる (Traugott and Trousdale (2013)) という流れに従って，ここは後構文変化と位置付けることにする．

以上の推移は，以下のようにまとめられる．

	表現形式	ホストクラス拡張	統語拡張	意味拡張
前構文変化	speaking of [X]	X を話題にする文が後続	文頭	話題
↓	speaking of [which/that]			
構文化	[speaking of which/that],	話題が X に限られない文も後続	文頭文尾単独	談話上の話題転換
↓				
後構文変化	speaking of φ,			

4. Granted の場合[3]

　過去分詞由来の事例として，granted という表現が挙げられる（川端（2010），早瀬（2015））．Granted は最初接続表現として用いられるが，次第に語用論的標識へと使用意味が変わっていく．本節では主に COHA からの事例を用いてその推移を検討する．（以下特に断りのない例はすべて COHA からの例である．）

　Granted はもともと動詞 grant の目的語に相当するものを分詞句の主語として明示化する絶対分詞構文として使われていた（(12a)）．この分詞句の主語が次第に名詞から that 補文に取って代わられ，仮定を表す表現を経て（(12b)），譲歩解釈を主として表すようになる（(12c)）．

(12) a. **His request being granted**, he alighted from his steed: (1829)
　　 b. **Granted that** the act of a cruiser in visiting the wrong vessel, like that of the sheriff in arresting the wrong person, is a tort, must there be no cruisers to break up the slave trade, and no sheriffs to arrest persons by due process? (1858)
　　 c. But, **granted that** many of the things pictured in these articles are costly, the reader is begged to notice that it is not their costliness that is brought to the fore by the writer, but the beauty of the design, or the utility of the things themselves. (1876)
　　　（この記事の写真に映る多くは高価だが，読者に注目してほしいのは，筆者が強調したいことは高価さではなく，デザインの美しさやそのものの実用性だということだ）

譲歩関係が可能になると，仮定関係の時とは異なり，granted 節の内容が，仮定を表す irrealis（非現実相）から，話者に realis（現実相）と認められ受け入れられているものにも拡大される．仮定解釈では granted 補文は当然非現実事態であるが，譲歩解釈でその前後の事態の関係が逆接的対立も表すことになると，「たとえそうだったとしても」という非現実の仮定読みを残した譲歩解釈に加え，「たしかにそうだが，でも」と，事実を認めた上で別の観点からの意見を述べる，現実相（realis）をもとにした展開も可能になる．

(13) a. **Granted**, these prophets of evil may exclaim, that there is not as yet any absolute deficiency of food; yet .... (1852)

---

[3] 本節の内容は早瀬（2015）を補強，発展させたものである．

b. **Granted** that all this is the result of feudalism; but what was or is feudalism? (1867)

(13a) では「絶対的食糧不足はまだ起こっていない」と認めたうえで，yet によりそれに対立する意味を展開させる．また (13b) では，「これはすべて封建制の結果だ」と認めた上で，but を挟んで「封建制とはそもそも何だったのか」と問いかけている．これらの例の特徴は，現実相（realis）を踏まえていることと同時に，granted 節が単独で独立していることである．特に (13b) では等位接続詞 but と共起していることからも，独立性は明らかである．

Granted 節が独立することに伴い，補文標識 that はなくなり，Granted という表現自体も単独で使われるようになる．

(14) a. But, you will tell me, our race has equal rights to mingle in the American republic as the Irishman, the German, the Swede. **Granted**, they have. We ought to be free to meet and mingle. (1852)
b. In my opinion, Miss Stearns has completely outplayed Miss Seaton. In fact she has always been the better player of the two. **Granted**, Miss Seaton is an excellent player, but Miss Stearns outclasses her. (1918)

(14a) では，「我々の人種はアメリカ社会でアイルランド人，ドイツ人，スウェーデン人として混じりあう権利を等しく持つと，あなたは言うだろう」という先行文脈を受け，「確かにそうだ，我々はその権利を有する」と請け合っている．また (14b) では，「確かに，シートンさんは優れたプレーヤーだ」と，シートン氏の能力を事実として認めている．ここでの granted は，動詞 grant に過去分詞接辞のついた過去分詞形（grant + ed）としてその行為対象事態を that 節で導くという位置づけではなく，表現全体で「確かに」という話者の是認を示す認識的モダリティ副詞として機能すると考えられる．つまり，意味・形式の両面から [grant][ed] → [granted] という構造の変化が生じており，ここに新しい意味と形式のペアである構文が誕生しているのである．[4]

このように新しい構文単位が構成されたことの現れとして，生起位置が自由になることが挙げられる．

---

[4] ここでの「構文」は，具体的な語の事例 construct がそのままスキーマ的な構文となる，construction = construct の図式が成立している idiom 的なものである．granted という語に新しい意味が付け加わったという現象も，このように構文化という概念で捉えることができる．

(15) a. To this you may be inclined to answer that social and moral conditions vary so in each city and town that the individual condition must be faced individually. **Granted**, but not to the extent you might wish. (1917)
(この問題にはおそらくあなたはこう答えるだろう．社会的倫理的な条件は市や町ごとに異なるので，個々の条件については個々に対処すべきだと．確かにそうだ．しかしあなたが希望するほどには同意できない．)
b. Speech gives rise to writing, **granted**. (1949)
(言論は著述を生む．それは確かだ)
c. [N]othing stands between the creation of a Male-Female Establishment but man's own prejudice—which, **granted**, is a tremendous barrier. It is not, however, impregnable. (1974)
(男女平等体制をつくることに，なにも邪魔するものはないが，例外は男性自身の偏見で，それはとてつもない障壁である．しかし難攻不落ではない)

(15a) の granted は文頭に生起し，先行内容を受けてはいるが，これまでとは異なり単独で用いられている．(15b) のように文尾でその先行内容を受ける単独事例もあれば，(15c) のように文の主語と述部との間に挿入表現的に生起する単独生起例も見られる．このように生起位置が自由という事実からも，granted 全体がチャンクとして副詞的に機能していることが確認できる．

最後に，granted が表す意味関係自体も拡大していることに触れておきたい．granted は意味的な対比に基づく譲歩関係を表すが，その対比の関係には幅があり，厳格なものから緩いものまでさまざまである．

(16) a. **Granted**, (the town of) Gothic is the wildflower capital of the world. But Gothic is also a ghost town. (2010: COCA)
b. Now, **granted**, consumers can bypass high price patented drugs for cheaper generics, exact chemical copies of the patented brand, but generics become available only when the 17-year patent expires. (1994: COCA)
c. But I still didn't get why Rico hadn't told me, had decided instead to Trey on the problem. **Granted**, Trey was a former SWAT officer with martial arts training. But I was Rico's best friend. (2012: COCA)

(16a) は（コロラド州の町）ゴシックが，世界中の野生植物の「中心地 (capital)」だが「ゴーストタウン (a ghost town)」でもある，という，明示化された二つの語の意味的対立に基づいている．一方で（16b）での対立は，明示化されていない推論を介した命題間の対立である．(16b) の but 以下「(ジェネリック薬が) 買えるのは 17 年後だ」と対比されるのは，先行文脈「ジェネリック薬を買えば高い値段を回避できる」から推論的に導かれる「<u>今，高い値段を回避できる</u>」である．さらに推論が介在する度合いが高まると，「対立」の意味合いは薄れていく．(16c) のように，トレイが元狙撃員であることと，自分がリコの親友であることとが対比を成すかどうかは，必ずしも明確ではない．その問題を打ち明けるにふさわしい人物かどうかという文脈もしくは話者の想定を介して初めて成立する主観性の高いつながりであり，その命題自体に対立性が見いだせるわけではない．このように，対立が命題的に保証されるものばかりではなく，推論を介して何らかの形で対立が導き出されれば，granted で命題を結び付けても良いことになるが，その推論のリンクが長くなればなるほど，一見して「対立」とはわからないものまでも結びつけられる可能性が出てくる．

　実際 granted で結びつける意味が「対立」とは大きく異なるケースもある．

(17) a. Look what's happened in Eastern Europe. **Granted**. So let's not talk about censorship or the First Amendment for the next ten minutes. But in Western Europe, where fascism is rising at an appalling rate, suppression is hardly the problem. (1994: COCA)
　　 b. "I withdraw that statement—but I don't withdraw my point. We've done plenty of work that couldn't be tested on animals first." "Fine. **Granted**." Lucinda had to collect her thoughts: Pavel had her completely rattled. "Let's not dance around the issue."
(2007: COCA)

(17) では granted に「わかった」という是認の意味が強く見られる．相手の発言の意図については認めた，と言っているが，(17a, b) 共に後続文で「だからもうこれ以上この話題を続けるのはやめよう」という展開になっている．つまり，相手の発言の意図をいったん受け入れた上で，相手がさらに発言を続行しようとする意図を却下しようとしている．同じ対立構造でも，明示的な語や命題同士の対立関係から，推論を介する命題間の対立関係を経て，相手と自分の意図との対立関係にまで拡大されているのである．これが二回繰り返されることでさらに意味を強めた例が，次の (18) にみられる．

(18) a. I tell you that a vital perception of what the Roman Empire really meant in its palmy days might have been good medicine for Germany. It might have taught her to make herself fit for power before seeking to grasp it." "**Granted, granted**," broke in Hardman, impatiently poking the fire. "You can't say anything about Germany too severe to suit me. (1919)

b. WOMAN 2: No man's supposed to put his hands on no woman. DORTHA: But he drove her to her death. MARTELL-SR.: OK. OK. OK. **Granted. Granted.** WOMAN 2: I don't care if she was on drugs. MARTELL-SR.: Hold it. Hold on. Hold on. WOMAN 2: I don't care if she was drunk. I don't care if she was out at 2:00 in the morning. No man puts his hands on no woman. MARTELL-SR.: **Granted—granted**, young lady— OK. No, no ... (1996: COCA)

(18a) では，「ローマ帝国がその繁栄時代に持っていた意味についての認識を得たことがドイツにはよい薬だっただろう．権力をつかむより先にその権力に見合ったものにならねばならないと．」と，ドイツについての話題に水を向けたとたん，聞き手の一人が Granted, granted. と割って入り，その後「ドイツのことは厳しすぎて私にはつらい，あまり言うな」とやんわりさえぎっている．また (18b) では，ある女性を死に追いやった，という穏やかでない発言をさえぎろうとしている．注意したいのは，発話内容ではなく発話意図のレベルで対立が起こっていることである．いずれも相手の発言内容ではなく発言意図を認め（なだめ），さらなる発言の意図をやめさせようとする，意図レベルでの対立を保持した形での話題転換を試みる言語行為となる．

以上の流れをまとめると，以下の表のようになる．

	表現形式	ホストクラス拡張	統語拡張	意味拡張
前構文変化	**NP [grant+ed]**	名詞	文頭	因果関係
↓	**[grant+ed] that SV**, (SV)	文		仮定関係
	[grant(+)ed] that SV. (BUT SV)			譲歩関係
構文化	**[granted]**, SV.	限定なし	文頭/文中	認識的是認
↓	**[granted]**.		/文尾	話題転換
構文変化				

もともと動詞 [grant] および過去分詞接辞 [-ed] と分析される分詞構文形式で因果・仮定関係を表していたものが，それが共起する要素（ホストクラス）が名詞から that 節という文形式へと拡大されるにつれ，譲歩関係をも表すように変化した．さらに，granted 節が非現実相（irrealis）のみならず現実相（realis）事態を表すことが可能となり，そこから granted が認識的是認を表す標識として定着することとなった．また対比に基づく譲歩関係が次第に緩められることで，それまでと関連性の低い話題への推移を知らせたり，相手の発話意図を是認しつつもそれ以上の発言を遮ろうとしたりする，話題転換機能が出現することとなった．

5. 考察

ここまでは，個々の構文化のパターンを考察し，それぞれの表現毎の変化のプロセスや道筋があることを確認した．一方で，これらの変化プロセスの間にはいくつか類似する共通性が見いだせる．この共通性は，意味変化が生じる文脈，ここではもともとの形式である懸垂分詞節一般に少し幅広く見られる現象であり，そのレベルでも構文化現象ととらえることができる．以下少しマクロ的な観点から議論していきたい．

5.1. 具体的な construct から語用論的標識へ

speaking/talking of which では，which の指示対象の具体性が希薄化することで，全体をチャンクと分析することになった．逆に granted はそれだけが全体から切り離され，単独でチャンクを成すことになる．複数の語の塊が語となるか，全体から塊を切り出すか，という点で，チャンク化の方向性は逆だが，いずれも新しく語用論的標識相当表現が出来上がっている点では共通している．この点で，アウトプットが語彙的な領域に属する，「語彙的構文化 (Lexical Constructionalization)（Traugott and Trousdale (2013)）」に相当すると考えられる．一方で，speaking/talking of which と類似の表現が可能ということから，〈発話動詞 + ing of which〉というスキーマが抽出されることとなる．その点では小さな規模で抽象的な構文化現象が生じているとも言える．

5.2. 譲歩解釈経由の話題転換機能

4節でみたように，granted は譲歩解釈を経て話題転換機能を獲得する．譲歩解釈としての「対立」関係をふまえ，そこから granted 単独で話題転換としての機能を担うように変化していた．

この現象は他の譲歩表現にも見られる．例えば having said that という同じような懸垂分詞の譲歩用法をもつ現象でも，譲歩から対人関係的語用論的標識への発展が見られることを，大橋 (2013) は指摘している．

(19) a. ... many women like relationship movies because it helps them make sense of their own life. **Having said that**, there are lots of men that enjoy relationship movies. （大橋 (2013: 19)）
b. DONALDSON: Okay, **Having said that**, Kitty, let's look at some of the things that you have said in your book and see if, in fact, you have two sources and if you can corroborate it.
（大橋 (2013: 24)）

(19a) で「「多くの男性は人間関係をテーマにした映画は見ない」という先行発話から導かれる推論と対立内容が述べられている（大橋 (2013: 19)）」ことからもわかるように，対立関係は間接的である．また (19b) のように「聞き手の発言を受けて話題転換を提案（大橋 (2013: 25)）」する例も見られる．さらには，話題を変えるだけでなく話題を終えることさえも可能になる．

(19) c. OK. **Having said that**, let me just stop you. I was amazed today to read that the attorney who was defending the young man (...)
(COCA)

大橋 (2013: 25) ではこの (19c) の用法が「譲歩由来のものなのか，あるいは時や理由の解釈由来なのかは明確でな」いと述べているが，本章での考察を合わせると，これは譲歩由来の機能と見なせると考えられる．直接的な「意味的対立」から，推論を介した間接的かつ主観性を増した「対立」へ，そして究極的にはその対立が希薄化して単純に「前とは異なる」もしくは発話意図レベルで「前とは異なる」関係へと，順に拡張されていく道筋がみえる．

譲歩を経由して話題を転換するという類似の変化の道筋は，これまでと同じく過去分詞由来の given that という表現にも観察される．

(20) a. LILY: That's why he's in therapy.　HOLDEN: He's only doing that because we wanted him to. **Given that**, I'm not so sure how successful it's going to be. (2006: SOAP)
b. This is the gorilla actually talking to a human being. Human being is pretending here, I guess, to actually understand what this gorilla is saying. And (footage of gorilla hugging woman) ...

Now I don't know about you, but I'm dubious. After all, a gorilla is an animal. Sign language and so forth, I just — I don't buy it. I'm skeptical of these kinds of things. **Given that**, there is a story that I have to tell you about tonight that comes to us from Crystal Lake, Illinois. And in order for those of you who believe in the gorilla's ability to sign language communicate, we have gotten our own gorilla and we will have this gorilla sign language.
(1995: COCA)

(20a) において代名詞の that は「彼がセラピーを受けているのは我々がそれを希望しているからだ」という現実相（realis）の出来事を受けている．Given that はこの先行文脈をふまえ，「それでもそのセラピーがうまくいくのかどうかわからない」と述べる譲歩的対立展開を導いている．また (20b) は譲歩的対立関係を踏まえながらも新たなる話題を導入している．レポーターが，「人間に話しかけるゴリラ」の話題を導入しておきながら，果たして本当なのか，大変懐疑的だと告白し，その上で given that を用いて，話しかけるゴリラについて紹介をする，という流れとなっている．つまり譲歩であると同時に，これから述べる新しい話への導入（「それはそれとして」）の役割を果たしており，話題転換的解釈の片鱗が見られる．まだ現時点では推論的意味の域に留まっているものの，これが定着すれば，文脈特有の含意に過ぎなかったものが意味の中に取り込まれる「語用論的強化」が，given that にも起こることが予想される．

5.3. 懸垂分詞節から話題転換表現へ

speaking of which も granted も，それぞれ現在分詞由来，過去分詞由来と違いがあるにもかかわらず，いずれも話題転換機能を果たす方向へ変化している．過去分詞形は譲歩解釈を経由して，という特徴があったが，結局は話題転換へ落ち着いている．また，先に挙げた having said that や given that にも，定着度の差はあるが同じ道筋がうかがえる．形式も表現も異なるのに，結果的に似た方向へと意味変化が見られるのは，なぜなのだろうか．

1つの動機づけとして，いずれもが主語不一致である懸垂分詞構文由来であることに求められる．早瀬 (2009) および Hayase (2011) のコーパス資料の頻度調査に基づけば，懸垂分詞構文が，「発話の場において，概念化者（＝典型的には話し手）がある能動的な知覚認識行為を行った結果，主節で表される結果状態を発見する」という意味を表す．ここから，懸垂分詞節は，後続主節

の状況に対する「発見」を促す前座もしくは予告標識としての働きを最初から持っていることになる．そして，もともと懸垂分詞構文の潜在的意味だった Conceptualizer conceives/finds that ...（概念化者が主節内容を認識・発見する）という部分が，次第に懸垂分詞節の予告的意味の一部として語用論的強化によって定着していくと考えられる．

(21) 懸垂分詞構文：
V-ing ..., (Conceptualizer conceives/finds) [that ... (Z)].
↓
懸垂分詞（節）の構文化：
V-ing ..., (Conceptualizer conceives/finds and says to the hearer) [that ... (Z)].

つまり，懸垂分詞節はその意味的発展が促進されやすい構文的構造の一部として生じており，認識上での知覚の「転換・変化」を予告する機能を元に，談話上で次に「転換・変化」する話題への注意を向けさせる指示的な機能へと，平行的に発展すると想定できる．

またこの構文化例が主に発話関連動詞を使用した例に集中して見られることも注目すべきだろう．類型論的にも，発話関連動詞由来のものに話題転換機能が発展することが報告されている．[5] また，遂行分析においてはまさに発話動詞を用いた I SAY TO YOU を主節の上位に潜在節として想定することと関連性が深い．

(22) a. **Speaking of which, (I SAY TO YOU)** it is time to leave now.
   b. **Granted, (I SAY TO YOU)** it is perfectly right.

発話動詞を用いた懸垂分詞節の場合，その潜在的遂行節との意味的重なりがあるがゆえに，懸垂分詞の中に遂行節の意味を含めやすく，結果として自ら遂行節としての機能を果たしやすくなる．つまり speaking/talking of which や having said that などは語用論的標識として定着しやすい語彙的構造をもともと持っていることになる．

さらに，発話動詞以外を用いた事例も，この潜在的遂行節を語用論的強化で意味の中に取り込むことで語用論的標識的に機能するようになる．以下のように分詞（節）表現そのものが単独で用いられるほど定着している例では，四角で囲んだ部分全体が懸垂分詞（節）の意味として構文化されている．

---

[5] 木本幸憲氏（個人談話）による．

第17章 従属節からの語用論的標識化　　247

(23) a. Frank, we have about a minute. Summing up, (I SAY TO YOU) the ball is in whose court? (COCA)
　　b. Summarizing, (I SAY TO YOU) SSCG faces two problems. First, (…). (COCA)
　　c. Concluding, (I SAY TO YOU) the items in the Greek version of TER form a scale that has reasonable internal consistency/reliability for all subgroups of our sample. (COCA)
　　c. b. That's an argument for another time. Moving on. (I SAY TO YOU) This next part isn't really my field, but … (COCA)

この関係性は次のようにまとめることができる.

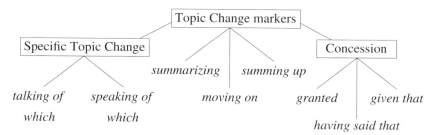

話題を転換する表現は主に発話動詞を中心に形成される. speaking/talking of ～ が類似の表現 speaking/talking of which を発達させるのは, その表れである. 発話動詞由来以外の分詞節も, 遂行節を介することで話題転換機能を持つようになる. また, 過去分詞由来の場合は譲歩関係を経由して話題転換へとつながっていく変化の道筋をたどる.

6. 結論

　懸垂分詞節が語用論的標識化する事例として, speaking/talking of which および granted の発達プロセスを詳細に確認した. 個々の発達の詳細はそれぞれ固有の道筋があるものの, 大きくみるといずれも懸垂分詞構文の潜在的な意味である「概念化者による発見」という要素が, 懸垂分詞節の意味の中に取り込まれていくことで構文化する現象という点では共通性が見られた. このように見ることで, まだ定着はしていないがその方向性へと含意が見られつつある giving that なども他の例と連続体を成すものとして説明付けることができる.

参考文献

Declerck, R. (1991) *A Comprehensive Descriptive Grammar of English*, Kaitakusha, Tokyo.
Fraser, B. (2009) "Topic Orientation Markers," *Journal of Pragmatics* 41, 892-898.
Goldberg, A. (1995) *Constructions: A Construction Grammar Approach to Argument Structure*, University of Chicago Press, Chicago.
Goldberg, A. (2006) *Constructions at Work: The Nature of Generalization in Language*, Oxford University Press, Oxford.
早瀬尚子 (2009)「懸垂分詞構文を動機づける「内」の視点」『「内」と「外」の言語学』, 坪本篤朗・早瀬尚子・和田尚明 (編), 55-97, 開拓社, 東京.
Hayase, N. (2011) "The Cognitive Motivation for the Use of Dangling Participles in English," *Motivation in Grammar and the Lexicon: Cognitive, Communicative, Perceptual and Socio-cultural Factors*, ed. by G. Radden and K. U. Panther, 89-106, John Benjamins, Amsterdam/Philadelphia.
Hayase, N. (2014) "The Motivation for Using English Suspended Dangling Participles: A Usage-Based Development of (Inter)subjectivity," *Usage-Based Approaches to Language Change*, ed. by E. Coussé and F. Mengden, 117-145, John Benjamins, Amsterdam/Philadelphia.
早瀬尚子 (2015)「懸垂分詞を元にした談話機能化について―grantedの意味機能変化―」『言語研究の視座』, 深田智・西田光一・田村敏広 (編), 310-323, 開拓社, 東京.
早瀬尚子 (2017)「分詞表現の談話標識化とその条件―懸垂分詞からの構文化例」『構文の意味と拡がり』, 天野みどり・早瀬尚子 (編), くろしお出版, 東京.
川端朋宏 (2010)「Grantedの談話標識用法」『英語研究の次世代に向けて―秋元実治教授定年退職記念論文集』, 吉波弘他 (編), 383-395, ひつじ書房, 東京.
大橋浩 (2013)「Having said thatをめぐる覚え書き」『言語学をめぐる眺望』大橋浩他 (編), 12-27, 九州言語学会.
Traugott, E. C. and G. Trousdale (2013) *Constructionalization and Constructional Changes*, Oxford University Press, Oxford.
山内昇 (2015)「Speaking ofの使用条件に関する記述的考察」『英語語法文法研究』12号, 183-199.

第 18 章

時間の意味論[*]

谷口　一美

京都大学

1. はじめに

　言語学のみならず，哲学，物理学など様々な学術領域において，〈時間〉をめぐる議論は尽きることがない．この小論では〈時間〉を切り口とし，認知言語学，とりわけ認知意味論での課題や展望を示していきたい．扱うのは主に〈時間〉を〈空間〉から捉える概念メタファーをめぐる諸問題である．

　本章では〈時間〉をめぐり認知意味論で展開されてきた研究を概要するとともに，〈時間〉に関する哲学的論考で知られる大森荘蔵を参照し，大森を認知意味論の立場でどのようにとらえ直すことができるか，試論を示したい．

2. 〈時間〉の概念メタファー

　本節では，〈時間〉を〈空間〉，とりわけ前後の方向と移動によって構造化し理解する概念メタファーの理論を導入し，認知意味論におけるこれまでの議論の流れを整理する．特に〈時間〉のメタファーにおいて，何を「移動物」と見立てるか，どのような参照枠が適用されるか，という点を取り上げ，検討すべき課題について述べていきたい．

2.1. 〈空間〉の前後と〈時間〉

　認知意味論において，〈時間〉の議論の皮切りとなったのは Lakoff and Johnson (1980) による概念メタファー理論である．
　〈時間〉を表す言語表現の大部分が〈空間〉の表現に依拠することは，よく知

---

　[*] 本章は，日本語用論学会メタファー研究会（2017 年 3 月 15 日，関西大学）における口頭発表「時間のメタファーを巡る理論的変遷」の内容に一部基づくものである．

られている通りである．(1)-(2) を見てみよう．これらの例で用いられている語彙がいずれも〈空間〉と〈時間〉の2つの意味をもつ多義語であるとみなすことも可能かもしれない．しかし，〈時間〉の語彙が〈空間〉へと転義することは現実に稀であり，単に個々の語彙の多義性の問題として処理できないほどの体系性が見られる．こうしたことから Lakoff and Johnson は，私たちが〈時間〉を〈空間〉の見地から概念化しており，その反映として (1)-(2) のように一連の表現が産出されていることを指摘した．

(1) a.　In the weeks ahead of us …／That's behind us now.
　　　　　　　　　　　　　　　　(Lakoff and Johnson (1980: 41))
　　b.　前途洋々，後ろを振り返る
(2) a.　In the following weeks …／In the preceding weeks ….　　(ibid.)
　　b.　2日前・2日後，前日・後日

これらの例から明らかなように，〈時間〉は「前」「後」という空間的な方向性と対応づけられる．(1) の事例は FUTURE IS FRONT/PAST IS BACK（未来は前・過去は後ろ）という概念メタファー，(2) の事例は FUTURE IS BACK/PAST IS FRONT（未来は後ろ・過去は前）という概念メタファーが具現化したものである．

このように，空間的な前後と未来・過去の間には正反対の2通りの対応づけが存在することになる．実際にはこれら2つの概念メタファーは矛盾しておらず，見立ての方略による違いであると Lakoff and Johnson は説明している．(1) は，静態的な経路の上を自己が前方へと移動していく捉え方であり，これを「Moving-Ego 型」と呼ぶ．この場合，自己は前方にある未来に向かって移動していくことになる．一方で (2) は自己の側を静止させ，時間があたかも物体のように前方から主体へと移動してくるという捉え方である．これを「Moving-Time 型」と呼び，以下の (3) のような表現がその例である．この場合，図1(b) のように，移動する時間の前方はより「過去」となるため，過去は前，未来は後ろという方向づけになる．

(3)　クリスマスがやって来る，夏休みはあっという間に過ぎ去った

第 18 章　時間の意味論

(a)　Moving-ego:
　　　未来は前，過去は後ろ

(b)　Moving-time:
　　　未来は後ろ，過去は前

図 1：Moving-ego 型と Moving-time 型

2.2. 〈空間〉と〈時間〉における参照枠
2.2.1. 参照枠の分類

　このように，〈時間〉の概念メタファーには「移動」および「前後」の方向性が密接に関与するが，この方向性自体，〈空間〉において必ずしも一義的に決定されるわけではない．これは「参照枠」(frame of reference) の問題と呼ばれるものである．

　例えば，東西南北のように固定した方向性を利用し，「大文字山の西に大学がある」と対象物の場所を位置づける場合は「絶対参照枠」と呼ばれる．それに対して，前後や左右のように，参照物に依存して位置関係が変化する場合を「相対参照枠」と言う．そのため，「私の後ろにある椅子」は，別の人から見れば「前にある椅子」や「右にある椅子」となるのである．

　また，「車の前にボールがある」の「車」のように，参照物が本質的に前後の方向性を備えている場合もある．一方で，「山の前に湖がある」といった場合の「山」は（よほど特徴的な形状をしていなければ），認知主体の視座によって山のどの面も「前」となり得る．

図 2：物体の方向性

　このように，〈空間〉における前後は，適用される参照枠や参照物のもつ内在的な方向性によって変動し得るものである．それが〈時間〉に投影された場合，どのようなことが生じ得るだろうか．時間参照枠に関しては，Moore (2006) らによる精緻化を経て Evans (2013: 70) が以下の 3 種類の参照枠に分類している．

(4) a. Deictic （直示的時間参照枠）
　　b. Sequential （連続的時間参照枠）
　　c. Extrinsic （外在的時間参照枠）

(4a) の直示的時間参照枠は，現在の自己を時間軸の中に位置づけ，「未来」「過去」をそれぞれ「前」「後」とする見方である．この例として，(5a) のような Moving-Ego 型のものもあれば，(5b) のように Moving-time 型で直示的な移動動詞（go, come）を用いるものもある．

(5) a. We're approaching Christmas.
　　b. Christmas has gone.

(4b) の連続的時間参照枠は，自己の視点を外側に置き，2つの出来事の順番を眺めるものである．この場合は「未来」「過去」ではなく，順序的により早い出来事が「前」，遅い方が「後」と対応づけられる．これを概念メタファーで表すと，EARLIER IS FRONT, LATER IS BACK となる．この場合は必然的に，時間が移動物となる Moving-time 型の見方をとる．

(6) a. Christmas comes before New Year's Eve. （Evans (2013: 116)）
　　b. Christmas precedes New Year's Eve. （Evans (2013: 118)）

最後に，(4c) の外在的時間参照枠は，例えば「今日は5月5日だ」「電車は8時に出発する」のように，カレンダーや時計のような固定的な時間表示により出来事の位置づけを行うものであり，空間的参照枠での「絶対参照枠」に相当する．Evans は以下のように，外在的時間参照枠が他の2つの時間参照枠と性質を異にしていると述べている．

(7) In this way, the extrinsic temporal frame of reference (t-FoR) provides a means of fixing an event in an 'absolute' way, without reference to an observer. […] The consequence is that the reference strategy is periodicity-based, in contrast to the egocentric and event-based reference strategies of the deictic and sequential t-FoRs.

(Evans (2013: 129))

Evans によると，外在的時間参照枠は主観的な時間経験からは乖離したマトリックスを利用するストラテジーである．そのため，私たちが時間をどのように捉え概念化するかという主観的側面に関与するのは直示的時間参照枠と連続的時間参照枠であると想定され，〈時間〉の概念メタファーにもこれら2種類

の参照枠が主に利用されていると考えられる．

2.2.2. 時間参照枠をめぐる問題

しかし実際には，Evans の提案するように時間参照枠が明確に分類されるわけではなく，これらのタイプの間には連続性・重複性が見られる．また，適用する時間参照枠は同一のものであっても，2 通りの移動物の見立て（Moving-ego, Moving-time）を課すことによって曖昧性が生じる場合もある．以下で具体的に事例を通じて示していきたい．

はじめに，直示的時間参照枠と連続的時間参照枠が併存する場合について見てみよう．次の例は，連続的時間参照枠において，現在の自己の視点が時間軸の中に位置づけられているとみなされる表現である．

(8) 行く年，来る年

(8) は NHK で大晦日に放送される番組名であるが，2017 年の大晦日であれば「行く年」は 2017 年，「来る年」は 2018 年である．2 つの事象（2017 年と 2018 年）の順序性を捉えるという点では連続的時間参照枠の性質を帯びるが，「行く」「来る」という直示移動動詞を用いていることからすると，自己の視点が時間軸上に位置づけられた直示的参照枠と言える．このように，連続的時間参照枠をベースにしながらも，「現在」を中心とする直示的視点を埋め込んでいる図 3 のようなケースが存在し得ることになる．

図 3：「行く年，来る年」

次に，連続的時間参照枠と外在的時間参照枠が併存する例として，日本語の「先」のもつ曖昧性を取り上げる．〈空間〉における「先」は「前方」に対応するものと思われるが，〈時間〉の場合の「先」は，(9) に挙げるように，未来時と過去時の両方を指すことができる．

(9) a. 先々のことが心配になる　お先真っ暗　（未来）
　　b. 先日，先月，先ごろ　（過去）

そのため次の (10) は，お盆を 8 月 15 日とした場合，休みを 8 月 10 日頃に

取ったのか，8月20日頃に取ったのか，曖昧となる．[1]

(10) お盆より先に休みを取った．

このように「先」が未来時と過去時の両方の用法を持つ事実は，どのように説明することができるだろうか．時間参照枠を考えた場合，(9) のような過去・未来の位置づけは直示的時間参照枠の適用であり，(9a) は Moving-ego 型，(9b) は Moving-time 型の反映であるとみなされるかも知れない．一方で (10) は「お盆」と「休み」という 2 つの出来事の順序性が述べられており，適用されているのは連続的時間参照枠である．先に述べたように，連続的時間参照枠を適用した場合に予想されるのは Moving-time の解釈，すなわち「8月10日頃に休みを取った」という EARLIER の解釈に限定されるはずである．しかし実際には「8月20日頃に休みを取った」という LATER の解釈も生じてしまうことが問題となる．

このような「先」の特異性を説明するためには，空間的用法における「先」の特性をふまえる必要がある．次の例を見てみよう．

(11) a. 銀行の前にコンビニがある．
b. 銀行の先にコンビニがある．

(11a) の場合，「銀行」という参照物には本来的に方向性があり，建物の表玄関のある側が前方である．そのため (11a) で指定されるコンビニの位置は図 4(a) のように固定される．一方で (11b) の場合は，図 4(b) で示すように，発話者の位置によってコンビニの位置が決定され，参照物である銀行の方向性とは無関係である．この比較からわかるように，「先」は必ずしも「前」とは一致しない．「先」は発話者のメンタル・スキャニング（心的走査）の方向に依存しているのである．

---

[1] 近畿方言のように，「さき」のイントネーションによって EARLIER と LATER を区別する場合もある．なお「先の副将軍」のように EARLIER の用法の場合は第一音節が高いという区別がなされることもある．

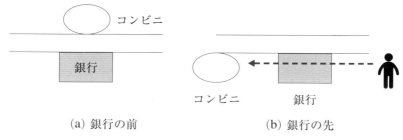

(a) 銀行の前　　　　　　(b) 銀行の先

図4：「前」と「先」の空間的用法

「先」の空間的用法における特性は，〈時間〉においてどのように反映されるだろうか．図5に示すように，連続的時間参照枠の場合，メンタル・スキャニングを行う可能性は2通りある．1つはMoving-timeの時間順序に沿ったスキャニング，もう1つは時間軸(timeline)に沿ったスキャニングである．

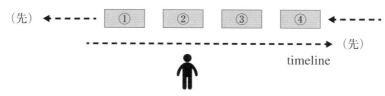

図5：「先」のスキャニング

このように，連続的時間参照枠において2つの方向でスキャニングを行うことが可能であれば，「先」が(10)のように曖昧な解釈を持ち得ることを説明することができる．

ただし，時間軸の方向性に沿ったスキャニングは(4c)の外在的時間参照枠の性質を帯びており，カレンダーのように時間の配列をメタ的視点から眺めることになる．このように見ると，連続的時間参照枠であっても発話時から乖離したメタ的視点をとる点では外的時間参照枠と共通していることがわかる．場合によっては2つのタイプが混在するような時間参照枠も可能であることを，「先」の事例は示唆しているのである．[2]

---

[2] 時間用法の「先」の曖昧性について瀬戸(2017)は，「先」を「もとから見て先細りに見える先端」と定義した上で，平面上に二等辺三角形を垂直に立て，その先端が水平面に影として投射されるイメージを用い，「先」が複数の方向に投射点を持ち得る（そのため，時間用法では柔軟に過去・未来の用法が生じる）と説明している．この説明には，「二等辺三角形を垂直に立てる」というアドホックな見立てが必要となることなど，検討の余地は残されているが，「物体の先端」が起源のひとつとして考えられる点は興味深い指摘である．実際に「先」は，

最後に，同一の参照枠は適用していても，Moving-ego と Moving-time の 2 通りの移動物が同時に生じていると考えられる場合もある．次のスペイン語の例を考えてみよう．

(12) a. anteayer（一昨日）
before・yesterday
b. pasado mañana（明後日）
pass-PP tomorrow

これらはいずれも発話時（＝今日）を基準とし，その 2 日過去ないしは未来を指示しているため，直示的時間参照枠をベースとしている．(12a) は「昨日」を意味する ayer と「前」を表す ante が膠着した形で「一昨日」を表しており，過去が前方となる Moving-time 型である．一方で，(12b) の「明後日」は，「過ぎる」を意味する動詞 pasar の過去分詞 pasado が「明日」を前置修飾している．「明日」が「過ぎられるもの」であるならば，「過ぎる」主体は自己，すなわち Moving-ego 型である．なおスペイン語の動詞 pasar は，la semana pasada（＝the week passed;「先週」）のように過去時を指す時間表現としても使用可能であり，pasar からの派生名詞 pasada も英語の past と同様，「過去」を意味する．

このように，「今日」を中心として対称的位置づけにあると思われる「一昨日」「明後日」に対し，スペイン語は Moving-time, Moving-ego という異なるストラテジーを適用していることになる．実際のところ，これらは慣習化した時間表現であり，スペイン語話者が「一昨日」を参照する場合に Moving-time,「明後日」を参照する場合に Moving-ego と，使用の都度に異なるストラテジーを発動していることを意味するわけではない．このスペイン語の例が示しているのは，言語的証拠を見る限り，個別言語内における時間のメタファーの反映は複合的分布をなしつつ定着しており，そこには必ずしも一貫した方法が見いだされるわけではない，ということである．個別言語において優性な時間参照枠など，時間の概念化の在り方を調査するには，次節で述べるような実験的アプローチが有効であろう．

「鉛筆の先」「棒の先」のように，長い物体の一端を指すのが典型的であり，長さのある物体を一端から他方の端へとたどるメンタル・スキャニングの生じる素地を備えているとみなすこともできる．

3. 〈時間〉と〈空間〉の非対称性：時間の領域固有性

前節で見たように，〈時間〉概念は〈空間〉に大きく依存する．こうした〈空間〉と〈時間〉の非対称性をとらえるモデルが「メタファー写像」(metaphorical mapping) である．

概念メタファーは，「起点領域」(source domain)「目標領域」(target domain) の2つの概念領域間の写像として Lakoff (1993) によって定式化された．〈時間〉の概念メタファーは，次のような領域間写像として述べることができる．

(13) a. 〈空間〉を起点領域 (source domain)，〈時間〉を目標領域 (target domain) とする
 b. 空間の前後関係や移動の経路といった要素からなるイメージ・スキーマ構造が2つの領域間で対応づけられる，

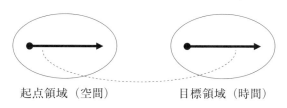

起点領域（空間）　　　目標領域（時間）

図6：メタファー写像

メタファー写像における目標領域は理解のターゲットとなる概念領域であり，起点領域はその理解のために利用される概念領域である．そのため起点領域として機能し得るのは私たちにとって「理解しやすい」経験，すなわち身体経験・空間経験に由来する概念となる．また，(13b) のようなイメージ・スキーマ構造の対応づけを実際に可能にしているのは，空間的な移動を経験すると同時に時間の経過を経験するという，経験的な共起性に由来するものと考えられる．[3]

一方で，〈時間〉には〈空間〉に還元されない領域固有性があることも事実で

---

[3] Lakoff and Johnson (1980) では，概念メタファーにおける2つの概念の結びつけを可能にする要因として「直接経験基盤」が議論の前面に出されていたが，その後 Johnson (1987) や Lakoff (1993) の議論を経て「身体性基盤」(embodiment) が重視されるようになった．一方で，直接的な身体経験を基盤とする概念メタファーは「プライマリー・メタファー」(primary metaphor) とよばれ，概念メタファーの体系の中でも特に中核的役割を担うものとして位置づけられている (Grady (1997)，Lakoff and Johnson (1999))．

あり，〈時間〉のすべてが〈空間〉との対応づけで理解されているわけではない．たとえば，〈空間〉における2つの地点を行き来することはできるが，〈時間〉における2つの時点を行き来することはできない．[4]

このように，起点領域と目標領域の間で必ずしもすべての要素が対応づけられない「写像のギャップ」の問題については，Lakoff (1993) が (14) の「不変性原理」(Invariance Principle) を提案している．

(14) Invariance Principle
Metaphorical mappings preserve the cognitive topology (that is, the image-schema structure) of the source domain, in a way consistent with the inherent structure of the target domain.
(Lakoff (1993: 215))

(15) A corollary of the Invariance Principle is that image-schema structure inherent in the target domain cannot be violated, and that inherent target domain structure limits the possibilities for mappings automatically.
(Lakoff (1993: 216))

上の引用で述べられているように，目標領域の内在的構造と矛盾をきたさない方法でメタファー写像が行われる．(15) は特に「目標領域制約 (target domain override)」と呼ばれており，目標領域側が必然的に写像の可能性を制限するというものである．つまり私たちは，空白状態の目標領域に対して無制限に起点領域から対応づけを行うのではなく，目標領域に潜在する構造や要素に対応する範囲内で写像を選択しているのである．このような写像のメカニズムからすると，〈時間〉に領域固有性があり，〈空間〉と対応づけられない側面があるとしても，メタファー写像の理論として特に問題とはならない．

メタファー写像理論とは異なり，〈時間〉と〈空間〉の間の非対称的な写像関係を想定しない立場もある．Walsh (2003) による A Theory of Magnitude (ATOM) は，空間・時間・数など，複数の概念領域にわたり「大きさ」(magnitude) を司るシステムが脳に存在すると提唱している．この ATOM のモデルでは〈時間〉と〈空間〉の間の非対称性や〈空間〉の優位性はとくに想定

---

[4] Evans (2013) は，空間にはない時間概念の固有性を，"transience" という主観的な時間経過の経験 (Evans (2013: 66)) とし，その性質を (i) anisotropic (異方性) (ii) succession (連続性) (iii) duration (継続) に分類している．(i) の異方性は，過去・現在・未来という方向性および時間経過の方向性の経験，(ii) の連続性は時間的順序の経験，(iii) の継続は時間経過の量そのものを指す．それぞれに対応する時間参照枠として，(4) に挙げた3種類が提案されている．

されないことになる.

　しかし,〈空間〉が〈時間〉より優位であることを示す実験的研究も多くある. Boroditsky (2000) は,特定の参照枠を用いた表現を先行刺激として与えた場合,参照枠の曖昧性をもつ後行刺激の解釈にどの程度影響を与えるかを調査するため,先行刺激・後行刺激を〈空間〉または〈時間〉で4通りに組み合わせて実験を行った.その結果,先行刺激で示された空間参照枠は後行刺激の時間参照枠の選択に影響を与えるものの,先行刺激で示された時間参照枠が後行刺激の空間参照枠の選択に与える影響は小さいことが示されている.また,Casasanto et al. (2010) によるギリシャ語話者のこどもを対象とした実験では,2匹のカタツムリが (i) 同じ距離を移動するが移動の継続時間が異なる場合,(ii) 異なる距離を移動するが継続時間が同じ場合,(iii) 距離も継続時間も異なる場合というように,空間と時間が干渉し合う3通りの場面を提示し,2匹のカタツムリの移動距離および時間に関する判断をテストした.その結果,継続時間の判断は空間からの干渉に影響されるが,距離の判断は時間からの干渉からの影響を受けにくいことが示されている.[5] これらの実証的研究は〈空間〉の優位性を示しており,仮に ATOM が提唱するように複数領域にわたって「大きさ」を理解する上位領域があるとしても,下位領域である〈空間〉と〈時間〉の間には非対称性が保持されていると想定するのが妥当と考えられる.

4. 時は流れず：大森 (1996) 再考

　ここまでは〈時間〉を〈空間〉の見地から構造化し理解する概念メタファーを中心とする認知意味論研究の流れを概観してきたが,本節では,このような認知意味論の見方を真っ向から否定することになる大森 (1996) を挙げ,その言説について検討してみたい.

　大森は,その著書『時は流れず』において,時間と運動の結合を「誤謬」と断定し,次の引用のように述べている.

(16)　時間が流れる,時の流れ,という観念は東西にわたって人間を呪縛してきた巨大な比喩であることには間違いない.今日でもなおこの観念はわれわれのなかに棲みついていささかの衰えもみせていない.私自身も人生の大半をこの観念の支配下に過ごしてきた.そしてこの時の

---

[5] Casasanto et al. (2010) は 4-5 歳のこども 47 名,9-10 歳のこども 52 名に対し実験を行っており,継続時間の判断における空間からの干渉はいずれの年齢においても顕著であることが示されている.

流れの観念が実はとんでもない過誤ではないかと疑い始めてからも長年の間その呪縛から逃れることができなかった．　　　　　　　　　(p. 89)
(17) そこで私は第二の常識破りをここで試みることになった．その常識とは「時間と運動の連動」という常識である．［…］気を落ち着けてこの常識を見直してみると，それは常識どころか一つの欺瞞であったことがみえてくるからである．この欺瞞の底には，時間とは動態的なものだという事実誤認があるように思われる．　　　　　(pp. 78-79)
(18) さらに最悪のケースとして，これらにきわめて初等的な誤謬が加わることもある．その初等的誤謬とは，時間という名詞形にひきずられて何か時間と呼ばれるもの（entity）があってそれが流れてゆくのだという，現在ではほぼ絶滅したはずの古い古い考えである．　　(p. 92)

大森はこのように「時間は静態的であり，運動とは無関係である」と主張し，私たちの〈時間〉の観念に揺さぶりをかける．ここで挙げた引用で大森が否定しているのが Moving-time 型の概念メタファーであることは明らかである．特に，Moving-time メタファーにおいて〈時間〉を〈存在物〉（entity）とみなす前提はそもそも「初等的誤謬」であると，(18)で断言されている．

しかし別の見方をすると，これらの言説は逆説的なことに，大森自身が〈時間〉と運動を関連づける誤謬からの脱却に苦悶する姿を映し出している．「誤謬」がそれほどまでに私たちの時間感覚に深く根ざしていることがわかる．

(16)の引用で大森が認識しているように，「時が流れる」という観念は間違いなく「比喩」である．この「比喩」が修辞や文彩を指すのであれば誤謬といえるかも知れない．しかし大森のいう「巨大な比喩」は，認知意味論では「概念メタファー」に相当するものである．概念メタファーは，私たちの思考・概念の体系の根底を形成する．とりわけ以下で述べるように，〈感情〉〈状態〉などの抽象的概念は，その理解の大部分を他の具体的概念に依拠することが示されており，〈時間〉もその例外ではない．

さらに大森は(18)で，私たちが「時間という名詞形にひきずられて何か時間と呼ばれるもの（entity）があってそれが流れてゆく」という誤謬をおかすと述べている．しかし，認知言語学の観点では，「時間」という名詞形そのものがむしろ，「時間」を「モノ」とみなす概念化の反映であると想定する．Langacker (1987) による認知文法では，名詞の指示の典型事例が物体（physical object）であるものの，例えば動詞派生名詞（destroy → destruction）のように本来的に無形の行為であってもモノ化して捉えることもできると指摘されている．これは具象化（reification）という認知能力の発現であると Langacker は述べている.

　また，Lakoff and Johnson（1980）は，抽象的概念を〈存在物〉とみなす概念化を，「存在のメタファー」（ontological metaphor）と呼ばれる概念メタファーとして一般化している．時間の事例もその1つであるが，そのほかの主な例として，(19a) のように心（mind）を物体とみなすメタファー，(19b) のように状態を容器とみなすメタファー，さらに (19c) のように感情を液体とみなすメタファーも一種の存在のメタファーである.

(19)　a.　心がずっしり重い，心に穴が開いた，傷ついた，心が折れた
　　　b.　He's *in* love; She is *out of* trouble now.
　　　c.　喜びに満ちあふれる，怒りが湧き上がる，心に染み入る

〈時間〉を〈存在物〉とみなすのが初等的誤謬であるならば，同様の初等的誤謬がもはや排除しがたいほど遍在していることは明らかである.

　このように見ると，「誤謬」も「真理」(truth) の構成物として受け入れざるを得なくなるだろう．大森は哲学者として客観的真理を追究したのであろうが，客観主義の限界はすでに Lakoff and Johnson（1980）において議論されている通りである．Lakoff and Johnson (1980: 183) は次のように述べる．伝統的な真理条件的意味論では "S" is true if and only if p (where p is a statement in some universally applicable logical language) と定義し，普遍的な論理的言語によってその必要十分条件が述べられれば命題は真である，とされた．例えば "'Snow is white' is true if and only if snow is white."（「雪が白い」は，雪が白い場合，またその場合に限り，真である）となる．しかし "The fog is in front of the mountain"（山の前に霧が出ている）の場合はどうだろうか．これは一見すると，客観的な外界の記述であるように思われるが，図2で示したように「山」自体には本質的な方向性がなく，認知主体の側の見立てに依存している．そのため，この命題が真であるかどうかの判断は客観的かつ普遍的な論理的言語に還元することができない．真理値を問えると思われている外界の記述にさえも，私たちの見立ては介入しているのである.

　「真理」と「誤謬」，「客観」と「主観」の分離は，実際には大森が想定するほど明瞭なものではない．認知意味論の提唱する主観的意味観のもとでは，「時は流れる」もまた真理である，といえるのである.

参考文献

Boroditsky, Lera (2000) "Metaphoric Structuring: Understanding Time through Spa-

tial Metaphors," *Cognition* 75(1), 1-28.
Casasanto, Daniel, Olga Fotakopoulou and Lera Boroditsky (2010) "Space and Time in the Child's Mind: Evidence for a Cross-dimensional Asymmetry," *Cognitive Science* 34, 387-405.
Evans, Vyvyan (2013) *Language and Time: A Cognitive Linguistics Approach*, Cambridge University Press, Cambridge.
Grady, Joe (1997) *Foundations of Meaning: Primary Metaphors and Primary Scenes*, Doctoral dissertation, University of California, Berkeley.
Johnson, Mark (1987) *The Body in the Mind: The Bodily Basis of Meaning, Imagination, and Reason*, University of Chicago Press, Chicago and London.
Lakoff, George (1993) "The Contemporary Theory of Metaphor," *Metaphor and Thought*, 2nd ed., ed. by. Andrew Ortony, 202-251, Cambridge University Press, Cambridge.
Lakoff, George and Mark Johnson (1980) *Metaphors We Live by*, University of Chicago Press, Chicago and London.
Lakoff, George and Mark Johnson (1999) *Philosophy in the Flesh: The Embodied Mind and Its Challenge to Western Thought*, Basic Books, New York.
Langacker, Ronald W. (1987) *Foundations of Cognitive Grammar* volume 1: *Theoretical Prerequisites*, Stanford University Press, Stanford.
Moore, Kevin E. (2006) "Space-to-time Mappings and Temporal Concepts," *Cognitive Linguistics* 17, 199-244.
大森荘蔵 (1996)『時は流れず』青土社, 東京.
瀬戸賢一 (2017)『時間の言語学』ちくま新書, 東京.
Walsh, Vincent (2003) "A Theory of Magnitude: Common Cortical Metrics of Time, Space and Quantity," *Trends in Cognitive Sciences* 7(11), 483-488.

第 19 章

事象から属性へ
―― 日本語の動詞由来複合名詞の述語名詞用法について ――*

由本　陽子

大阪大学

1.　はじめに

　近年，事象叙述と属性叙述の区別が，統語論において重要な意味をもつことが改めて注目されている（影山 (2009, 2012))．両者が，よく言われるように時間の流れとともに展開するかどうかという点で異なるというだけならば，これは意味論の問題に過ぎないが，Kageyama (2006) が指摘するように様々な統語的違いや，表現形式に現れていることから，[1] 統語論においても看過できない区別である．生成文法では，従来事象叙述文の分析をもとに理論構築がなされてきたため，属性叙述文も，とりあえず事象叙述文と共通の原理体系のもとに扱われてきた（cf. 益岡 (2008)，Rothstein (2001)）．影山 (2009: 30) が述べるように，属性叙述が事象叙述とは「異なる世界」を形成しているものならば，まずは，属性叙述文の文法を総括的，体系的に明らかにしたうえで両者の違いを示してゆかねばならないだろう．

　しかし，本章で注目したいのは，属性叙述と事象叙述の違いではなく，両者の関係性である．益岡 (2008: 7) の言葉を借りれば，両者は完全に分断されているのではなく，「通路」が開かれているものである．多くの場合，属性叙述は事象叙述文から一定の条件のもとで引き出された解釈であり，属性叙述専用の述語によってのみ表されるのではない．例えば，「花子は小学校時代良く泣いた」という文は事象叙述ともとれるが，花子が泣き虫だったという主語の属性を表すものとしても解釈されるだろう（cf. 益岡 (2008: 8)）．

＊ 本章は，科学研究費助成金平成 28 年度基盤研究（C）(24520427)，平成 29 年度基盤研究（B）(17H02334) の助成を受けた研究成果を発展させたものである．
[1] 例えば，Kageyama (2006) が peculiar passive と呼ぶ前置詞の目的語を主語とし目的語をとる受身文や，ロシア語やスペイン語の再帰構文は主語の恒常的な性質を表す属性叙述文であることが指摘されている．

このような「通路」は統語レヴェルのみならず，語のレヴェルにも見出されることが影山 (2008) で指摘されている．その1つが影山 (2009) が「外項複合語」として取り上げている (1) のような例である．

(1) このホテルは安藤忠雄氏設計です．その立候補者は自民党公認です．

これらの複合名詞は，「安藤氏が設計する」「自民党が公認する」で表される事象を履歴として所有する性質を表しており，複合語形成によって，事象描写が属性描写に取り込まれている例である．影山は，通常の動詞由来複合語に関わる制約から逸脱しているという理由で，外項が結合している複合名詞のみを取り上げているが，付加詞 (e.g.「手編み」「漆塗り」) や内項 (e.g.「袋入り」「水浸し」) が結合したものの中にも属性を表す動詞（ないしは動名詞）由来複合語は存在する．本章では，このような，事象を描写することを本分とする動詞が，複合語形成の過程を経て属性描写にシフトする現象を取り上げ，どのような条件のもとにそのようなシフトが可能となるのかを明らかにすべく，先行研究の問題点を指摘し，新たな分析を模索する．考察対象は，先行研究が多い和語の動詞連用形を主要部にもつ複合語に限定する．

また，属性を表すといっても事象の1種と位置づけられる「状態」に近いものから，物体のカテゴリーを決定するような性質を表すものまで様々である．2節で紹介するように，益岡は，属性叙述文をいくつかのタイプに区別するいっぽうで，これらのタイプ間には意味的な連鎖があると述べている．すなわち，例えば，「友人はフランスに何度も行った」という事象描写がその出来事を履歴として有する「友人」の属性描写となり，さらにそれがその人物を「フランス通」というカテゴリーに属することを表す可能性もあるということである（益岡 (2008: 7, 2012: 97)）．このような属性のタイプ間のシフトは，属性を表す動詞由来複合名詞においても観察される．管見の限り，動詞由来複合名詞による属性描写に焦点をあてて詳しく考察した先行研究はほとんどない．本章では，文レヴェルでの属性叙述との違いも考慮に入れながら，述語名詞による属性描写に見られる多様性を明らかにしていく．

本章の構成は以下の通りである．2節では，益岡と影山が提案する属性のタイプ分けについて概観する．3節では，「名詞＋動詞連用形」型の複合名詞が表す属性の多様性と属性叙述の機能を持ち得る条件について考察する．まず杉岡の一連の研究において提案されたこの型の複合名詞のカテゴリーと形成メカニズムについての分析を検討し問題点を指摘する．代案として，クオリア構造 (cf. Pustejovsky (1995)) を用いた動詞由来複合名詞の意味記述を提案し，複合名詞が叙述対象の内在的な属性を表し得る条件について考察する．4節はま

とめである．

2. 属性叙述のタイプ分けと事象叙述との関係

　益岡（cf. 益岡（2013: 65-66）など）によれば，図1に示すように，属性はまず，時間の限定を受けない本質的な属性である「内在的属性」と可変的な属性に大別され，さらに前者は，図のとおりに下位分類される．

図1　益岡による属性のタイプ分け

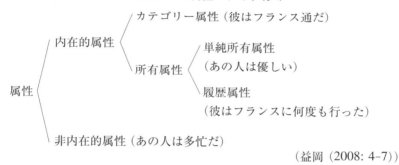

（益岡（2008: 4-7））

　益岡によれば，所与の対象が属するカテゴリーを表す「カテゴリー属性」が，属性の典型であり，これは「XはYだ」という名詞文で表されるのが典型だとされている．これに対して「所有属性」は対象が属性を有することを表すが，これはさらに2タイプに区別される．1つは「単純所有属性」で，「あの人は優しい」が「あの人には優しさがある」と同義であるように，何らかの性質を有することを表すものであり，もう1つは「履歴属性」と呼ばれ，対象が過去の事象を履歴として有することを表すものである．これは1節で触れた事象叙述文の属性叙述化の典型的なかたちであり，動詞によって表された文が一定の条件のもと，主語の属性を表すものとして解釈されるということである．例えば，(2) は，「チョムスキーに数回引用された」という事象を履歴として有することにより「この論文」に重要な論文としての属性があることを含意するものである．表面上には現れない変化ではあるが，これは事象叙述の属性叙述へのシフトの結果である．

　　(2)　この論文はチョムスキーに数回引用された．　　（益岡（2013: 67））

　さらに益岡（2013: 66）によれば，これらの属性の間には以下のような含意関係が成り立つという．

(3)　履歴属性　⇒　単純所有属性　⇒　カテゴリー属性
(4) a.　友人はイギリスを何度も訪れた．
　　b.　友人はイギリスに詳しい．
　　c.　友人はイギリス通だ．

すなわち，例えば (4a) は履歴属性を表すが，これから (4b) のような単純所有属性が含意され，そこからさらに (4c) のようなカテゴリー属性が含意され得るというのである．

　益岡のこの説明からもわかるように図1の分類はあくまでも解釈上の分類であり，コンテクストに依存する部分が大きい．これに対して，影山 (2008) は Carlson (1980) らによる英語の状態述語に関する研究を基盤とし，[2] 何らかの言語に現れる違いを基準にした分類を目指して表1のような分類を提案している．彼によれば，まず，事象叙述と属性叙述は生起した時間軸上の点あるいは開始点・終了点を明示できるかどうかで区別でき，さらに，属性が時間によって変動する可能性があるかないかによって「準属性」と「内在的属性」に分類される．後者は，「ふだんは」のような時間的変動を含意する表現をつけられるかどうかで区別できるという．この分類に従えば，「彼は弁護士だった」のような文は，「〜年から〜年まで」のような表現と共起できるので事象叙述の「状態」とされる．いっぽう，「彼は善人だ」というのは「〜から〜まで」とはなじまず，逆に「ふだんは」をつけても問題がないので属性叙述のうち「準属性」に属すると考えられている．「状態」と「準属性」叙述の区別はややわかりにくいが，影山は形式意味論で広く認められている事象項 (event argument) の性質の違いとして捉えられるとしている．すなわち，「状態」は事象項をもち，そのことにより実世界の時間軸上に位置づけられ得るのに対して，「準属性」においては事象項が抑制されており ($e^\wedge$ のように表示)，普通なら固定的な属性を表すが，「今だけ」や「〜している」などと共起すると，抑制されていた事象項が活性化され，事象叙述の意味が顕現するというのである（影山 (2008: 28-29)）．この説明によれば，「準属性」とは，属性の中でも文脈によっては事象叙述にシフトする可能性がある述語ないしは叙述文の性質だということになる．いっぽう，「内在的属性」の場合は，これらの表現とも，「ふだんは」とも共起し得ないから，事象項が存在しないと考えられる．例えば「ゾウは鼻が長い」とった文が内在的な属性を表すものと判断される．

---

[2] 状態述語文は，主語名詞が永続的にもつと見なされる性質を表す個体レヴェル叙述 (Individual-level predicates) と一時的な状態を述べる場面レヴェル叙述 (Stage-level predicates) とに大別される．益岡の非内在的属性は場面レヴェルに分類されることになる．

表1 叙述のタイプ

叙述の タイプ	事象叙述 開始・終了の時間を明示できる		属性叙述 開始・終了の時間を明確にできない	
	出来事	状態	準属性	（内在的）属性
例示	彼は2003年に大学を卒業した。 彼女は5年間その会社で働いた。	彼は1997年から2005年まで学生だった。 彼は，弁護士をしていた。 彼は病気だ。	彼は（ふだんは）愛想がよい。 彼は（ふだんは）善人だが… うちの息子はよい子です。	彼は（*ふだんは）長身だ。 彼は天然ボケだ。 ゾウは鼻が長い。
事象項	e (event)	e (state)	e^	p (property)

（影山（2008）からの抜粋）

　影山の一連の属性叙述研究において重要な点は，属性叙述は事象叙述との対応関係をもちながら，結合価の減少や事象項の抑制といったプロセスを経て事象叙述とは異なる文法的性質をもつと主張されている点である．したがって，属性叙述のタイプについても，ある状態が時間の流れの中でどのように捉えられているかという一点に絞って統語的観点から区別されている．しかし，(2)や(4a)によって含意される主語の属性を捉えるには，益岡の「履歴属性」という概念を用いる方が妥当に思われる．[3] とりわけ本章が扱う動詞由来複合語についていえば，動詞が表す事象に参与する項の属性を描写し得るのは，ほとんどの場合においてこの履歴属性によっていることは無視できない．そこで，本章では，基本的には益岡の図1の分類を採用し，影山の分析も随時参考にしながら論じることにする．

3. 動詞連用形を主要部とする複合名詞による属性描写

　1節で紹介したように，影山（2008）によれば，(1)のような複合語は，日本語の動詞由来の複合名詞形成の原則に反した「異常現象」である．多くの言語においてそうであるように，日本語でも述語（動名詞も含む）を主要部とする複合名詞は，外項に相当する名詞との結合では容認されないとされているからである（cf. Selkirk (1982)）．影山によれば，これに反して(1)のタイプ

---

[3] 坪井（2012: 67）も，影山の分析に反論し，「事象叙述と属性叙述の関係が出来事項の有無によっては捉えられない」と述べている．

が比較的生産的に作られているのは，属性叙述を表すことによる．すなわち，このような複合は，影山（2009: 23）が主張する「本来なら事象叙述文に適用することが規範であるはずの種々の規則が，本来の構造制約に違反して適用されると属性叙述の機能が生じる」ことを示す現象にあたるのである．

しかし属性を表す複合名詞は外項と結合したものとは限らない．(5) の複合語も主語の属性叙述を表すもので，「述語名詞」といえる（伊藤・杉岡（2002））．

(5) a. あの漁師は<u>大学出</u>です．／<u>大学出</u>の漁師
　　 b. 昔のビールは<u>瓶詰め</u>でした．／<u>瓶詰め</u>のビール

したがって，属性を表すなら外項複合語でも容認されるとはいえても，動詞由来複合語形成に関わる一般制約を破って複合名詞を形成することで属性解釈が生じるとはいえない．本節では，主要部が和語の動詞連用形のものに限定し，まず，どのような動詞由来複合名詞がどのような属性を表すものになり得るのかについて考察する．出発点として，日本語の動詞由来複合名詞の形成と意味について詳しく扱った先行研究，杉岡（1998），Sugioka（2001），伊藤・杉岡（2002）[4] とその問題点を指摘した Yumoto（2010）を概観する．次に述語名詞の用法にも前節で見た属性のタイプ分けに対応するものが認められることを指摘し，それぞれの意味をクオリア構造を用いて表すことを提案し，動詞由来複合名詞が述語名詞として容認される条件について検討する．

3.1. 杉岡による動詞由来述語名詞の分析と問題点

まず，日本語の動詞由来複合名詞には，(6) に示すような多様な用法がある．これらは，具体物もしくは行為・出来事を表す名詞（(6a, b)），[5]「する」と結合して動詞となる動名詞（(6c, d)），「だ」「の」を伴って名詞を修飾したり叙述する機能をもつ述語名詞[6]（(6e)）というように異なるカテゴリーに分類される（cf. 伊藤・杉岡（2002: 110-115））．

(6) a. 彼は<u>金貸し</u>になった，<u>卵焼き</u>を作ろう，<u>屑入れ</u>を買った，
　　　　<u>栓抜き</u>が見つからない，<u>水溜り</u>がある，<u>夜明け</u>が近い
　　 b. <u>栗拾い</u>をする，<u>山登り</u>をする，<u>地鳴り</u>がする，<u>胸騒ぎ</u>がする

---

[4] 杉岡氏の主張はほぼ一貫しているので，以下ではこれらを「杉岡」と呼ぶ．
[5] 具体物を表す動詞由来複合名詞にもいくつかのタイプが認められる．詳しくは，伊藤・杉岡（2002），由本（2015）を参照されたい．
[6] この種の属性を表すが「な」がつかない名詞についての扱いは研究者によって様々であるが，杉岡は「述語名詞」と呼んで形容名詞とは区別している．

c. 切手を糊付けする，ドレスを手作りする，宛名をペン書きする
d. 肌が日焼けする，スキーで雪焼けした，船酔いして辛かった
e. その魚は黒焦げだ，健の家は石造りだ，朝採りの苺，白塗りの壁

注意すべきは，これらは意味の違いのみならず，主要部の動詞の項が語の内外にいかに具現されるかにおいて統語的に異なっていることである．もとの動詞が必須の内項をとる場合を見てみよう．行為を表す（直接「する」が結合できない）名詞の場合は，(7a, b)のようにその項を複合語内に具現することが義務的である．いっぽう，直接「する」が結合できる動名詞や名詞を叙述する述語名詞の場合は，道具や材料を表す付加詞との結合による複合が一般的であり，(8) (9)のように必須項は語の外に具現される．これは，「第一投射の条件」による制約[7]がある英語では許容されないことであるから（cf. *impulse buying of a dress（影山（1999: 133）)），(6c, d, e)が異なる条件のもとに異なるメカニズムで形成されているという仮説を支持するものとなる．

(7) a. 筆で宛名書きをする．／*宛名の筆書きをした．
    b. 花子は浜で宝探しをした．／*宝は浜探しをするに限る．
(8) a. 手紙をペン書きする．車を水洗いする．布団を天日干しする．
    b. *ペンで手紙書きする．*水で下着洗いする．*天日で布団干しする．
(9) a. ペン書きの手紙，手作りのお菓子，黒焦げの魚，レンガ造りの家
    b. 花子の本は革張りだ．花子のセーターは機械編みだ．

そこで，杉岡は，(6a, b)の物や出来事を表す純粋な名詞と，述語としての機能をもつ(6c, d, e)とでは，形成レヴェルが異なると主張した．すなわち，前者は英語の場合と同様，内項との複合だが，後者は英語では許されない付加詞との複合であり，形成されるレベルも，前者が項構造に対して，後者は動詞のLCSにおける語形成として区別されるとしたのである．さらに，後者について杉岡は，図2に示すように，結合する名詞がLCS上どの位置に現れる付加詞かによってそのカテゴリーが決まると考えている．

---

[7] Selkirk (1982)の「第一投射の条件」(First Order Projection Condition) は，主語以外の項が動詞の第一投射，すなわち複合語であれば非主要部の位置，において満たされなければならないという制約を述べたものである．

図 2　杉岡による「付加詞＋動詞」型複合語の分析

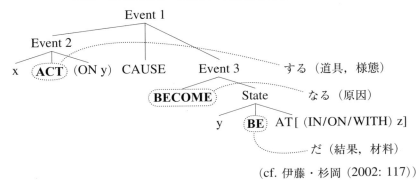

(cf. 伊藤・杉岡 (2002: 117))

例えば，Event 2 の ACT に選択される道具や様態を表わす要素との複合語は (6c) のような他動詞となるが，原因と解釈される場合は Event 3 の BECOME 内で選択されるため，(6d) のような自動詞となる．本章の考察対象である (6e) のような述語名詞は，典型的には結果状態 State 内に現れる要素との複合によると考えられている．1つ例を挙げれば，例えば，「ペン書き（する）」であれば，[[x ACT ON y (with pen)] CAUSE [BECOME [y BE AT [IN WORLD]]]] のように，もとの動詞の LCS 内の下線部の付加詞の位置に，複合した要素「ペン」を挿入した複雑述語として表されている (cf. 伊藤・杉岡 (2002: 124))．

本章で論じる述語名詞となるものについては，杉岡も指摘しているように，この分析では扱えない例がある．具体例を見ながら検討してみよう．

(10) a. 四つ切りのリンゴ，三つ折りの財布，この壁は黒塗りだ．
　　 b. 石造りの家，モヘア編みのセーター，この寺の屋根は瓦葺きだ．
　　 c. 黒焦げの魚，赤枯れの松，健はびしょ濡れだ．
　　 d. ペン書きの答案，炭火焼きの肉 (cf. *手洗いのセーター)
　　 e. *職人焼きのピザ，*母親作りのドレス

まず，杉岡が述べるように，ほとんどの場合，(10a, b, c) のように作成や状態変化を表す動詞，すなわち図2の State を含む動詞が述語名詞を形成している．「手洗い」のように本来 State を含まない動詞と様態や手段を表わす付加詞が結合した複合語は「セーターを手洗いする」のように動名詞としては用いられるが，述語名詞としては容認されない．問題となるのは，(10d) のように，Event 2 に現れる手段や道具を表す付加詞との複合にも関わらず述語名詞

としても用いられる例である．これに対して杉岡は，「本来 Event 2 に焦点がある作成・使役変化の LCS において，結果事象に焦点を移動させる操作が働いていて，そのために Event 2 によって選択されている道具が，あたかも結果事象を修飾しているかのような解釈が可能になっている」（伊藤・杉岡 (2002: 121)）と説明している．また，(10e) のように動作主との複合語が容認されない理由については，述語の機能をもつものはあくまで付加詞との結合によって形成されるので，外項である動作主が現れる可能性がないためだと述べている（ibid.: 122）．杉岡の分析の重要なポイントは，複合する要素が動詞の項か付加詞かということが複合語のカテゴリー（名詞か複雑述語か）を決めるということである．したがって，これが正しければ，内項と結合したものは動名詞や述語名詞としては成立しないことが予測されることになる．

これに対して，Yumoto (2010) は，以下のように，動詞の内項との複合でも直接「する」が結合して動名詞となる例が数多く存在することを指摘した．

(11) a. *(船に) 救援物資を積む → 救援物資を**船**積みする
    b. このネタは *(客に) 受ける → このネタは**客**受けする
    c. 大学に *(ランクを) つける → 大学を**ランク**付けする
(12) a. *(山菜の灰汁を) 抜く → 山菜を**灰汁**抜きする
    b. *(セーターの色が) あせた → セーターが**色**あせした

(11) は主要部が内項を2つ取る他動詞または自動詞で，左に示すように義務的な項が複合したものである．項の1つが語内で満たされ，もう1つの項は動名詞の項として受け継がれ語外で実現される．いっぽう，(12) のタイプでは，動詞が選択するのは語内で満たされている項である．このタイプは，結合した名詞によって新たな項が獲得され複合語に受け継がれることで叙述機能を持ち得ていると考えられる．この新たな項は複合した名詞と部分-全体の関係にあることは明らかである．そこで，由本 (2014) では，動詞由来複合名詞が動名詞として容認されるためには，2語の意味合成の結果，語内で満たされず語外で実現すべき内項が受け継がれることが必須だと考えた．杉岡が注目した付加詞との複合はこの条件を満たす一タイプにすぎないのである．

述語名詞となるタイプについてもこれと同様の観察が得られる．属性を描写する複合名詞には，(10) のような付加詞と複合したものばかりではなく，以下のように項との結合によるものがかなり多いことが分かる．

(13) a. 箱入りの本，酒浸りの男，右寄りの新聞，泥まみれのシャツ（cf. シャツが *(泥に) まみれている）

b. フランス帰りの女優，女郎上がりの妻，大学出の漁師（cf. 女優は
　　　　　フランスから帰った，漁師は *(大学を) 出ている)
　　　c. 殻付きの落花生，夫人付きの事務官，この酒は金箔入りだ（cf. 酒
　　　　　に *(金箔が) 入っている）
　　　d. 花子は父親似だ（cf. 花子は *(父親に) 似ている）
(14) a. 水浸しの床，外付けのモデム，粕漬けの魚，瓶詰めのジャム，串
　　　　　刺しの肉，パック詰めの野菜，入試本部詰めの委員（cf. 肉を *(串
　　　　　に) 刺す，委員が *(本部に) 詰めている）
　　　b. 蔵出しの酒（＝蔵から出したばかりの酒）
　　　c. シロップがけのかき氷
　　　d. 所帯持ちの学生

　ここで杉岡の分析を振り返ってみよう．まず，述語名詞の形成は原則として図2の最下の階層 State 内に限られており，本来は (10a, b, c) のように，結果状態や材料を表す付加詞が結合して形成されるとし，次に，(10d) のような手段・様態が結合した複合名詞が述語名詞として用いられ得ることについては，本来は Event 2 に焦点のある作成・使役変化動詞がその焦点を結果事象に移動することによるという説明であった（伊藤・杉岡 (2002: 121)）．しかし，(13) (14) に示すような例が多く見つかることから，付加詞との複合が述語名詞として容認されるための条件ではないことは明らかである．ただし，主要部が自動詞 ((13))，他動詞 ((14)) いずれの場合も，ほとんどが到達動詞または達成動詞の State 内に含まれる項と複合している．その項と動詞との意味関係は多様で，「に」格で表される場所 ((13a) (14a))，「から」格で表される起点 ((13b) (14b)) の他に，「が」格や「を」格で表される物材とも見なせるもの ((13c) (14c)) もあるが，[8] 叙述対象 y の状態を表すものとして，これらの項と複合し State を特定していることには間違いない．
　ここまでの事実については，必ずしも付加詞でなくとも「State 内の要素との複合は述語名詞として容認される」というように一部修正すれば杉岡の分析は大筋で妥当に思われる．しかし，さらにいろいろな例を調べてみると，まだいくつかの問題が残ることが明らかになってくる．まず，以下のように同じ基体動詞から，異なる項を結合した複合語が形成される場合がある．

(15) a. 金箔入りの日本酒 ← 日本酒には金箔が入っている

---

[8] (13c) (14c, d) では，所有関係を表す状態が表されており，[y BE WITH z] の z 項が複合されていると考えられる (cf. 影山 (1999: 93))．

第 19 章　事象から属性へ　　　　　　　　　　　　　　273

　　　　スペアリブは骨付きだ ← スペアリブには**骨**が付いている．
　　b.　謹呈用の本は箱入りだ． ← 本は**箱**に入っている．
　　　　夫人付きの事務官 ← 事務官は**夫人**に付いている．

　(15a) は「入る」「付く」と主語に対応する項とが結合した複合語が場所項を修飾している．これに対して，(15b) では同じ動詞が「に」格で表される場所項と複合し，主語を修飾している．これらを杉岡に従って分析するならば，(15a) の場合は，(13c) (14c, d) と同様に (cf. 脚注 8) 動詞の LCS 内の State を [y BE WITH z] ([酒 BE WITH 金箔]) と記述し，(15b) については位置変化動詞に一般的な [y BE IN z] ([本 BE IN 箱]) を仮定するという方法がある．しかし，この 2 種類の LCS をいかに関係づけるかという問題が生じる．いずれにせよ，2 つ内項をとる動詞の場合，いずれの項とも複合する可能性があることは認めなければならない．
　また，この内項との複合による複合名詞には，「瓶詰め（する）」「蔵出し（する）」のように動名詞，述語名詞いずれにも用いられるものもあれば，動名詞（「乳離れする／*乳離れの子」「車庫入れする／*車庫入れの車」），述語名詞（「*箱入りする」「*泥まみれする」「*石造りする」）いずれかの用法に限られているものもある．複合する要素の LCS 上の位置によって，複合語のカテゴリーが決まるとする杉岡の分析では，この事実を説明することは難しいだろう．
　さらなる問題は，先に示した修正案においても，述語名詞の意味は原則基体動詞の LCS の State の部分によって表されることになるが，(16a) や (16b) の形容名詞の意味記述としては，そのような分析が適用できないことである．

　(16)　a.　学校帰りの子供，酒飲みの学生，早送りの映像，会社勤めの夫，
　　　　　　花子は人たらしだ，健は早起きだ
　　　　b.　罪作りな人だ，人騒がせな人，親泣かせな息子，気がかりな天気

　この中で「帰る」は着点をとる到達動詞だが，「学校帰り（の子）」は学校から帰った結果ではなく，帰る途中の状況を表している．[9] このような例は属性ではなく状態を表す事象描写と見なすべきかもしれないが，複合名詞で表される事象そのものではなく，一部を切り取り主語の一時的状況を表す属性描写に極めて近いものになっていると考えられる．「早送り」なども類例である．こ

---

[9]「学校帰り，早送り，気がかり」などは，その状態（または性質）が成立している時間を限定することができるので，場面レヴェルの述語である．

の種の解釈をもとの動詞の LCS によって表すのは難しいだろう．これら以外については内的属性を表すものといってよい．「会社勤め」については，影山 (2008: 27) の分類では事象叙述の状態に属するだろうが，「会社勤めの人」は「サラリーマン」と言い換えることもできるから，益岡 (2008: 6) の分類ではカテゴリー属性を表すものとなる．また，「酒飲み」「早起き」「人たらし」「罪作り」などは，複合語が表す行為の常習性によって特徴づけられる主語の属性を表すものといえる．[10] これは，益岡 (2008: 8) に従えば，単純所有属性に分類される (cf. 図 1)．杉岡の分析の対象となっていたのは，図 2 の y にあたる内項の属性を表すものに限られていたが，(16) のような外項 x の属性を表す述語名詞については，基体動詞の LCS をもとに意味記述ができるのだろうか．とりわけ「飲む」のように State を含まない動詞を主要部とするものについては，LCS を用いるなら BE で表されるべき属性の意味表示を導くにはかなり複雑なプロセスを仮定する必要が生じるだろう．

3.2. 述語名詞として機能する動詞由来複合名詞が表す属性のタイプ

以上の観察から，述語名詞として機能する動詞由来複合名詞の意味は決して一枚岩ではなく，動詞の意味に近い一時的状態を表すものもあれば（「学校帰り」），複合名詞が表す状態そのもの（「父親似」）や事象から含意される結果を表すもの（「黒焦げ」），その事象を常習とすることによって付与される属性を表すものもあり（「酒飲み」），多様であることがわかる．複合名詞が表す事象が結果状態を含意する場合は，その事象が履歴属性として解釈される例が多い．例えば，「白塗り（の壁）」では複合している結果述語によって結果状態が明示されており，「白く塗った」ことが履歴となって「壁」の属性を表している．この場合は，杉岡の分析通りに動詞の LCS 内の State に「白」という結果を特定する情報を組み入れればそのまま述語名詞の意味構造となる．しかし，「フランス帰り（の人）」のように，複合名詞が表す事象から直接的には属性解釈が導かれないが，「フランスに滞在した」ことが意味をもつようなコンテクストでは履歴属性として機能し得る場合がある．これは，「帰る」の LCS によって表すことはできないが，「フランスから帰った」という事象を履歴として有することから導かれる属性解釈であることは間違いない．

いっぽう，複合名詞が表す事象を常習とすることで付与される属性は，履歴ではないので，単純所有属性と見なされ得る．履歴属性や所有属性は，さらに，叙述対象を他の事物から識別するカテゴリー属性へとシフトする可能性も

---

[10] 具体物名詞との関係については，由本 (2015: 102–103) を参照されたい．

ある．先述の「フランス帰り」についても，「画家」を叙述対象とする場合などは，カテゴリー属性となり得るのである．「学校帰り」のような場面レヴェルのものについては，とりあえず事象の一部を切り取って一時的状態を表すものと捉えておく．このように動詞由来複合名詞は，動詞と結合している要素についての世界知識やコンテクストによって，事象の描写から多様なタイプの属性叙述へとシフトしていくと考えられる．実際はこれほど単純なものではないだろうが，その様を暫定的に図3のように表しておく．[11]

図3 事象叙述から属性叙述へのシフト

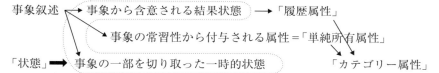

3.3. クオリア構造を用いた分析

図3に示す意味のシフトは，(3) で見た文レヴェルでの現象と並行するものだと考えられる．しかし，以下に示すように，属性叙述文をもとにした複合語が，必ずしも属性を表す述語名詞として成立するとは限らない．

(17) a. この論文はチョムスキーに数回引用された．(= (2))
　　 b. この動物は，ダムを造る． (cf. 影山 (2012: 12))
(18) a.??チョムスキー引用の論文／*この論文はチョムスキー引用だ．
　　 b. *ダム造りの動物／*この動物はダム造りだ．

この事実も踏まえ，動詞由来複合名詞が図3に示す様々な意味の述語名詞となる条件を再度検討しよう．そのためには，もとの動詞の意味構造からいかに属性を表す複合名詞の意味を導くかについても再考しなければならない．前節では，動詞のLCSを基盤にした杉岡流の分析は，必ずしも有効でないことを明らかにしたが，属性解釈は，複合名詞が表す事象概念が何らかの形で内項 y または外項 x の意味構造に組み込まれることによって生じることは間違いないだろう．ここで，1節で見た (19) の「外項複合語」についての影山 (2008) の提案を参考にしたい．[12] 影山は，これらは Kageyama (2006) で仮

---

[11] 図中の点線で囲んだ部分は場面レヴェルの状態を表すもので，事象と属性の中間に位置づけられる．
[12] (19) のタイプの複合名詞は，2つの要素間にポーズが入ることから，和語の動詞連用形を

定した属性叙述文の派生を導く事象項の統語的抑制によるのではなく，語彙の構造（クオリア構造）における操作で作られるとしている．

(19) a.　このホテルは安藤忠雄氏設計です．　((2) を再掲)
　　 b.　その立候補者は自民党公認です．

クオリア構造 (cf. Pustejovsky (1995)) は，語の意味を世界知識も含めて形式化したもので，以下の4つのクオリア（または役割）で構成される．

(20) ①構成クオリア：物体とそれを構成する部分の関係　②形式クオリア：物体を他の物体から識別する関係　③目的クオリア：物体の目的と機能あるいは習性　④主体クオリア：物体の起源や発生に関する要因
　　　　　　　　　　　　　　　　　　　　　　　　　(cf. 小野 (2005: 24))

影山によれば，仮に「ホテル」の意味記述として (21) のようなクオリアが想定されるなら（紙幅の都合で一部のみ記載），(19a) の「安藤忠雄氏設計」では「安藤忠雄氏が設計した」という履歴を「ホテル」の主体クオリアに組み込むことによりその属性が叙述されているのだという．

(21)　・形式クオリア＝個物，人工物 (x)
　　　・主体クオリア＝ y が設計し，z が建築する
　　　　　　　　　　　└── 安藤忠雄氏が設計
　　　　　　　　　　　　　　　　　　　　　　(影山 (2008: 34))

この分析を用いるなら (18) が容認されない理由として以下のような説明が考えられる．(21) では，もともと叙述対象名詞のクオリア構造内に「y が設計する」という情報が存在するため，動詞由来複合語はそれをより特定する情報として自然に組み込まれる．いっぽう，(18a) の「論文」のクオリア構造には，それがだれかが引用したものであるという情報が含まれるとは考えられない．したがって，「チョムスキーが引用した」という履歴があっても，(21) のようにクオリアに組み込むことは容易ではなく，述語名詞として容認されないと考えられる．(18b) の場合は，述語名詞が基体動詞の主語の属性を表しているが，この場合も「動物」について何かを造るという情報がクオリアに書きこまれているとは考えにくい．これを仮に「職人」のような，仕事として何かを造るという情報が想定される名詞に変えてみると，「れんが造りの職人」のよ

────────
主要部とする複合名詞とは異なるレヴェルでの複合によると考えられる (cf. 影山 2009: 6ff.) が，いずれも属性叙述機能を持つ点では共通しているので，本章では特に区別せず論じる．

うな述語名詞が容認される．すなわち，複合名詞が表す事象が，叙述対象名詞のクオリアに含まれる情報をより特定したり，豊かにしたりするものとして組み込まれ得る場合は，属性を表す述語名詞として容認されるといえる．文レヴェルでは，例えば「ている」の付加などにより属性叙述表現であることを顕示し得るが（cf. 影山（2008, 2012）），語レヴェルにはそのような方策がないため，叙述対象の属性描写は語彙の意味と世界知識に依存するしかなく，そのため限られたものにしか容認されないのである．

　もう1つの条件として，基体動詞の項構造による制約もあることを指摘したい．それは，叙述対象となる項が述語名詞に受け継がれていることだと考える．このことは，これまで見た例で自動詞を主要部とするものが，「びしょ濡れ」のような付加詞との複合か，(13) のような二項動詞の内項との複合のいずれかであることからも支持される．一項動詞がその項と複合すると叙述すべき項を受け継げないので，原則として，述語名詞としては成立しない（「*地割れの畑」）．それが許されているのは，以下のような場合である．

(22)　先割れ（のスプーン），額面割れ（の債権），尻下がり（の語調），尻切れ（の話），下膨れ（の顔），期限切れ（のカード），（景気が）先細りだ，（彼は）目利きだ，（質問が）ピント外れだ

これらは (12) の例と同様に説明することができる．すなわち複合している名詞は動詞の主語に対応する項を満たすものであるが，何かの部分を表すものであることから，複合名詞はその所有者（全体）にあたるものを新たな項として受け継ぎ，それを叙述する属性を表すことができるのである．

　以上のような条件も踏まえた上で，影山（2008）の分析を発展させ，クオリア構造を用いて動詞由来複合名詞が表す多様なタイプの属性を記述することを提案したい．まず，述語名詞が履歴属性を表す場合（e.g.「フランス帰り」）については，(21) と同様，基体動詞の LCS 内に複合した名詞が代入された事象構造が叙述対象名詞のクオリアの**主体クオリア**に組み込まれる．いっぽう，それが常習行動だと解釈されることで属性を表す場合（e.g.「酒飲み」「人たらし」）は，物の習性を表す情報として**目的クオリア**に組み込まれると仮定する．結果状態を明確に表している複合名詞の場合（e.g.（10a, b, c）(13) (14)）は，これに加えて，図2の State の部分からの情報が別のクオリアに組み込まれると考える．「石造り」のように材質や「輪切り」のように形状を表す場合は，**形式クオリア**に情報が付与される．「X 入りの Y」「X 付きの Y」のように，複合した名詞 X も叙述対象 Y も動詞の項であり，両者の関係性が明確に動詞のLCS に表されている場合は，結果状態が Y の**構成クオリア**の情報としてごく

自然に組み込まれると考えられる．これらの動詞を主要部とする述語名詞は生産性が高いが，その理由もこのことから説明できる．以上の分析をごく大雑把に例示すれば (23) のようになる．このように，クオリア構造を用いた分析では，LCS では記述できなかった，より広範囲のデータが扱え，しかも，属性のタイプの違いを反映した意味記述が可能になるのである．

(23) a. 「輪切りの大根」
　　　・形式クオリア：野菜 (y), shape: 円形 ◀──────
　　　・主体クオリア：[x CAUSE [y BECOME [y BE [AT z=輪]]]]
　　b. 「箱入りのりんご」
　　　・構成クオリア：be contained_in (y, z: 箱) ◀──────
　　　・主体クオリア：[x CAUSE [y BECOME [y BE [IN z=箱]]]]

以上，複合名詞が述語名詞として機能し得る条件には，叙述対象名詞のクオリアとの関係によって説明される意味的なものと，項構造によって説明されるものとがあることを述べた．また，この意味的条件を捉えるためにも有効な手段として，多様なタイプの属性を表す複合名詞の意味をクオリア構造を用いて記述する分析を提案した．

4. 結語

本章では，動詞由来複合名詞による属性描写の多様性を明らかにし，基体動詞の意味記述をもとに，いかに捉えるのが適切かについて考察した．杉岡によるLCS を用いた分析が有効ではない例も多くあることを指摘し，複合名詞が表す事象概念を，叙述対象となる名詞のクオリア構造に組み入れることによって記述することを提案した．この方法では，述語名詞が表す多様なタイプの属性を書き分けることができ，また，内的属性の解釈が容認される条件についても説明できることを示した．その条件としては，意味的・語用論的なものと項構造によって説明されるものがあることも述べた．ただし，本章で扱ったのは，複合名詞が本来表す事象描写が様々なタイプの属性描写にシフトする現象のうちのごく一部である．より総括的・体系的な研究は今後の課題としたい．

参考文献

Carlson, Gregory (1980) *Reference to Kinds in English*, Garland, New York.
伊藤たかね・杉岡洋子 (2002)『語のしくみと語形成』研究社，東京．

影山太郎（1999）『形態論と意味』くろしお出版，東京．
Kageyama, Taro (2006) "Property Description as a Voice Phenomenon," *Voice and Grammatical Relations*, ed. by Tasaku Tsunoda and Taro Kageyama, 85-114, John Benjamins, Amsterdam.
影山太郎（2008）「属性叙述と語形成」『叙述類型論』，益岡隆志（編），21-43，くろしお出版，東京．
影山太郎（2009）「言語の構造制約と叙述機能」『言語研究』136, 1-34.
影山太郎（2012）「属性叙述の文法的意義」『属性叙述の世界』，影山太郎（編），3-35，くろしお出版，東京．
益岡隆志（2008）「叙述類型論に向けて」『叙述類型論』，益岡隆志（編），3-18，くろしお出版，東京．
益岡隆志（2012）「属性叙述と主題標識」『属性叙述の世界』，影山太郎（編），91-109，くろしお出版，東京．
益岡隆志（2013）『日本語構文意味論』くろしお出版，東京．
小野尚之（2005）『生成語彙意味論』くろしお出版，東京．
Pustejovsky, James (1991) *The Generative Lexicon,* MIT Press, Cambridge, MA.
Rothstein, Suzan (2001) *Subjects and their Predicates*, Kluwer, Dordrecht.
Selkirk, Elisabeth (1982) *The Syntax of Words*, MIT Press, Cambridge, MA.
杉岡洋子（1998）「動詞の意味構造と付加詞表現の投射」『平成9年度 COE 形成基礎研究費成果報告（2）先端的な言語理論の構築とその多角的な実証（2A）の新展開』，341-363，神田外語大学．
Sugioka, Yoko (2001) "Event Structure and Adjuncts in Japanese Deverbal Compounds," *Journal of Japanese Linguistics* 17, 83-108.
坪井栄治郎（2012）「動的述語と属性」*Language, Information, Text* 19(21), 57-68.
Yumoto, Yoko (2010) "Variation in N-V Compound Verbs in Japanese," *Lingua* 120, 2388-2404.
由本陽子（2014）「「名詞＋動詞」型複合語が述語名詞となる条件」『複雑述語研究の現在』，岸本秀樹・由本陽子（編），179-203，ひつじ書房，東京．
由本陽子（2015）「「名詞＋動詞」複合語の統語範疇と意味的カテゴリー」『日本語研究とその可能性』，益岡隆志（編），80-105，開拓社，東京．

第 20 章

コ・ソ・アの 3 分法と this / that の 2 分法
―［内心的］・［外心的］の観点から―

高橋　潔

宮城教育大学

1. はじめに

　高橋（1999）では日本語の文化キー・ワード概念に絡んで，日本語表現の語用が対応する英語表現の語用との比較で［外心的（exocentric）］という特徴が著しく見られることを指摘した．［外心的］とその反意語の［内心的（endocentric）］とは，以下のように説明される．言語表現は，無標の（unmarked）場合，話者の視点あるいは話者の主観からなされるものである．これは，人間は自分の目や耳などの知覚器官を通して世界を認識しているのであるから当然のことと思われる．このような言語表現を［内心的］表現と名付けた．それに対して有標の（marked）場合，話者以外の人，例えば，話し相手・聞き手あるいは（話し手・聞き手の属する）社会の視点・観点からなされる言語表現，あるいは，少なくとも話し手が話し相手や社会の視点・観点に配慮しておこなう言語表現を［外心的］表現とし，これが日本語・日本文化のイーミック（emic）な特徴であることを指摘した．[1] 高橋（2002）では，さらに，「よろしく」，高橋（2008）では「どうせ」の意味・語用にも［外心的］特徴があるという分析を示した．本章では，指示代名詞の体系に，日本語にはコ系・ソ系・ア系の 3 分があるのに，英語には this（these）と that（those）の 2 分しかないことも，日本語の［外心的］特徴と英語の［内心的］な特徴を示しているものである，ということを指摘する．ただし，ここで注意が必要なのは，言語（文化）の特徴として［内心的］や［外心的］というのは，単にそれを示す用法があるということではない．言語形式やその用法として確立していて，かつ，その文化の

---

[1] 英語の文化キーワードについては Wierzbicka（2006）およびその概説として高橋（2009, 2011）などを参照のこと．また Wierzbicka および著者の言語文化理論について，詳しくは，これらの文献の参考文献を参照されたし．

キーワードの意味分析でも特徴が見いだされなければ，イーミック（emic）な特徴とは言えないということである．例えば，直示表現（deictic expression）に，直示の中心（deictic center）が話し手以外に移されることがあることは昔から知られており，Lyons (1977: 579) や Fillmore (1982: 46)，小森 (1992) などでも指摘されている．小森 (1992) では，一人称が聞き手や第三者を指したり，二人称が話し手や第三者を指したり，三人称が話し手や聞き手を指したりする場合が日英語で例示されている．このような例は，どんな言語にも多少なりあると推測される共感（empathy）による人称の用法の例であって，高橋 (1999) が指摘した文化キーワードと結び付けられるイーミックな性格を示すものではないと考えられる．[2]

2. 人称表現

そこで，指示代名詞の体系の前に，人称代名詞の体系について簡単に考えてみる．英語には，

(1) I / my / me / you / your / you / he / his / him / she / her / it / its / we / our / us / they / their / them

という人称代名詞の体系があるが，日本語には，名詞とはっきり区別される人称代名詞は無いとも言われている．金水 (2014) などで指摘されているように，役割語とも言うべき範疇の中に人称代名詞があると言うべきかもしれない．例えば，金水 (2014: 5, 10) によると，一人称代名詞の「あたい」が主として女性が用いる役割語で，「男勝りな性格の女性や教養・知性・品位の低い女性の話し手を想起させる」人称代名詞とされており，「あっし」は「江戸・東京の下町らしさを表す自称詞」で「職人や渡世人などに用いられて威勢の良さを担」っているとされている．また，映画『男はつらいよ』シリーズで有名な東京都葛飾区柴又出身の渡世人車寅次郎は，「普段は「あっし」と自称するが，夜店でいんちきな占いを行う際には，観衆を信用させて儲けを得るために，「あたし」，あるいは「あたくし」を用いている．」と記述されている．つまり，日本語の人称代名詞は，使用場面や使用する人物がどのような人物なのか，日本語母語話者なら容易に想像できるほどに［外心的］特徴を持っていると言える．英語の

---

[2] 英語で，本来，直示の中心に向かう意味を持つ come の用法が，I'll come to you. に見られるように，一人称から二人称に移るようになるのも，共感による用法の拡大である．共感については Kuno (1987) などを参照のこと．

一人称単数代名詞にも，I の代わりに，編集者の we (editorial 'we')，(廃語とされているが) 君主の we (royal 'we')，論文での the present writer などの表現があるが，英語の一人称単数代名詞は，原則として常に I であり，日本語ほど使用場面に強く依存してはいない．英語の人称代名詞の体系は，[内心的] 特徴が強いと言える．

3. 情報のなわ張り

　どんな言語にも，話者と聞き手の両方を含めた社会的集団の中心に視点を置いて両者ともその同じ集団に属するという一種の仲間意識 (comradery, solidarity) を作り出す働きを持つ表現が存在する．日本語の文末の終助詞「ね」や，英語では日本語の「ね」対応すると見られる付加疑問節や 'you know' ('y'know') などの談話標識 (discourse marker) や，仲間には John のようにファーストネーム (first name) で呼び，仲間意識のない相手には Mr./Dr./Prof. Smith のように敬称を付けて呼び掛ける方法などが該当すると考えられる．[3] だが，英語の付加疑問節や 'you know' ('y'know') やファーストネームの使用が随意的要素であるのに対して，文末の終助詞「ね」には義務的なものがあり，それには一定の対応する英語表現が存在しない．これは，情報のなわ張り理論による神尾 (1990)，Kamio (1997)，神尾・高見 (1998) などの「ね」の分析によって明らかになっている．[4] 以下の (2)-(5) の日本語と英語の状況別発話形の対応 (神尾 (1990: 78-79) による) は，(2) の ABCD の場合の例文が (3a, b, c, d) で (4) の ABCD の場合の例文が (5a, b, c, d) である．例文の a と図の A が話し手にとってなわ張りの内側で聞き手にとってなわ張りの外側の情報，b と B が話し手・聞き手両者にとってなわ張り内側の情報，c と C が話し手にとってなわ張りの外側の情報だが聞き手にとって内側の情報，d と D が話し手・聞き手両者にとってなわ張りの外側の情報である．(3), (5) の (a)-(d) の例文で，「ね」には二重下線，間接形であることを示す部分に波下線が引かれている．

---

　[3] 二人称代名詞にも，you の代わりに，親や教師・医者・先輩などが，子どもや生徒・患者・後輩などを指して用いられる親心の we (paternal 'we') などが知られている．また，Quirk et al. (1985: 351) では，専門用語とされていないが，秘書の we (secretary 'we') とも言える三人称の he/she を指す we の用法が指摘されている．次のように，秘書同士が上司を指して使う場合の we の用法である．We're in a bad mood today.
　[4] 情報のなわ張り，およびその理論 (theory of territory of information) については，神尾 (1990)，Kamio (1997)，神尾・高見 (1998) などを参照のこと．

第20章　コ・ソ・アの3分法と this/that の2分法　　283

(2)　日本語

聞き手のなわ張り		話し手のなわ張り	
		内	外
	外	A 直接形	D 間接形
	内	B 直接ね形	C 間接ね形

(3) a.　私，頭が痛い．
　　b.　お父さんが亡くなられたのはおととしでしたね．
　　b'.　*お父さんが亡くなられたのはおととしでした．
　　c.　君は退屈そうだね．
　　c'.　??君は退屈そうだ．
　　d.　明日も暑いらしいよ．

(4)　英　語

聞き手のなわ張り		話し手のなわ張り	
		内	外
	外	A 直接形	D 間接形
	内	B 直接形	C 間接形

(5) a.　I feel lonely.
　　b.　Your home is very close to the campus.
　　c.　I hear your son is a medical student at Harvard.
　　d.　Jane looked like she was feeling bad.

(2)-(5) を見ると，日本語の B の（義務的に必要とされる「ね」の）「直接ね形」が用いられる状況では，英語では単なる「直接形」であり，日本語の C の（義務的に必要とされる「ね」の）「間接ね形」が用いられる状況で英語では単なる「間接形」になっている．日本語の (2) の A と D の場合には，随意的に「ね」が使われても使われなくてもかまわない．

　上記のことを分かりやすくするために，ABCD の違いを，話し手・聞き手のなわ張りを楕円で示した図（以下「なわ張り図」）にすると，(2)(3) で示した日本語に関しては (6) になる．

(6)

一方,(4)(5)で示した英語では,話し手のなわ張りの内か外かの情報上の区別に対応しているだけの2分になっている.なわ張り図にしても,AもBも区別はなく同一のX(=(6)図のA+B)であり,CとDも区別はなく同一のY(=(6)図のC+D)になる.

(7)
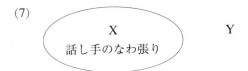

このことから,英語には,日本語の「…ね」のように相手の情報のなわ張り内の情報としての気持ちや希望を先取りするように使える機能語(function word)は無いと思われる.英語は,相手の気持ちや希望を先取りする上で日本語のようにふさわしくはなってはいないとも言える.このことは,内容語(content word)の例として,英語には日本語の「甘え」に対応する語が無いという土居(1971)の観察とも合致する.[5]

英語には,日本語のように相手の情報のなわ張り内の情報としての気持ちや希望を先取りするように使える機能語が無いことは,英語には,日本語のソ系の指示詞が無いことと同様に,英語が[内心的]特徴を示していることを指摘したい.

4. 指示詞

日本語でも英語でも,多くの世界の言語でも,人称について,一人称/二人称/三人称という3分法をとっている.だが,指示詞について,日本語は,コ系・ソ系・ア系の3分法を取っているのに対して,英語はthis(these)とthat(those)の2分法をとっている.日本語のココ・ソコ・アソコや英語のthis(these)とthat(those)については,服部(1968)やLakoff(1974)以来,

---

[5] 文化キー・ワードとしての「甘え」の意味分析については,Wierzbicka(1997)と高橋(1999)を参照のこと.

第20章 コ・ソ・アの3分法と this/that の2分法　　　285

　これらの語法について様々な言語事実の集積が進んできている．しかしながら，人称はどちらも3分法なのに，なぜ，指示詞について日本語が3分法で英語が2分法なのか，という関係を明らかにしようという論考は見あたらない．以下では，高橋（1999）で述べた日本語の［外心的］な特徴が日本語指示詞を3分法にしているのに対して，英語が［内心的］であることが，人称については3分法なのに，指示詞は2分法にしているのではないかということを指摘する．

　以下では，外界指示（exophora）も文脈指示（endophora）も区別せず直示（deixis）を扱う．よく知られているように，日本語のコ系も英語の this (these) も話し手の物理的に近い・心理的に好ましく感じられるものを指していることが多い，また，反対に物理的に遠いもの・心理的に好ましくなく感じられるものは日本語のア系と英語の that (those) が多いことは以下のようによく知られている．物理的に近いものや心理的に好ましいものは，話し手のなわ張りの内側に感じられるからである．関連する指示詞は下線を施してある．

(8) a.　このロリポップはお前のだよ．
　　b.　This lollipop is for you.
(9) a.　中東に平和が来るね．このヘンリー・キッシンジャーって本当にすごいね．
　　b.　I see there's going to be peace in the Mideast. This Henry Kissinger really is something!

(Lakoff (1974: 347))

(10) a.　John likes to kick puppies. That/*This man's gonna get his one of these days!
　　b.　ジョンは子犬をけ飛ばすのが好きなんだ．あんな/?こんな　男はそのうち報いを受けるよ．

(Lakoff (1974: 349))

(10) では，対応する日本語は，談話で既に話題になっているならば「こんな」も不可能とは感じられないが，「あんな」のほうが自然と思われる．

　日本語で距離的に話し手のなわ張り内と感じられても，英語では that で表現される場合が，佐藤（1993），皆島（1998）などで集められている．そこでも指摘されているように，話し手が自分の手にしているものでも，違和感がある場合，

(11) ［話し手が手にしているものを見ながら］
　　a.　What's that?
　　b.　何 これ／*それ／*あれ．

と言える．対応する日本語は「これ」以外には考えられない．日本語の場合，心理的距離感より物理的距離感のほうがコ系・ソ系・ア系の使用区別で優先されているためと考えられる．
　日本語のソ系は英語の場合，this (these) または that (those) で表現される．

(12) a.　その／*この／*あの 汚いロリポップをよこしなさい．マービン！口に入れちゃだめ．
　　b.　Give me that filthy lollipop, Marvin! Don't put it in your mouth!
　　　　　　　　　　　　　　　　　　　　　　　　　(Lakoff (1974: 349))
(13) a.　その／*この／*あの 福田って何者？
　　b.　Who's this/*that Fukuda?
　　　　　　　　　　　　　　　　　　　　　　　　　(大石 (1995: 418))

That の用法に聞き手の視点を取り入れたものがあることは，服部 (1968: 75) や Lyons (1977: 162) 以来様々な研究者が指摘しているが，最も古く英語母語話者が，感情的な直示の that に近いと感じるのが日本語などのソ系であることを示唆しているのは Lakoff (1974: 352) と思われる．彼女は以下のように指摘している．

(14) This use of emotional-deictic *that* is somewhat reminiscent of something found in many languages, namely an intermediate demonstrartive, spatially in between 'this—related to me' and 'that—out yonder.' The intermediate form is most often translated as 'that near to you, that of yours.' …

この感覚は，まさに，英語にはソ系が無いことを示している．翻訳すれば 'that near to you, that of yours' だが，an intermediate demonstrartive, spatially in between 'this—related to me' and 'that—out yonder.' と述べていることは，英語の指示詞が基本的に話し手視点の［内心的］な起点から this と that の使用が決まっていることを示している．日本語では，話し手のみならず聞き手のなわ張りも意識されているからこそ，聞き手志向のソ系が話し手によって［外心的］に使われており，日本語指示詞のコ系・ソ系・ア系の３分法が成立して

いるのに対して，英語では話し手のなわ張りしか意識されていないことが，英語の this／that の 2 分法に反映されているのではないだろうか．

5. 最後に

　以上，本章では，日本語指示詞のコ系・ソ系・ア系の 3 分法が，高橋（1999）で提案された［外心的］という日本語のイーミックな特徴の 1 つであり，この点で英語は無標なので［内心的］で，聞き手の視点を持ち得ず，指示詞は 2 分法の体系を持っているのであるということを指摘した．千葉・村杉（1987: 142-143）が指摘するように，「〈縄張り〉のような単一の特性あるいは要因だけで関連ある事実を全体的に説明しようとするのは困難である」と思われるが，［内心的］特徴を持つ英語と［外心的］性格の強い日本語の違いが，共感に関わる用法などと微妙に異なって，人称代名詞と指示詞の使用の違いの根幹にあると考えられる．最後に，指示詞に関連して，本章は Levinson (2004: §5.3) の指摘と合致していることを述べて，本章を締めくくりたい．

　Levinson (2004: §4-5) は，世界中の言語に関する多数の研究者による研究から，一般に，指示詞は話し手基点（speaker-anchored）か話し手・聞き手基点（speaker／addressee-anchored）かという基点の違いと，話し手と聞き手のそれぞれに近い（proximal）か，中距離（medial）か，遠い（distal）かのうち，中距離のあるなしも関わって，2 語〜 4 語に表現されるということであるが，Levinson (1983) でも指摘されていた通り，日本語や韓国語・ジャワ語などアジアの言語は社会的直示（social deixis）の記述なしには何も語れないほど精緻な敬語体系を持っていると述べているように，日本語は，指示詞の数が英語より多いということが問題にならないほど，［外心的］性格が高いと言える．

参考文献

千葉修司・村杉恵子（1987）「指示詞についての日英語比較」『津田塾大学紀要』No. 19, 111-153.

土居健郎（1971）『「甘え」の構造』弘文堂，東京．[英語訳 J. Bester (1973) *The Anatomy of Dependence*, 講談社インターナショナル]

Fillmore, C. (1982) "Towards a Descriptive Framework for Spatial Deixis," in Jarvella and Klein (1982), 31-59.

服部四郎（1968）「コレ，ソレ，アレと this, that」『英語基礎語彙の研究（ELEC 言語叢書）』71-80.

Horn, L. and G. Ward, eds. (2004) *The Handbook of Pragmatics*, Blackwell, Oxford.
Jarvella, R. and W. Klein, eds. (1982) *Speech, Place and Action: Studies in Deixis and Related Topics*, Wiley, New York.
神尾昭雄（1990）『情報のなわ張り理論――言語の機能的分析――』大修館書店，東京．
Kamio, A. (1997) *Territory of Information*, John Benjamins, Amsterdam.
神尾昭雄・高見健一（1998）『談話と情報構造』研究社，東京．
金子義明・菊地朗・高橋大厚・島越郎（編）（2008）『言語研究の現在――形式と意味のインターフェース――』開拓社，東京．
金水敏（編）（2014）『〈役割語〉小辞典』研究社，東京．
小森道彦（1992）「人称ダイクシスの磁場」安井泉（編）（1992），185-209．
Kuno, S. (1987) *Functional Syntax: Anaphora, Discourse and Empathy*, University of Chicago Press, Chicago.
Lakoff, R. (1974) "Remarks on *This* and *That*," *Papers from the Tenth Regional Meeting* (1974), 345-356. Chicago: Chicago Linguistic Society.
Levinson, S. (1983) *Pragmatics*, Cambridge University Press, Cambridge.［安井稔・奥田夏子（訳）（1990）『英語語用論』研究社，東京．］
Levinson, S. (2004) "Deixis," Horn and Ward (2004), 97-121.
Lyons, J. (1977) *Semantics 2*, Cambridge University Press, Cambridge.
皆島博（1998）「英語の指示詞 this と that に対応する日本語の指示表現」『福井医科大学一般教育紀要』第 18 号，69-86．
大石五十雄（編）（1995）『ニューアンカー　英作文辞典』学研，東京．
Quirk, R., S. Greenbaum, G. Leech and J. Svartvik (1985) *A Comprehensive Grammar of the English Language*, Longman, London.
佐藤恭子（1993）「話し手の近くにあるものをさす指示詞 that について」『プール学院短期大学研究紀要』第 33 号，89-102．
高橋潔（1999）「日本文化キー・ワード概念にからむ語用論」『社会言語科学』第 1 巻，第 2 号，2-12．
高橋潔（2002）「『よろしく（お願いします）．』とその対応英語表現 〜Wierzbicka 意味論から見る語意と文化〜」『宮城教育大学外国語研究論集』，第 2 号（2002 年 4 月），1-18．
高橋潔（2008）「「どうせ」とその対応英語表現――Wierzbicka 意味論から見る語意と文化――」金子義明ほか（編）（2008），408-417．
高橋潔（2009）「英語らしさとその文化キーワード 〜Wierzbicka English: Meaning and Culture 概説〜」『宮城教育大学外国語研究論集』，第 5 号（2009 年 3 月），5-16．
高橋潔（2011）「英語らしさとその文化キーワード 〜Wierzbicka English: Meaning and Culture 概説〜（2）」『宮城教育大学外国語研究論集』，第 6 号（2011 年 3 月），17-30．
Wierzbicka, A. (1997) *Understanding Cultures through their Key Words*, Oxford University Press, New York.

Wierzbicka, A. (2006) *English: Meaning and Culture*, Oxford University Press, New York.
安井泉（編）(1992)『グラマー・テクスト・レトリック』くろしお出版, 東京.

執筆者紹介
(掲載順)

八木　克正　（やぎ　かつまさ）　1944年生まれ．
関西学院大学大学　名誉教授．専門分野は英文法・語法，英語音声学・音韻論，フレイジオロジー，辞書学．
主要業績：『ユースプログレッシブ英和辞典』（編集主幹，小学館，2004），『世界に通用しない英語——あなたの教室英語，大丈夫？』（開拓社，2007），『英語定型表現研究——歴史・方法・実践』（共著，開拓社，2013），『熟語本位英和中辞典　新版』（校注，岩波書店，2016），『斎藤さんの英和中辞典——響きあう日本語と英語を求めて』（岩波書店，2016），など．

小野　隆啓　（おの　たかひろ）　1954年生まれ．［編者］
京都外国語大学外国語学部英米語学科　教授．専門分野は生成文法．
主要業績：『生成文法用語辞典』（共著，大修館書店，1993），『英語の構造——その奥に潜む原理』（共著・監修，金星堂，2004），『英語の素朴な疑問から本質へ——文法を作る文法』（単著，開拓社，2015），『最新英語学・言語学用語辞典』（共著・共編，共同監修，開拓社，2015），など．

北尾　泰幸　（きたお　やすゆき）　1975年生まれ．
愛知大学法学部　教授．専門分野は統語論，生成文法．
主要業績："The Presence of Head-raising and Resumptive-stranding in Japanese Relative Clauses" (*Acta Linguistica Hungarica* 58 (3), 2011), 「関係節の派生構造——主要部上昇移動分析と一致分析——」(『生成文法の軌跡と展望』, 金星堂, 2014), "The Availability of Parasitic Gaps and the Presence of Syntactic Movement in Japanese Headed Relative Clauses" (『文學論叢』第153輯, 愛知大学人文社会学研究所, 2016), など．

菊地　朗　（きくち　あきら）　1957年生まれ．
東北大学大学院情報科学研究科　准教授．専門分野は統語論，意味論，日英語比較．
主要業績：「評価的同格構文について」（共編，『言語研究の現在——形式と意味のインターフェース——』，開拓社，2008），"A Phonologically Empty Degree Adverb: A Case from a Verb of Excess in Japanese" (共編，『言語におけるミスマッチ』，東北大学大学院情報科学研究科，2013)，「価値と合成性」（共編，『言語学の現在を知る26考』，研究社，2016），「日本語比較表現における形式名詞の非音声化について」（共編，『コーパスからわかる言語変化・変異と言語理論』，開拓社，2016），など．

西原　哲雄（にしはら　てつお）1961年生まれ．[編者]
宮城教育大学教育学部　教授．専門分野は音声学，音韻論，形態論．
主要業績：*Voicing in Japanese*（共著・共編，Mouton de Gruyter, 2005），*Morphological Variation in Japanese: Lingua Special Issue*（共著・共編，Elsevier, 2010），『現代の形態論と音声学・音韻論の視点と論点』（共著・共編，開拓社，2015），『最新英語学・言語学用語辞典』（共著・共編，共同監修，開拓社，2015），など．

米倉　綽（よねくら　ひろし）1941年生まれ．
京都府立大学　名誉教授．専門分野は英語史・歴史英語学．
主要業績："Compound Nouns in Late Middle English: Their Morphological, Syntactic and Semantic Description"（*From* Beowulf *to Caxton: Studies in Medieval Languages and Literature, Texts and Manuscripts*, Peter Lang, 2011），『歴史的にみた英語の語形成』（開拓社，2015），"Some Considerations of Affixal Negation in Shakespeare"（*Studies in Middle and Modern English: Historical Variation*, Kaitakusha, 2017），など．

長野　明子（ながの　あきこ）
東北大学大学院情報科学研究科　准教授．専門分野は形態論．
主要業績：*Conversion and Back-Formation in English*（Kaitakusha, 2008），"The Right-Headedness of Morphology and the Status and Development of Category-Determining Prefixes in English"（*English Language and Linguistics* 15 (1), 2012），"Are Relational Adjectives Possible Cross-Linguistically?: The Case of Japanese"（*Word Structure* 9 (1), 2016），など．

島村　礼子（しまむら　れいこ）
津田塾大学　名誉教授．専門分野は形態論，語形成．
主要業績：『英語の語形成とその生産性』（リーベル出版，1990），"On Lexicalized Phrases"（*Empirical and Theoretical Investigations into Language: A Festschrift for Masaru Kajita*, ed. by Shuji Chiba et al., Kaitakusha, 2003），「動作主を表す -er 名詞について――事象 -er 名詞と非事象 -er 名詞の区別を中心に」（米倉綽（編著）『英語の語形成――通時的・共時的研究の現状と課題――』，英潮社，2006），『語と句と名付け機能――日英語の「形容詞＋名詞」形を中心に――』（開拓社，2014），など．

島田　雅晴（しまだ　まさはる）1966年生まれ．
筑波大学人文社会系　准教授．専門分野は理論言語学．
主要業績："Wh-Movement and Linguistic Theory"（*English Linguistics* 25, 2008），"Morphological Theory and Orthography: Kanji as a Representation of Lexemes"（with Akiko Nagano, *Journal of Linguistics* 50, 2014），"How Poor Japanese Is in Adjectivizing Derivational Affixes and Why"（with Akiko Nagano, *Word-For-*

mation across Languages, ed. by Lívia Körtvélyessy, Pavol Štekauer and Salvador Valera, Cambridge Scholars Publishing, 2016），など．

田中　真一　（たなか　しんいち）　1970年生まれ．［編者］
神戸大学大学院人文学研究科　准教授．専門分野は音声学，音韻論．
主要業績：『日本語の発音教室——理論と練習』（共著，くろしお出版，1999），『リズム・アクセントの「ゆれ」と音韻・形態構造』（くろしお出版，2008），『音韻研究の新展開：窪薗晴夫教授還暦記念論文集』（共著・共編，開拓社，2017），"The Relation between L2 Perception and L1 Phonology in Japanese Loanwords: An Analysis of Geminates in Loanwords from Italian" (*The Phonetics and Phonology of Geminate Consonants*, ed. by Haruo Kubozono, Oxford University Press, 2017），など．

近藤　眞理子　（こんどう　まりこ）
早稲田大学国際教養学部・国際コミュニケーション研究科　教授．専門分野は音声学，第二言語音声習得，音声知覚，コーパス言語学，等．
主要業績："Design and Analysis of Asian English Speech Corpus——How to Elicit L1 Phonology in L2 English Data——"（共著，*Developmental and Crosslinguistic Perspectives in Learner Corpus Research*, John Benjamins, 2012），『最新英語学・言語学用語辞典』（共著，開拓社，2015），"Segmental Variation of Japanese Speakers' English: Analysis of "the North Wind and the Sun" in AESOP Corpus"（共著，『音声研究』19巻1号，2015），"The Perception of Mandarin Lexical Tones by Native Japanese Adult Listeners with and without Mandarin Learning Experience"（共著，*Journal of Second Language Pronunciation* 2 (2), 2016），など．

松沢　絵里　（まつざわ　えり）　1957年生まれ．
大阪芸術大学芸術学部　教授．専門分野は英語音声学，音韻史，中英語．
主要業績："The Reflexes /a:/ and /e:/ from OE /æ:/ in *Kyng Alisaunder*'s Rhyme Words" (*Sophia Linguistica* 57, 2009），『現代音声学・音韻論の視点（叢書　英語音声学シリーズ第6巻）』（共著，金星堂，2012），『最新英語学・言語学用語辞典』（共著，開拓社，2015），など．

北原　真冬　（きたはら　まふゆ）　1967年生まれ．
上智大学外国語学部　教授．専門分野は音声学，音韻論，認知科学．
主要業績：「英語のストレスに立ち向かう日本語話者」（日本音韻論学会（編）『現代音韻論の動向——日本音韻論学会20周年記念論文集——』，開拓社，2016），「キラキラネームは音韻的にキラキラしているのか？——名前と一般語の頻度分布比較による予備的考察——」（田中真一ほか（編）『音韻研究の新展開：窪薗晴夫教授還暦記念論文集』，開拓社，2017），『Praatによる音声学入門（仮題）』（共著，ひつじ書房，

2017），など．

小川　晋史　（おがわ　しんじ）　1979 年生まれ．
　熊本県立大学文学部　准教授．専門分野は音韻論，方言学．
　主要業績：『今帰仁方言アクセントの諸相』（ココ出版，2012），『琉球のことばの書き方——琉球諸語統一的表記法』（編，くろしお出版，2015），「南琉球八重山語波照間方言の三型アクセント」（共著，『言語研究』150 号，2016），など．

神谷　厚徳　（かみや　あつのり）　1976 年生まれ．
　岩手県立大学宮古短期大学部　准教授．専門分野は英語音声学．
　主要業績：『英語音声学辞典』（共著，成美堂，2005），「英語母語話者と日本人英語学習者の等時性に関する比較知覚研究」（『21 世紀英語研究の諸相』，開拓社，2012），『現代音声学・音韻論の視点』（共著，金星堂，2012），など．

吉成　祐子　（よしなり　ゆうこ）　1969 年生まれ．
　岐阜大学留学生センター　准教授．専門分野は語用論，日本語教育，第二言語習得．
　主要業績："Describing Motion Events in Japanese L2 Acquisition: How to Express Deictic Information" (*New Horizons in the Study of Motion: Bringing together Applied and Theoretical Perspectives*, ed. by Iraide Ibarretxe-Antuñano and Alberto Hijazo Gascón, Cambridge Scholars Publishing, 2015), "Influence of L1 English on the Descriptions of Motion Events in L2 Japanese with Focus on Deictic Expressions" *Cognitive-functional Approaches to the Study of Japanese as a Second Language*, ed. by Kaori Kabata and Kiyoko Toratani, De Gruyter Mouton, 2016），「第二言語における移動事象の言語化：日本語話者が用いる英語とハンガリー語の研究」（共著，*Studies in Language Sciences* Vol. 15，開拓社，2016），「イタリア語の移動表現」（松本曜（編）『移動表現の類型論』，くろしお出版，2017），など．

早瀬　尚子　（はやせ　なおこ）　［編者］
　大阪大学大学院言語文化研究科　准教授．専門分野は英語学・認知言語学・構文論．
　主要業績：『英語構文のカテゴリー形成』（単著，勁草書房，2002），「懸垂分詞構文を動機づける「内」の視点」（共編著，『「内」と「外」の言語学』，開拓社，2009），"The Cognitive Motivation for the Use of Dangling Participles in English" (*Motivation in Grammar and the Lexicon*, ed. by Günter Radden and Klaus-Uwe Panther, John Benjamins, 2011), "The Motivation for Using English Suspended Dangling Participles: A Usage-Based Development of (Inter)subjectivity" (*Usage-Based Approaches to Language Change*, ed. by Evie Coussé and Ferdinand von Mengen, John Benjamins, 2014），など．

谷口　一美　（たにぐち　かずみ）
京都大学大学院人間・環境学研究科　教授．専門分野は認知言語学．
主要業績：『認知意味論の新展開——メタファーとメトニミー』（研究社出版，2003），『学びのエクササイズ　認知言語学』（ひつじ書房，2006），『ことばの本質に迫る理論言語学』（共著，くろしお出版，2014），など．

由本　陽子　（ゆもと　ようこ）
大阪大学大学院言語文化研究科　教授．専門分野は語彙意味論，語形成論．
主要業績：『複合動詞・派生動詞の意味と統語——モジュール形態論から見た日英語の動詞形成——』（単著，ひつじ書房，2005），"Variation in N-V Compound Verbs in Japanese"（*Lingua* 120, 2010），『レキシコンに潜む文法とダイナミズム』（単著，開拓社，2011），『語彙意味論の新たな可能性を探って』（小野尚之との共編，開拓社，2015），など．

高橋　潔　（たかはし　きよし）　1954 年生まれ．
宮城教育大学教育学部　教授．専門分野は英語学意味論・語用論・統語論，日英語対照言語学．
主要業績：『ことばの仕組み：最新英語言語学入門』（西原哲雄・松原文典・南條建助（編），第 4 章「意味論」・第 5 章「語用論」，金星堂，2005），『教養のための言語学』（共著，晃学出版，2011），『現代言語理論の概説』（共著，鷹書房弓プレス，2014），『心理言語学』（西原哲雄（編），第 4 章「語用の理解と獲得」，朝倉書店，2017），など．

開拓社叢書29

現代言語理論の最前線

編　者	西原哲雄・田中真一・早瀬尚子・小野隆啓
発行者	武村哲司
印刷所	日之出印刷株式会社

2017年11月25日　第1版第1刷発行©

発行所　株式会社　開拓社

〒113-0023　東京都文京区向丘1-5-2
電話　(03) 5842-8900（代表）
振替　00160-8-39587
http://www.kaitakusha.co.jp

ISBN978-4-7589-1824-4　C3380

JCOPY　<（社）出版者著作権管理機構　委託出版物>

本書の無断複写は、著作権法上での例外を除き禁じられています。複写される場合は、そのつど事前に、（社）出版者著作権管理機構（電話 03-3513-6969、FAX 03-3513-6979、e-mail: info@jcopy.or.jp）の許諾を得てください。